GRANDES ENIGMAS DEL OCULTISMO

JEAN LAURENT R.

GRANDES ENIGMAS DEL OCULTISMO

Grupo Editorial Tomo, S.A. de C.V.
Nicolás San Juan 1043
03100 México, D.F.

1a. edición, octubre 2004.
2a. edición, mayo 2006.

Nicolás San Juan 1043, Col. Del Valle
03100 México, D.F.
Tels. 5575-6615, 5575-8701 y 5575-0186
Fax. 5575-6695
http://www.grupotomo.com.mx
ISBN: 970-775-031-6
Miembro de la Cámara Nacional
de la Industria Editorial No 2961

Diseño de portada e ilustraciones: Trilce Romero
Formación tipográfica: Sandra Eugenia Garibay L.
Supervisor de producción: Leonardo Figueroa

Impreso en México - *Printed in Mexico*

INTRODUCCIÓN

Ocultismo, esoterismo y parapsicología son términos específicos, que sin embargo pueden causar confusión, ya que a través de la historia se han dado diversas interpretaciones que enrarecen su significado.

Existe una amplia gama de conceptos para definir esta clase de apertura hacia "lo desconocido". Cada estudioso propone además su propio modelo de significación. En este libro, para efectos de facilitar su comprensión, tomaremos como base las siguientes definiciones.

El ocultismo, remite a todas aquellas prácticas que nos muestran una visión del mundo desde una perspectiva mágica y sobrenatural. Aquí encontramos la magia, la santería, la astrología, el satanismo, las mancias y el espiritismo.

Por esoterismo, se entiende un conocimiento antiguo y secreto, limitado a un círculo de "iniciados". Las constantes del esoterismo son la tradición, la simbología y la iniciación. Algunas de estas tradiciones son el sufismo, el gnosticismo, la cábala, el hermetismo, la alquimia y algunas sectas milenarias.

La parapsicología, es un proceso de conocimiento que utiliza el método científico, su objeto de estudio es todo aquello que la ciencia formal no alcanza a explicar y es aquí donde colocaremos a la telepatía, la clarividencia, la precognición, el curanderismo, y el *poltergeist*, entre otros tantos.

Si bien el título de este libro es *Grandes enigmas del ocultismo*, no sólo nos enfocaremos al estudio del ocultismo, sino que también ahondaremos en algunos temas del esoterismo y de la parapsicología, ya que en muchos de los casos es imposible decribir una práctica sin hacer alusión a otra.

Capítulo I

El ocultismo, definición e historia

DEFINICIÓN DEL OCULTISMO

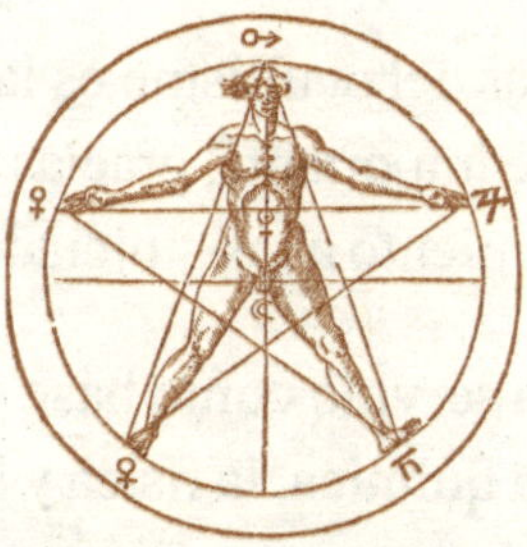

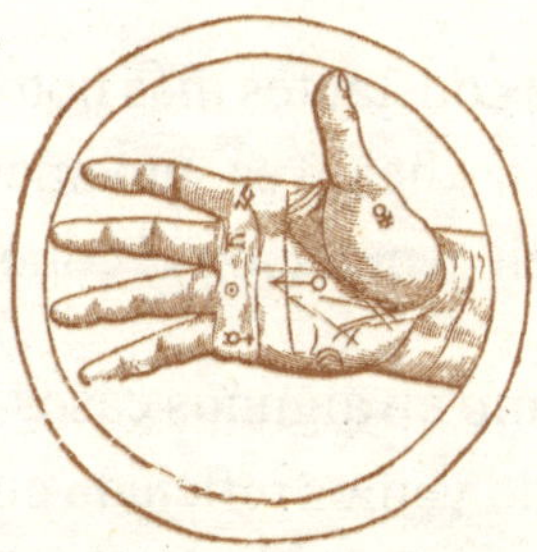

Definir el significado de "ocultismo" es, sin lugar a dudas, una tarea temeraria. Esto sin contar con que usted, lector, sin importar su edad, religión o nacionalidad, ya tendrá su propia concepción del tema, aun cuando nunca se haya detenido a formalizarle. A continuación propongo, como punto de partida para el estudio de este fascinante tema, la siguiente definición:

El término "ocultismo" es relativamente nuevo, comenzó a utilizarse a finales del siglo XIX principalmente por el filósofo parisino Eliphas Lévi, creador del famoso dibujo del "hombre microcósmico y del Baphomet". Sin embargo, el que el término "ocultismo" sea relativamente joven, nada tiene que ver con su significado milenario, ya que todos sabemos que desde que el hombre toma conciencia de su ser y del mundo, se da cuenta de que gran parte de sí mismo y del mundo es, para él, oculto o "paranormal".

Etimológicamente, el vocablo "oculto", significa lo que está escondido. De esta manera podríamos decir que "ocultismo" es lo que revela lo oculto; es ambicionar llegar a tener el secreto de los secretos, el poder total, el conocimiento completo.

El ocultismo engloba todas aquellas prácticas cuyo objetivo es la adivinación o predicción, muestra una visión del mundo a través de la lente de la magia y de lo sobrenatural. Dentro de este tema del pensamiento mágico y sobrenatural, nos encontramos con la magia propiamente dicha, la santería, la astrología, el satanismo, las diversas "mancias" y la comunicación con los espíritus de los muertos, o espiritismo. Otra característica del ocultismo es que no busca una autorrealización y no acepta la casualidad.

Una de las constantes más notorias del ocultismo es la "tradición". Para los ocultistas la tradición es sumamente importante, gracias a ella logran pasar de generación en generación el conocimiento a los "iniciados".

El ocultismo en algunos casos ha servido como base de desarrollo para la ciencia, esto lo vemos reflejado en la química, la física y la astronomía, que deben sus orígenes al desarrollo de alquimistas y astrólogos, quienes trabajaron durante cientos de años observando la realidad y repitiendo experimentos que los llevarían a formas de conocimiento que hoy hemos desvirtuado, e incluso olvidado.

Para concluir la definición del ocultismo, citaré a Eliphas Lévi en su célebre libro titulado *Dogma y ritual de la alta magia*: "El ocultismo y la filosofía han sido fuente de inspiración de todas las religiones, el detonador secreto del intelecto, la llave de las tinieblas divinas y la emperatriz de las sociedades en los tiempos en que el conocimiento oculto estaba reservado únicamente a los reyes y sacerdotes".

El ocultismo en la historia

Desde los inicios de los tiempos, el ser humano parece haberse percatado de que fuerzas ocultas influyen en su destino. Pinturas rupestres, tumbas, y diversas figurillas encontradas en todos los continentes, demuestran cómo nuestros más antiguos antepasados ya deseaban alcanzar el conocimiento de los misterios del universo. En un intento de controlar y prevenir su destino, utilizaron la magia y la religión. Gracias a los hallazgos de los arqueólogos, hemos logrado entender, en parte, la manera en que estas civilizaciones hacían conjuros mágicos, contactaban a sus dioses y se preparaban para el viaje al más allá. Asimismo, se realizaban prácticas místicas y esfuerzos por entender los misterios celestes y predecir los acontecimientos venideros.

Si bien algunas de estas tradiciones nos parecen descabelladas, debemos de pensar que ésta fue la manera en que lograron afrontar lo desconocido, y a su manera trataron de resolver los enigmas que aún hoy nos siguen inquietando.

Para entender mejor los grandes enigmas del ocultismo, nos adentraremos en la historia y la cultura de las principales y más antiguas civilizaciones del mundo.

El antiguo Oriente

Nada mas evocador y enigmático que el antiguo Oriente. Hacia el año 3000 a.C., el ocultismo tuvo un gran auge en Egipto y en Caldea.

Mesopotamia es la cuna de la religión sumeria, precursora de la magia de los caldeos y revestida de una prestigiosa astrología. Según la tradición sumeria, se creía que la única forma de enfrentarse a "los siete" funestos demonios, conducidos por el rey de los infiernos, Negal, era invocando a los dioses mayores: Ea y su hijo Marduk, así como a los genios protectores, Lammassú y Shedú.

Para enfrentar a estas temibles fuerzas era necesario realizar una ceremonia bastante complicada, la que era conducida por un sacerdote sumamente calificado. El mago (*ashipú* o gran sacerdote), con la ayuda de un encantador, varios videntes y un médico, iniciaba la ceremonia. Se creía que los dioses luchaban contra las fuerzas del mal y una vez lograda la victoria, obtenían un conjunto de talismanes y amuletos que protegían al consultante de un probable retorno de sus males.

El gran sacerdote iniciaba la ceremonia sin prometer la efectividad del ritual, ya que el éxito o el fracaso dependería directamente de los dioses.

En la cultura babilónica, se atribuyen a los magos actos de metamorfosis, resurrección, invisibilidad y otros; sin embargo, los textos preservados de esta época no hacen mención alguna de estos hechos.

Para los sumerios, las enfermedades eran demonios que se debían expulsar. Sus ciencias por excelencia fueron la medicina y la astrología, que gozaron de un inmenso prestigio en la historia del mundo antiguo.

En Egipto encontramos que la magia tiene un carácter oficial, ceremonial y religioso, a diferencia de la magia de los sumerios, la magia en Egipto cuenta con un repertorio menor de genios y demonios. No existe el mago especialista propiamente dicho, sino que es el sacerdote quien invoca y evoca a su gusto. Los límites entre lo humano y lo divino se entremezclan.

En esta cultura, el faraón-dios es el "dueño de los encantamientos mágicos" y cuenta en su corte con sacerdotes-magos, como se describe en el episodio en que Moisés se presenta ante el gran faraón para pedirle que libere a los israelitas, Moisés lanza al suelo su bastón y éste se convierte en serpiente. Los sacerdotes-magos del faraón devuelven la afrenta con otra clase de operaciones mágicas.

Pasado el tiempo el prestigio de Babilonia comenzó a decaer y la magia egipcia se democratizaría, surgieron entonces los hebreos, quienes recogieron y enriquecieron la herencia de ambas civilizaciones, y serían ellos mismos quienes se encargarían de propagarla.

No obstante, la religión judía repudiaba la magia y la hechicería, como se menciona claramente en el Antiguo testamento:

"A la hechicera no permitirás que viva" Éxodo, XXII:18.

"No os volváis a los encantadores y a los adivinos; no los consultéis no os ensucies con ellos" Levítico, XIX:31.

Roma y Grecia

Roma y Grecia, sin lugar a dudas, han brindado a la humanidad una maravillosa herencia: el arte, la filosofía, las matemáticas y la política. Pero su legado va más allá, su vasta y compleja mitología, parte fundamental de la vida de estos pueblos, está llena de magia, adivinaciones y misticismo.

La vida de los antiguos romanos y griegos giraba en torno a lo divino. Las decisiones políticas y personales más importantes eran consultadas a los oráculos. Incluso grandes pensadores y filósofos como Sócrates consultaban el oráculo de Delfos.

Entre sus variadas técnicas de adivinación, se encontraba la oniromancia, o interpretación de los sueños. Artemidoros escribió un libro donde narra cientos de sueños y describe su significado.

No obstante que la astrología es un arte adivinatorio relacionado con los pueblos romano, griego, asirio y babilonio, el sistema adivinatorio inicial de las culturas clásicas fue el *aruspicium*, es decir, la adivinación mediante el sacrificio de animales y observación de sus entrañas.

Pitonisa dando los oráculos en el templo de Delfos

El ocultismo fue muy importante para la cultura griega y romana, basta con dar un repaso a su extensa mitología para darnos cuenta de su marcada influencia en todos los ámbitos sociales en esa época.

Pitágoras es considerado uno de los más grandes pensadores de todos los tiempos, su influencia fue determinante por lo menos en cuatro áreas del conocimiento: la filosofía, las matemáticas, la física y el ocultismo. No sólo descubrió el famoso teorema que lleva su nombre, sino que gracias a él también se conocieron la musicoterapia, la afinación de los intervalos musicales y las coincidencias mágicas existentes entre astros y sonidos.

La llamada "sección áurea" o "divina", descubierta por los pitagóricos, es la más importante de todas las proporciones utilizadas. Esta división, conocida con anterioridad por los babilonios y que el sabio de Samos aprendería durante sus más de veinte años de estudio con sacerdotes egipcios, se obtiene cuando se corta una línea en dos partes desiguales, siendo la proporción entre el segmento menor y el mayor, igual que la del segmento mayor respecto al total de la línea.

Los pitagóricos, a quienes se relaciona íntimamente con el esoterismo, estaban convencidos de que la "sección áurea" está presente en todas las manifestaciones de la naturaleza y además forma parte de figuras geométricas que consideraron sagradas, como el pentáculo o el dodecaedro. En efecto: si examinamos un pentáculo, veremos que cada uno de sus lados se basa en la idea de la "sección áurea". Del mismo modo, el pentágono contiene un pentáculo en cada lado, y es con base en pentágonos como también se construye el dodecaedro.

Con el número cinco, también se designa a uno de los intervalos sonoros más importantes, "la quinta" o "diapente". Es gracias a esta valiosa aportación que se idea el pentagrama musical.

Según Luciano, el pentagrama era la contraseña secreta de los pitagóricos. Tiempo después, los pitagóricos fueron acusados de ser locos sectarios. No obstante, la "sección áurea", teoría en la que se basaban, triunfó entre escultores como Policleto y genios como Leonardo, que hicieron de la "sección áurea" la base de su canon, logrando también seducir a autores posteriores como Descartes, Shakespeare o Kepler.

En el esoterismo medieval, el número siete equivalía a la totalidad del universo. Los siete sonidos de la escala se relacionaban con colores; era utilizado también como una poderosa clave para introducir a los iniciados en los misterios de la magia. Las teorías de Platón y Pitágoras, que relacionan el equilibrio de las proporciones musicales con el estado de ánimo de las personas, se amplió durante esa época en especial en la arquitectura, la cual utilizó la proporción áurea en muchos edificios. En el medievo, los artistas permanecieron atentos a la correspondencia entre las diversas artes, y era muy común observar qué planteamientos musicales, arquitectónicos y pictóricos se relacionaban entre sí.

Edad Media

Tras la caída del Imperio Romano, se buscó en el cristianismo la nueva guía espiritual y con esto llegó la era de la fe, de los sueños y de los milagros, todo esto como señales del poderío de Dios. Se creía que las gemas, hierbas y amuletos tenían poderes especiales, siempre y cuando hubieran sido conjurados con oraciones cristianas. Sin embargo, las formas paganas de la magia se continuaron practicando, de forma oculta y secreta.

En Occidente, la Iglesia combatió enérgicamente a los ocultistas. Y se produjo la gran oleada de la hechicería con sus sabbats o noches de sábado, sus brujas, sus manifestaciones de lo "maligno", pactos y sacrilegios. Se llegó a la locura colectiva que entrañaba una trágica represión y que alcanzó su apogeo durante los siglos XIII al XVIII.

Sin embargo, también hubo quien se interesó en la "magia natural", una especie de ocultismo purificado, como Miguel Escoto y Arnaldo de Vilanova, Rogelio Bacon y Alberto el Magno, maestro de santo Tomás de Aquino, quienes en el siglo XIII estudiaban la alquimia y la astrología. En el siglo XVI, les suceden otros personajes de espíritu despierto, aunque mucho más inquietantes: el abate Tritheim, de Wüzburg; Cornelio Agrippa, de Nettesheim; el doctor Johannes Faust, de Heidelberg, inmortalizado por Goethe, y Philippus Aureolu Theophrastus Bombastus, mejor conocido como Paracelso, precursor de la medicina y del magnetismo.

En resumen podríamos decir que el medievo se caracterizó por una búsqueda de conexiones entre el mundo físico y el más allá.

LOS TIEMPOS MODERNOS

Durante el siglo XVII se continuó condenando a muerte a los hechiceros, en Francia por ejemplo fue suprimida esa práctica hasta 1731. En el siglo XVIII, el racionalismo parecía que barrería literalmente al ocultismo. Pero sucedió lo contrario, por una parte la francmasonería resucitó en secreto, los ritos mágicos y *El gran Alberto* era el libro de moda en las capitales europeas, hubo un desbordamiento de sociedades secretas y la magia se convirtió en algo mundano y cohabitaba los palacios de la nobleza.

Algunos de los hombres más representativos del ocultismo de esa época fueron: Federico Antonio Mesura; el célebre y truculento José Balsamo, mejor conocido como el Conde Cagliostro; el conde de Saint Germain, "el hombre que no podía morir" , quien desapareció misteriosamente después de haber asombrado a cuantos oyeron hablar de él. En ese tiempo, Emmanuel Swedenborg crea el espiritismo, utilizado por el rosacruz portugués Pascual Martines para fundar el "martinismo", que su discípulo Luis Claudio de Saint-Martin, "el filósofo desconocido", de Lyon, se encargó de propagar con sus obras.

Poco tiempo después, Goethe (1749-1832), revive a *Fausto*. El romanticismo literario está teñido por la magia; pese haber estado amenezada por el progreso y perseguida por la Iglesia, sus seguidores buscan darle un nuevo impulso adentrándola en la fase científica. Estados Unidos, con la familia Fox, en el año 1847, entra a su era espiritista, que en Francia Allan Kardec reglamenta.

En tiempos más actuales surge la metafísica impregnada de una magia sensacionalista. Ya en el siglo XX, la búsqueda de lo oculto evoluciona junto con la forma de ver el mundo, los viajes espaciales, las comunicaciones y la electrónica hacen que los fenómenos paranormales sean investigados utilizando las más modernas tecnologías y métodos científicos.

Lo anterior es una prueba de que el ocultismo no puede morir ni pasar de moda. Queda patente entonces, que esto no ocurrirá, mientras subsista en el hombre su afición por lo asombroso y oculto.

Capítulo II

Las formas sagradas del ocultismo

La magia

La palabra magia proviene del latín *magia* y del griego *mageía*. La magia es el arte de los magos, de los sacerdotes persas. Luciano y Cicerón amplían este significado y llaman magos a los sacerdotes, a los sabios, a los augures y a los adivinos, sin importar cuál sea su filiación religiosa. Bossuet tomará el sentido etimológico más estricto y hará de la magia la doctrina de Zoroastro. Pero mucho antes que Bossuet, se entendía por magia esa práctica ocultista particular que nos esforzamos ahora en definir.

Algunos estudiosos opinan que la magia es simplemente una forma primitiva de la religión. Antes de que el ser humano creyera en dioses, depositaba su fe en las fuerzas de la naturaleza por lo que el deseo del hombre por dominar estas fuerzas dio origen a la magia.

Otros autores pretenden encontrar un paralelo entre la ciencia y la magia. También los hay que en sus escritos han hecho patente su esfuerzo por precisar el lugar que ocupa la magia en relación con la ciencia y la religión. Los paralelismos religión-magia, plegaria-fórmula mágica y sacerdote-hechicero ponen de manifiesto una relación entre los actos religiosos y los mágicos.

Todo lo anterior lo resumió Augusto Comte en su "ley de los tres estados": "En un principio, el hombre, ante los fenómenos naturales, rindió pleitesía a estas fuerzas de la naturaleza a través de la religión, más tarde, con la intención de influir sobre ella y conquistarle a su favor, imaginó fórmulas y ritos, y de esta forma llegó a la magia, en la cual ya no implora, sino ordena y finalmente, crea la ciencia, en donde por el conocimiento de las leyes de la naturaleza, puede lograr someterla para beneficio de la humanidad".

Esta última tesis tal vez satisfaga a muchos y pudiera tomarse como válida, sin embargo, se opone a la del etnógrafo inglés James George, mejor conocido como Frazer, que en los doce volúmenes de su *Rama dorada* asegura que la religión es un fruto nacido de la magia, en vez de precederla. También opina al respecto que la magia constituye un modo precientífico de resolver los problemas que están más allá del conocimiento práctico de la naturaleza.

Daremos otro paso si leemos un artículo de F. Ch. Barlet sobre la magia, de dicho artículo, extraemos lo que es un intento de definición: "La magia ceremonial es una operación por la cual el hombre trata de forzar el juego mismo de las fuerzas naturales y a los poderes invisibles de diversos órdenes, para obrar de acuerdo con lo que él les pide. A tal efecto, los capta, los sorprende por decirlo así, proyectando, por el efecto de las correspondencias analógicas, fuerzas que él no domina pero a las cuales puede abrir vías extraordinarias en el seno mismo de la naturaleza".

Sería inútil llegar a una definición incuestionable, puesto que las fronteras de la religión, de la magia y de la ciencia, no son inalterables, sino que unas y otras se mueven continuamente, según las épocas, los países y los regímenes.

En cuanto a las divisiones y ramas de la magia, Frazer ha distinguido dos métodos en las prácticas mágicas: **la magia por contacto** y **la magia por imitación.**

La magia por contacto se vale de objetos que pertenecen o son parte de la persona o cosa con la cual se quiere entrar en contacto; por ejemplo, para algunos pueblos sería el cabello y hasta el cráneo de los enemigos, los jíbaros, por su parte, utilizan a manera de amuleto las cabezas reducidas de sus enemigos, llamadas *chanchas*. Otra característica de la magia por contacto es la asignación del uso de palabras ocultas y de los nombre de los objetos invocados, esto debido a que los nombres se consideran parte esencial de las cosas o personas que designan.

La magia por imitación o magia homeopática opera imitando el proceso cuya ejecución se desea. Un buen ejemplo de esta magia sería el vudú.

En la Antigüedad clásica, la magia se distinguía entre magia maléfica (*goecía*), en la que intervenían espíritus perversos que los magos conseguían poner a su servicio y la magia benéfica (*theurgia*) que se lograba gracias a la intervención de los genios buenos.

Popularmente se divide la magia en **magia blanca** y **magia negra.**

La magia blanca es aquella que se define como purificadora, es utilizada con fines benéficos, honestos y dentro de un marco de legalidad. Por ejemplo, las magias curativas, las de fertilidad, las invocaciones para provocar la lluvia y buenas cosechas, entre otras. Entra en esta categoría también la magia adivinatoria, que se ha utilizado para localizar personas perdidas o descubrir la fidelidad de una persona. La magia blanca se vale de las fuerzas de la naturaleza, manipulándolas o transformándolas.

La magia negra es utilizada para actos maléficos y sus rituales son altamente simbólicos. Se relaciona también con la *goecía* (adoración por el diablo).

Es importante mencionar que la brujería o hechicería es una desviación de la magia y esta última puede ser utilizada para hacer el bien o para dañar. La brujería se relaciona íntimamente con las fuerzas del mal. Al mago se le considera un ser de mayor conocimiento que al hechicero o brujo.

Finalmente podríamos decir que la magia es, a la vez, una ciencia y un arte. Y como diría Eliphas Lévi, "la magia concilia perfecta e indiscutiblemente estos dos términos que parecen al principio tan opuestos: fe y razón, ciencia y creencia".

BRUJERÍA

En la Antigüedad, la creencia en las prácticas mágicas a través de la intervención de espíritus y demonios era casi universal. Por ejemplo, en Egipto existían los conjuradores y adivinos que obtenían sus poderes de los demonios y de los dioses extranjeros. En el relato en que Moisés se enfrenta al faraón para demandar la libertad de los israelitas, éste aparece como practicante de la brujería y sus seguidores como siervos de un dios extranjero, el faraón hace llamar a sus sacerdotes egipcios que compiten con Moisés, haciendo gala de hechiceros.

La hechicería y la magia también se desarrollaron en la antigua Grecia, y su práctica pasó a Roma. En el siglo II, Lucio Apuleyo escribió sobre los poderes y ritos de las hechiceras y en su *Apología* afirmó que la región helénica de Tesalia era morada de brujas que podían dominar la naturaleza. Mientras que los filósofos Petronio y Horacio calificaron a la brujería como creencias propias de gente inculta y vulgar.

El cristianismo llega a Roma y los cristianos, con su idea monoteísta, sufrieron persecuciones, las cuales cesaron gracias al emperador Constantino I, el Grande, que fue el primer emperador en convertirse al cristianismo. Una vez consolidada esta nueva religión, se atacaron los ritos paganos y durante el siglo IV se desarrolló el *Código teodosiano*, en el que se condenaba explícitamente el culto idolátrico y los ritos mágicos. Una de estas leyes condenaba con la pena capital a quienes celebraran sacrificios nocturnos "en honor del diablo y sus acólitos"; de esta manera se dio inicio a la persecución de las brujas.

En un inicio, la Iglesia católica fue indulgente con ciertos ritos que estaban muy arraigados en la población, sobre todo con los supuestos brebajes o pócimas que, acompañadas con oraciones, servían para curar una gripe o despertar una pasión amorosa. La Iglesia consideraba estas prácticas como simples métodos medicinales y afrodisiacos, y amonestaban a quienes la practicaban, castigándolos con hacer penitencia.

Los sacerdotes no cesaron de luchar contra la fe pagana y su elemento mágico o "milagrero". Sin embargo, la Iglesia no quería generar un conflicto con los numerosos devotos de estas prácticas, muchos de ellos católicos, quienes también creían en el poder de estos hechizos. Por lo que se decidió perseguir y erradicar los auténticos actos heréticos. Más tarde la actitud de la Iglesia empezó a endurecerse conforme se fue fortaleciendo para poder luchar abiertamente contra los ritos paganos y es entonces cuando se inició la cacería de brujas.

La fiebre de la caza de brujas obsesionó a Europa desde el año 1050 hasta finales del siglo XVII, apaciguándose ocasionalmente para resurgir después con furia. En el siglo XIII apareció en Europa el tribunal de la Inquisición, que se encargó de perseguir a los herejes. Los hijos eran obligados a denunciar a sus padres, los maridos a sus mujeres y los familiares y vecinos se denunciaban entre sí, muchas personas aprovecharon la ocasión para deshacerse de sus enemigos, acusándoles falsamente. Se pagaba a los testigos para que declararan y a los sospechosos se les infligían torturas inhumanas para forzar su confesión. Surgieron "cazadores de brujas", a los que se pagaba una recompensa por cada fallo condenatorio.

Durante la Inquisición miles de personas fueron acusadas de brujería y muchas de ellas fueron sentenciadas a ser quemadas vivas o a la horca.

El concepto de bruja nació como una mezcla entre hechicería campesina, gran magia, herejía y satanismo. Se creía que los hechiceros campesinos eran capaces de curar o enfermar a través de rituales ocultos. La magia blanca tenía como objetivo proteger a la gente, las cosechas y el ganado. Descubría a los amantes, aseguraba la fertilidad, hallaba personas u objetos perdidos. Asimismo combatía a la magia negra, causante de fatalidad y muerte.

Cualquier ser humano sin importar su condición, que se opusiera a la rígida Iglesia, podía ser acusado de herejía, asesinato, sacrificio de niños, canibalismo o desviaciones sexuales. En medio de esta revuelta, un pequeño grupo de personas se inclinó por la devoción al demonio católico; este grupo creció rápidamente a finales del medievo, y llegó a ser un factor determinante en la formación de las brujas dedicadas a la magia negra.

Durante esta época la brujería tomó gran relevancia, su práctica incluía todo un conjunto de creencias y prácticas tales como la adoración al diablo y sus acólitos (demonios, duendes, íncubos y súcubos), las relaciones sexuales con éstos y los aquelarres.

Se creía que las brujas debían pagar al diablo sus poderes, y por eso provocaban epidemias o enfermedades, generaban fenómenos naturales y climáticos como tormentas o sequías. Tenían además los poderes para hechizar a un hombre mediante pociones y encantamientos hasta lograr su amor o su muerte, eran también las causantes del mal de ojo y se hacían invisibles cuando así lo deseaban. Podían volar en escobas, revivir a los muertos, presagiar el futuro y transformarse en animales, comúnmente gatos y lobos.

Las brujas siempre eran acompañadas de “los familiares”, demonios menores que les concedía el diablo. Normalmente encarnaban en gatos, perros, búhos, ratones, topos o hurones. Nunca se les vería en forma de palomas y corderos blancos.

A los familiares felinos normalmente se les llamaba *Pyewackett*, palabra originaria de la Inglaterra renacentista, carece de significado y según afirmó en marzo de 1644 el cazador de brujas Matthew Hopkins, este nombre así como el de otros nombres de familiares fueron inventados por el diablo. Entre las cualidades de los familiares se encontraba el poder de transformación que utilizaban cuando era necesario; por ejemplo, si su dueña era encerrada, éste podría tomar la forma de insecto para llegar a ella y alimentarse de una tetilla especial (conocida como la marca del diablo o marca de la bruja).

Esta marca era una prueba para enjuiciar a la bruja, cualquier protuberancia, malformación o cicatriz, como verrugas, picaduras de insectos o lunares, era una prueba contundente de su devoción a Satán. En España, estas marcas estaban en el ojo izquierdo; en Inglaterra, lo común era en el dedo; en otras partes de Europa éstas se encontraban en las partes íntimas de la mujer por lo que su búsqueda era en sí un acto degradante.

En el juicio, los cazadores de brujas enterraban una aguja larga en estas marcas, si la herida no sangraba o ejercía dolor, la víctima era sentenciada. Matthew Hopkins tuvo gran éxito en su búsqueda de brujas, logró condenar a más de 230 supuestas brujas. Se cree que utilizó una aguja retráctil, como lo menciona su contemporáneo y teólogo Friedich von Spee, en su libro *Cautio Criminalis* (*Actos de cautela hacia los criminales*).

El concepto de aquelarre[1] es posterior al de brujería. Los aquelarres eran reuniones de brujas, llegaban a la cita por medios extraños o bizarros, transformadas en animales o montadas en escobas. En estas reuniones adoraban al diablo, le rendían cuentas de sus maldades y se entregaban a las pasiones sexuales más fantasiosas. En algunos lugares se creía que llevaban niños

[1] Del vasco *aquer*, "cabrío", y *larre*, "prado": "Prado del Macho Cabrío". Son las reuniones de brujos y brujas con el fin de venerar a Satán, comunicarse sus fechorías, recibir del diablo nuevas instrucciones y entregarse a excesos lujuriosos.

Las brujas, *Goya (1788)*

para torturarlos, comerlos o para hacer con ellos pócimas. Además de los aquelarres, que eran reuniones locales, existían los shabat o sabbath (no confundir con el día de descanso judío) que eran regionales, cientos de brujas y neófitos llegaban al lugar. La adopción de esta palabra judeocristiana se tomó también como una provocación a la religión. El lugar de reunión más famoso de la Europa antigua y medieval fue Brocken, el pico más alto de los montes Harz en Alemania. El sabbath comenzaba con la iniciación del neófito, haciendo pactos de sangre con el demonio y asignándole un espíritu o demonio, protector, los antes mencionados "familiares". Se cree que la imagen de los aquelarres se derivó de la de los ritos arcaicos de fertilidad practicados en la antigua Europa antes del cristianismo. Los relatos de cuanto pasaba en estas reuniones varían, sin embargo, el procedimiento básico es una constante.

Se supone que los aquelarres se realizaban el 31 de octubre (*Halloween*), el 30 de abril (la noche de *Walpurgis*), y en cada uno de los cuatro festivales paganos incorporados al cristianismo: 2 de febrero, Día de la Candelaria; 23 de junio, vigilia de Juan Bautista; 1° de agosto, la fiesta de las cosechas de Lammas; 21 de diciembre, fiesta de Santo Tomás. Sin embargo, en 1611, la hermana Madeleine de Demandolx, quien confesó su conversión a la brujería, afirmó haber asistido diariamente a estas reuniones.

En 1484 es promulgada la bula papal más influyente contra la brujería llamada *Summis Desiderantes*, por Inocencio VIII, quien para ejecutarla nombró inquisidores regionales. Dos años después se publicó el famoso *Malleus Maleficarium* (*Martillo de brujas*), escrito por dos frailes alemanes, Jacob Sprenger y Heinrich Krämer, quienes persiguieron herejes en Renania y Alemania. *El Martillo de brujas* fue el manual de cacería de brujas más popular. Sus ventas sólo se vieron superadas por la Biblia. En este escrito se describen las prácticas de las brujas. Afirman que existen más brujas del género femenino, ya que las mujeres son sexualmente más inestables que los hombres y que a través de la brujería encontraban entre otras cosas la satisfacción de sus desviados instintos carnales.

Todos estos conceptos e imágenes estaban presentes en la mente y tradiciones de la época y se reflejan en la literatura, en la arquitectura, la música y el teatro. La fiebre de la cacería de brujas generó una especie de esquizofrenia masiva que acabó con la vida de muchas de estas personas y con la práctica de la verdadera magia.

La cacería de brujas vio su fin en el siglo XVIII, fue en Estados Unidos donde se llevaron a cabo los últimos brotes de violencia por brujería, en el famoso juicio de Salem, Massachussets, en 1692 y 1693, en el cual, después de numerosos interrogatorios y torturas, se condenó a más de 20 personas.

En los siglos XVI y XVII, Europa pasó del oscurantismo a la Ilustración. La sociedad repudió la dictadura de la Iglesia que había dominado los últimos 1 000 años. El mundo dio un giro y se pronunció en contra de los dogmas establecidos. Holanda se liberó espiritualmente de Roma y los ingleses se aventuraban en la desintegración de la Iglesia.

La gente común se enfrentaba por primera vez al dilema entre la fe y la razón, sin saber si obedecer a las leyes de Dios o de la naturaleza, una salida a las presiones de la época fue la creencia en la existencia de fantasmas, visiones, duendes y demonios posesivos.

Hoy, las brujas aún existen, sin embargo, la mayoría de estas brujas, poco tienen que ver con la idea medieval. Las actuales no rinden pleitesía al diablo, ni renuncian a las religiones ortodoxas; tienden más bien a ser "curanderas" y aseguran trabajar por el bien de la comunidad.

CHAMANISMO

El chamanismo es un sistema espiritual practicado desde la Edad de Piedra y proviene de la palabra siberiano-tungúsica *shaman*. Se puede definir también como una técnica del éxtasis dotada de poderes milagrosos.

A principios del siglo XX, se llamó shaman o chamán, *medicine-man*, gran hechicero e incluso mago, a las personas que mediante poderes mágicos y religiosos, lograban el éxtasis, y se les encontraba más comúnmente en las sociedades llamadas primitivas.

El chamán es un "elegido", llamado por la vocación; no es solamente un curandero, es además místico, sacerdote, poeta, responsable de guiar las vidas espirituales de su pueblo. Dependiendo de la cultura a la que se refiera, se logra ser un chamán, por herencia de la madre, por línea del padre, como un don innato que proviene del cielo, por intermediación de un chamán difunto, o bien por reconocimiento de los espíritus. De la misma forma que los "mediums", los chamanes a menudo se encuentran en un estado de trance que a diferencia del primero siempre se mantiene dueño de sí.

El hombre que logra ser chamán ya sea por elección propia o en cumplimiento de su destino, es un superviviente, debió superar su enfermedad (iniciación), sufrimiento, muerte y resurrección simbólicas. Convertido en gran maestro del trance extático, podrá descender a los infiernos para arrancarles a los demonios voraces la posesión de los enfermos y almas perdidas. Asimismo, tendrá el don de juzgar las almas de los mortales y guiarles aun cuando dejan el cuerpo, ya sea en sueños o en la muerte. También logrará el poder de ascender a los cielos y conversar con los dioses.

A través de la iniciación logra liberarse de las restricciones del tiempo y del espacio. Puede levitar, fluir por los aires, volverse invisible, dominar el fuego, por supuesto curar, comprende el lenguaje de los dioses y demonios. Además logra adoptar forma de un animal a voluntad. Un ejemplo de esto es el nahual mexicano.

Como curandero, sus actividades son de este mundo y trascienden al otro. Por ejemplo los budistas, se encargaban de aconsejar al difunto en el más allá. Como se describe en el *Libro de los muertos* tibetano, el *Bardo Thodol*. Este escrito es toda una instrucción de cómo guiar a los difuntos

El chamán, mediante el sonido de tambores, danzas y en algunos casos narcóticos, logra un estado de conciencia llamado "trance" o "viaje", conocido por los psicólogos como "estados alterados de conciencia".

Durante el trance, el chamán se desprende de su cuerpo y parte en una visión a la búsqueda de comunicación con los espíritus e influir sobre ellos disociando su alma de su cuerpo. Los espíritus le ayudan a realizar sus tareas que incluyen el descubrir la causa de las enfermedades, del hambre y de cualquier desgracia, y de prescribir una cura apropiada.

En resumen, existen tres cualidades características entre los chamanes: 1) Pueden voluntariamente entrar en estados alterados de conciencia; 2) En esos estados se experimentan a sí mismos "viajando"; 3) Utilizan esos viajes como un método para adquirir conocimiento o poder y para ayudar a la gente de su comunidad.

Actualmente se considera lo chamánico como algo que pertenece a zonas geográficas y a grupos alejados o marginales. Si bien no hay evidencias científicas de los resultados obtenidos por los chamanes en las sociedades primitivas, existen bases para asegurar que de estas prácticas se derivaron ciertas técnicas del yoga, que permiten llegar a un dominio tal del cuerpo y de sí mismo, que sus manifestaciones pueden ser sorprendetes.

LA ASTROLOGÍA

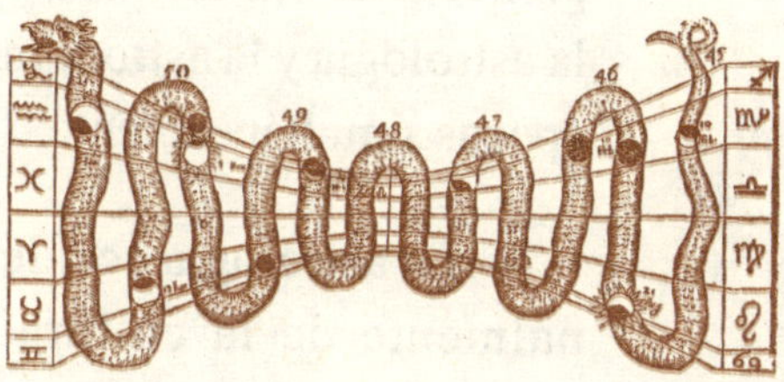

La astrología es un método mediante el cual se relacionan eventos que suceden en la Tierra con la posición de los astros en el universo, con la finalidad de explicar el significado de los mismos y poder predecir otros eventos. Los astrólogos piensan que los eventos terrestres están determinados por los ciclos de los cuerpos celestes, y que cada cuerpo celeste está asociado a un acontecimiento o situación en particular.

Las "coincidencias" que se dan, por ejemplo, entre la órbita del planeta Marte, a quien se asocia con la agresividad, la guerra, los conflictos sociales, etcétera, con ciertos fenómenos bélicos que ocurren en la Tierra es lo que apoya las hipótesis de los astrólogos.

LA ASTROLOGÍA EN LA HISTORIA

La mayoría de las civilizaciones antiguas hacían uso de ciertos conocimientos astronómicos para regular sus calendarios. Se puede decir que la astrología y la astronomía surgen en aquellas épocas simultáneamente.

La astrología occidental proviene principalmente de la cultura mesopotámica. En Babilonia, la observación del cielo data del tercer milenio antes de Cristo, en esta cultura los sacerdotes eran también astrónomos y astrólogos. Posteriormente, los asirios recogieron la tradición astrológica de los babilonios. La biblioteca de tablas de arcilla de Asurbanipal contenía documentos astrológicos sorprendentemente detallados. De los caldeos y asirios, la astrología pasó a Egipto y Grecia, más tarde a través de las guerras púnicas llega a Italia y a todo el Imperio Romano. Claudio Ptolomeo, nacido en Alejandría y fallecido en el año 150 d.C., codifica la astrología y plasma sus teorías en su *Almagesto*, este documento se convirtió en la biblia de los astrónomos durante catorce siglos, así como su *Tetrabiblos* lo fue para la astrología.

Cinco siglos después de la caída del Imperio Romano, fueron los árabes quienes asociaron la alquimia y la astrología con la medicina, llevaron este pensamiento y prácticas a Occidente durante los siglos XI y XII; los autores más representativos de esa época fueron Alquibidio, Albumazor y Hali.

En el siglo XVI, la astrología asume un papel importante dentro de las cortes, cada príncipe tiene sus astrólogos de cabecera. Miguel de Notre-Dame, mejor conocido como Nostradamus es uno de los profetas más conocidos de la historia, en 1555 publica sus profecías en un documento llamado *Las centurias*.

Los nuevos descubrimientos sobre la forma heliocéntrica del sistema solar y los modernos telescopios dejan ver al universo de una manera muy distinta a como la conocieron los antiguos astrólogos. Estos nuevos conceptos del universo dieron un duro golpe a la credibilidad de la astrología, sin embargo, gracias a las "Tablas Rodolfinas", desde el siglo XVII los astrólogos continuaron sus predicciones incluso sin tener que recurrir a la observación del cielo.

En la actualidad, la doctrina astrológica occidental se apoya, sobre todo, en los escritos de Morin de Villefranche, astrólogo francés del siglo XVII, probablemente el más importante autor del tema astrológico.

La astrología es una mezcla única del método científico (observación, medición, predicción y comprobación) y la concepción mágica o religiosa usada en otras artes adivinatorias. Los astrólogos no sólo intentan relacionar los eventos terrestres con los ciclos de los cuerpos celestes, como se hace de hecho por una aplicación de la astronomía: la meteorología. Los astrólogos también piensan que cada momento, particularmente el momento del "nacimiento" de cualquier entidad, desde los seres humanos hasta la creación de un partido político, tiene definido un cierto destino, mismo que determinará la naturaleza de dicha entidad por el resto de su vida.

LOS PLANETAS

El desplazamiento de los planetas a través de los signos del zodiaco y de las Casas, aumenta o disminuye sus influencias. De tal manera que cada planeta ejerce una fuerza específica en el ser humano. Astrológicamente se denominan planetas al Sol, la Luna, Mercurio, Marte, Júpiter, Saturno, Urano, Neptuno y Plutón. Estos cuerpos celestes son la fuerza motriz que hace que las cosas pasen en el mundo diariamente.

EL SOL

En astrología se considera al Sol como el planeta más importante del horóscopo, de hecho, la posición del Sol en la Carta Natal tiene una profunda influencia en la personalidad. Rige el signo de Leo y representa la energía Yang o activa. Es la energía que hace posible la existencia. Simboliza la estructura básica del ser. Representa el movimiento, la voluntad, el poder y el deseo, así como la vitalidad física y mental, y el liderazgo. Las personas con un Sol fuerte saben tomar la iniciativa y gozan de buena salud, aunque por otro lado pueden ser arrogantes y egoístas.

LA LUNA

Regente del signo de Cáncer, la Luna es una de las imágenes femeninas de la Carta Natal. Representa la energía Yin o pasiva en contraposición al Sol. Es nutriente, maternal y acogedora, representa al recipiente en el que pueden crecer las energías engendradas por el Sol. El pasado, la memoria, el hogar familiar y el inconsciente están relacionados con la Luna. Las personas con una Luna fuerte en la carta tienden a ser hogareñas y se preocupan mucho por sus seres queridos. Son seres cambiantes y receptivos, de fuertes emociones y costumbres fijas.

MERCURIO

Es el planeta de la comunicación y el mundo mental. Rige la lógica y el razonamiento, así como las percepciones sensoriales. En el cuerpo, actúa sobre el sistema nervioso y el cerebro. Los escritores, traductores y periodistas, así como todos aquellos que se interesan por la mente y el pensamiento lógico están influidos por Mercurio. Se le considera neutro, ni masculino ni femenino. Por su rápido movimiento, se le ha otorgado el dominio de los viajes de corta duración, así como de las comunicaciones, el correo y los medios de transporte. En el ámbito familiar, rige las relaciones entre hermanos. Mercurio gobierna los signos de Géminis y Virgo.

VENUS

Como Mercurio, Venus ejerce su regencia sobre dos signos, Tauro y Libra. Es el planeta del amor y la expresión no verbal de los sentimientos. Las atracciones espontáneas, la armonía y los placeres sensuales están regidos por Venus. La belleza y el placer estético que provoca el arte son también producto de este planeta. Su acción es suave y armoniosa y se puede afirmar que las personas regidas por este astro son tranquilas, voluptuosas y amantes de los placeres. Sufren en las riñas y evitan los trabajos sucios o aburridos, buscando ocupaciones relacionadas con el arte (pintura, escultura, danza), el coleccionismo o la cocina.

MARTE

El regente de Aries es el planeta de la energía pura. En su aspecto positivo es la fuerza que elimina las restricciones y provoca el movimiento. En su aspecto negativo rige la violencia y provoca los accidentes. El planeta de la guerra es, junto a Venus, el regente de la sexualidad. Las personas que tienen gran influencia de Marte pueden inclinarse por profesiones relacionadas con el ejército, la policía o la medicina, sobre todo en la especialidad quirúrgica. El deporte o el trabajo manual también son atractivos para estas personas.

JÚPITER

Júpiter es el regente de Sagitario. Conocido por los antiguos como "el benéfico mayor", Júpiter rige el crecimiento físico y psicológico. Es un planeta expansivo que protege el aprendizaje y los viajes a países lejanos. La filosofía, la religión, los objetivos a largo plazo, así como la fortuna en los juegos de azar están bajo la influencia de Júpiter. Las personas regidas por Júpiter pueden dedicarse a profesiones relacionadas con la enseñanza, los viajes, la justicia o la adquisición de conocimiento. Son personas que sienten gran interés por conocer otras culturas y por mezclarse con ellas, son optimistas natos y tienen un alto sentido de la ética.

SATURNO

Saturno es quien impone las reglas en el horóscopo. Es el señor del tiempo y el que define las estructuras. Rige el signo de Capricornio. Provoca la maduración y la vejez, asimismo establece los límites al crecimiento. Su acción es lenta y duradera. Por eso, las personas regidas por este planeta son pacientes, profundas y rigurosas. En su aspecto negativo, estas personas son retrógradas y ambiciosas en extremo. En su aspecto positivo, son personas firmes, veraces y responsables. El terreno de Saturno está en el mundo empresarial y financiero.

URANO

Urano es el planeta que rompe las estructuras creadas por Saturno. Regente del signo de Acuario, es el que provoca las revoluciones sociales y los movimientos de expansión colectiva de la conciencia. Representa el impulso de libertad y el deseo de ser original. Todo lo nuevo, lo excéntrico, lo que se anticipa a su época cae bajo la regencia de Urano. Su acción es súbita, inesperada y a menudo violenta. Rige las nuevas tecnologías, la electricidad y la comunicación. Son personas intelectuales, excéntricas, humanistas y utópicas, así como rebeldes, individualistas e ingeniosas. Probablemente se les encontrará en algún oficio relacionado con la tecnología o el arte de vanguardia.

NEPTUNO

El regente de Piscis es el planeta del misticismo, la imaginación y los sueños. La soledad, la reclusión y la lejanía, así como el impulso espiritual o escapista son manifestaciones del espíritu neptuniano. Es el planeta de la intuición, de lo sutil y nebuloso, de las capacidades psíquicas, en definitiva, de todo lo que es misterioso, confuso o huidizo. Rige la danza y el teatro, la música, la poesía y el mar. En su aspecto más terrible, Neptuno empuja al sonambulismo, a las enfermedades mentales, al alcoholismo o la adicción a las drogas. Su acción es sutil y gradual. Las personas regidas por Neptuno son profundamente emocionales, huidizas, soñadoras, abnegadas y con talento psíquico.

PLUTÓN

Plutón es el regente de Escorpio. Es el planeta de la muerte y la resurrección. Provoca rupturas y desastres, obligando al ser humano a comenzar de nuevo desde cero. El orgasmo, la muerte, lo trascendente y el crimen están bajo su dominio. Es un planeta que provoca transformaciones que no se desean, pero que resultan inevitables. Actúa sobre la parte subconsciente de la mente. Rige las masas, la destrucción y la subversión, así como todas las fobias y obsesiones, el aislamiento, el rapto y las transmutaciones. Los regidos por

Plutón son personas intensas, que pueden traer lo mejor o lo peor, pero que nunca provocan indiferencia.

LOS ASTROS Y LOS COLORES

Los antiguos astrólogos establecieron afinidades entre los astros y las diversas modalidades cromáticas:

Influencia solar: Afinidad con el amarillo y anaranjado. Amarillo es el color del verano y del trigo, estimula el cerebro y también produce mareo o sueño.

Influencia lunar: Color blanco, color frío monótono, color de la nieve.

Influencia de Mercurio: Tiene afinidad con las mezclas o colores mixtos.

Influencia de Venus: Color verde, del bosque y de la selva, color agradable por excelencia.

Influencia de Marte: Color rojo, color de la sangre, color que atrae y luego repele, que excita, irrita y quita el sueño.

Influencia de Júpiter: Azul, color del cielo, muy estimulante.

Influencia de Saturno: Color negro de luto y oscuridad.

Influencia de Urano: Color amarillo intenso o deslumbrante.

Influencia de Neptuno: Color violeta, el color del templo, de la lejanía del amanecer.

EL HORÓSCOPO

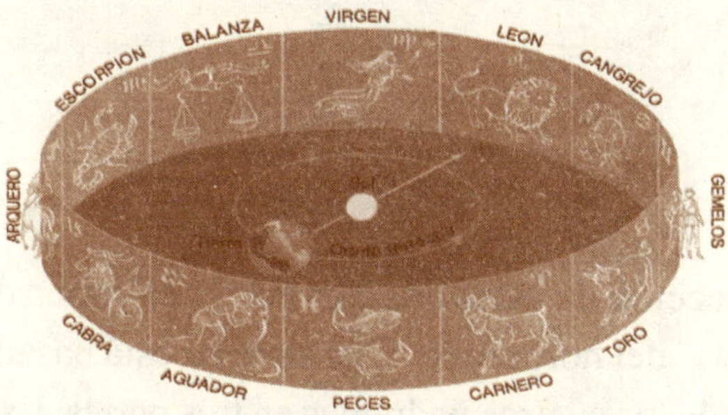

Punto de la eclíptica[1] que se encuentra en el horizonte al momento del nacimiento de una persona, asimismo se entiende como el mapa del cielo o interpretación del estado del cielo al nacer alguien. Con este mapa los astrológos pretendían adivinar los acontecimientos venideros de una persona.

Cada una de las divisiones del planisferio celeste o globo se denomina ciclo o casa y se encuentra bajo influjo de una de las doce constelaciones del Zodiaco.

LAS "CASAS"

El horóscopo está marcado por un eje que divide los hemisferios este y oeste, y por otro eje que divide los hemisferios del día y de la noche. Los cuatro

[1] La *eclíptica* es el camino que el Sol, visto desde la Tierra, sigue en el mapa de las estrellas. La palabra "eclíptica" significa "línea de los eclipses"; le fue puesto ese nombre porque cuando hay eclipse de luna se puede ver que la luna está en esa línea del mapa. (De hecho también la cruza cuando hay eclipse de sol, pero eso es mucho más difícil de observar).

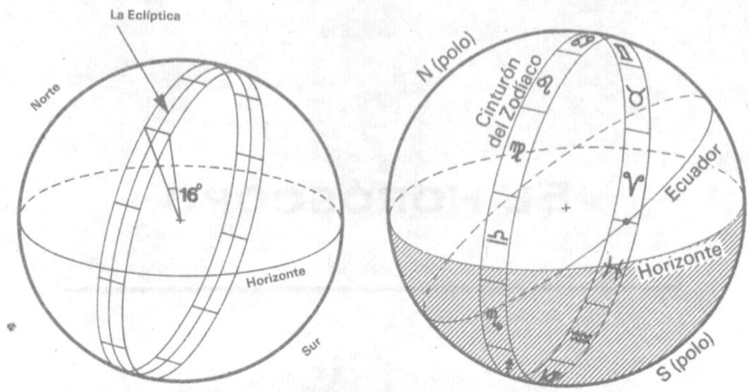

puntos de intersección de estos dos ejes con la eclíptica determinan la división de las "Casas" del horóscopo. Este sistema está basado generalmente en dividir cada uno de los cuatro cuadrantes en tres partes. Existen varios modelos matemáticos según los cuales se calculan las "Casas". Por lo tanto, hay una larga lista de sistemas de "Casas" diferentes. La mayoría difiere sólo en el método de cálculo utilizado para dividir los cuadrantes.

Si la posición de los planetas se suele mantener fija en grado y signo por espacio de un día (excepto en los muy rápidos como la Luna y Mercurio), la posición con respecto a las Casas varía doce veces a lo largo de cada día. Si tenemos en cuenta que un día sideral tiene cerca de 24 horas, y que hay 12 Casas, las posiciones de los planetas con respecto a las Casas variarán cada dos horas aproximadamente.

El horizonte

Este eje, que divide el horóscopo en un hemisferio "superior" (día) y uno "inferior" (noche), representa el horizonte local en el momento del nacimiento. El punto en el cual el horizonte este intersecta la eclíptica se denomina ascendente. En astrología esto tiene gran importancia por dos motivos: el primero es que el signo ocupado por el ascendente influye decisivamente en la personalidad del individuo, casi al mismo nivel que el Signo Solar. Su significado se asocia con la imagen externa que el individuo proyecta a los demás. El segundo motivo es que las Casas se trazan y numeran a partir del ascendente. Así, la Casa cuya cúspide es el ascendente, es la Casa 1 o Casa Primera, la siguiente será la Casa 2 y así hasta la Casa 12. En oposición a ella, en la cúspide de la Casa 7, se halla el descendente.

El meridiano

El segundo eje en importancia para la división de las Casas es el meridiano. Éste divide el horóscopo en este (a la izquierda) y oeste (a la derecha). El punto superior de la intersección de este eje con la eclíptica se llama (MC) o Medio Cielo. Astronómicamente, diríamos que es el signo que se encuentra en el cenit. El Medio Cielo se asocia con la posición social, las relaciones más impersonales y la carrera profesional.

El punto inferior (situado debajo del horizonte) se denomina (IC) o Fondo del Cielo. Los planetas cercanos al MC ocupan el lugar más alto posible en el cielo en el momento del nacimiento, mientras que los cercanos al IC están, por decirlo de alguna manera, debajo de nuestros pies al otro lado del planeta.

En un horóscopo, las Casas astrológicas nos muestran qué esferas o aspectos de la vida tienen más peso. Cada Casa astrológica representa una esfera particular. La división de las Casas de un horóscopo varía de persona a persona, porque se calcula de acuerdo con la hora exacta y lugar geográfico del nacimiento.

Significados de las Casas

Como en el caso de los signos, cada casa tiene un significado propio.

Casa I: Lo físico, el carácter, sus tendencias y su psicología.

La Primera Casa está fuertemente influida por el signo ascendente. Muestra la personalidad, disposiciones naturales y tendencias. Generalmente destaca la forma como la gente le ve a uno y cómo uno desea que los demás le vean, es decir, la imagen que los demás tienen de nosotros. Ésta es la casa de los principios, la que explica nuestra manera de encararnos con la vida, la primera infancia y el concepto que tenemos del mundo.

Casa II: La economía, fortuna, negocios y bienes.

Ésta es la Casa de los valores, tanto los morales como los materiales. Las posesiones y el dinero, las inversiones, las ganancias obtenidas por el propio esfuerzo están reseñadas en esta posición. Los planetas situados en esta posición indican los talentos innatos, los recursos a los que se puede echar mano, también las emociones profundas. La valoración y la autovaloración dependen de esta posición planetaria.

Casa III: La relación con los demás, educación, correspondencia y desplazamientos.

El entorno más inmediato está representado en la Casa Tercera, es decir: los hermanos, las comunicaciones habituales: el habla, el correo, el teléfono, etc. También indica medios de transporte, incluyendo viajes de corta duración. La mente y su capacidad de adaptarse y aprender, los talentos psicológicos, todos son temas de esta Casa.

Casa IV: Sus raíces, hogar, herederos e inmuebles.

La Cuarta Casa muestra el hogar, los padres, la familia de la que se procede y el hogar en el sentido más emocional del término. También indica la herencia biológica, las raíces psicológicas que se establecen en la infancia. Los bienes inmuebles están regidos por esta Casa, así como la vida privada. Es también una casa de "finales": los últimos años de la vida, el fin de todas las cosas, fama después de la muerte y lugar de entierro.

Casa V: Amor, hijos, pasatiempos, oportunidades.

El sinónimo de la Casa Quinta es creación en el amplio sentido de la palabra. Muestra hijos, amores y amoríos; los placeres y diversiones de la vida, así como las vacaciones, las fiestas y los juegos. Incluye la actitud emocional y el amor que uno da. Es la Casa del amor y el embarazo. Las artes están regidas por esta Casa y quienes la tienen activa son personas que se interesan por la literatura, la interpretación o las artes plásticas. Indica originalidad, iniciativa y especulación financiera.

Casa VI: Salud, trabajo, costumbres.

La Sexta Casa rige el empleo, los empleados, inquilinos, sirvientes, animales domésticos y seres que dependen de uno. Es una casa de servicios prestados a los demás y de servicios recibidos. Todos los asuntos rutinarios: la ropa, la higiene, el alimento están dominadas por este sector. También es la Casa de la salud y las enfermedades; a esta Casa también se le llama "hospital" del zodiaco.

Casa VII: Lo opuesto, lo complementario: matrimonio, amistades y sus contrarios.

Si la Casa Primera es la del "yo", su opuesta, la Séptima, es la Casa del "otro". Indica relaciones matrimoniales y de negocios, casamiento, divorcio, contratos, pleitos, convenios, pactos y tratos con el público. Indica la cooperación con otros o la falta de cooperación, además de aquello de lo que la persona carece en mayor grado. Esta Casa muestra las actitudes hacia el matrimonio, el cónyuge y el tipo de relaciones que se establecen.

Casa VIII: Cambios, herencias y muerte; heridas y subconsciente.

La Casa de la regeneración, muestra el apoyo que se recibe de otros, incluyendo el financiero, moral, espiritual y físico. Indica herencias, sociedades, testamentos, impuestos y seguros. La Casa Octava es la casa del sexo. Muestra la actitud que se tiene ante la sexualidad. Indica los procesos de degeneración, muerte y renacimiento, tanto reales como simbólicos. La investigación y lo oculto están regidos por esta Casa.

Casa IX: Refleja la espiritualidad del individuo; viajes y sueños.

Esta Casa muestra la mente superior. Indica religión, leyes, ciencia, ideales, enseñanza superior, filosofía, sicología, profundo estudio mental, sueños y visiones. Los viajes a larga distancia, el trato con los extranjeros, los grandes negocios con países lejanos están indicados en esta posición. Indica las grandes lecciones que aprendemos durante la vida y las aspiraciones que nos impulsan.

Casa X: Vida social, ambición y reconocimientos.

Esta Casa está muy influida por el Medio Cielo. Muestra la profesión, la reputación y la posición en la comunidad. El estado social, la fama, las ambiciones y negocios son asuntos de la Casa Décima, así como la autoridad, los jefes en contraposición a los subordinados. El progreso en la escala social, el padre y la religión como organización se muestran aquí.

Casa XI: Amistades, protecciones y esperanza.

Ésta es la Casa de la amistad, la que nos enseña cuál es nuestra actitud hacia los amigos y conocidos. Todas las relaciones que no implican profundos lazos emotivos, los deseos y lo que se recibe están aquí reseñados. Esta Casa muestra hijastros e hijos adoptivos, así como circunstancias sobre las que se tiene escaso control. Aquí se ven los intereses humanitarios, el modo como se considera a los demás, organizaciones pequeñas y grandes, clubes a los que se pertenece y que, de algún modo, son profesionalmente relevantes.

Casa XII: Enfermedades, contrariedades, fracasos, enemigos, vicisitudes.

La Casa Doceava es la última de la rueda. Indica los finales, la forma en que terminan las cosas y en qué acaba la vida. Es la casa de la mente subconsciente, muestra fuerzas y debilidades ocultas o desconocidas, así como el dolor, el sufrimiento, las limitaciones, los secretos, los obstáculos, la reclusión, la frustración y las acciones ocultas. Indica lugares de encierro, cárceles, hospitales, instituciones mentales y otras restricciones. Es la casa de los enemigos secretos y los peligros ocultos. Muestra lo que ocultamos a los demás, las investigaciones, el karma, la caridad y la compasión.

Las jerarquías de las casas están determinadas como sigue: Ángulos, constituidos por las casas I, IV, VII y X, muy afortunadas; las Sucedientes, formadas por las casas II, V, VIII y IX, excepto la Casa VIII, son casas bastante afortunadas; las casas III, VI, IX y XII, conocidas también como cadentes son desafortunadas, sobre todo las casas VI y XII.

Se ha establecido una relación entre las casas y los signos del zodiaco, de tal forma que a Aries le corresponde la Casa I, a Tauro la II, a Géminis la III y así sucesivamente. La transición de una Casa a la otra no es tan clara como el cambio de un signo a otro. Los planetas que ocupan una posición cerca del final de una Casa a menudo se interpretan como pertenecientes a la siguiente.

LOS SIGNOS DEL ZODIACO

Etimológicamente la palabra zodiaco proviene del griego *zodiacos* que significa "círculo de animales". Fueron los sacerdotes de Babilonia los que establecieron dicho término para localizar la posición de los planetas descubiertos (en esa época) sobre las constelaciones del mismo nombre. El griego Euktemon fue el primero en identificar los puntos del equinoccio (momento del año en que el Sol, en su movimiento aparente, pasa por el Ecuador y en que el día es igual a la noche en toda la Tierra) y del solsticio (momento del año en que el Sol, en su movimiento aparente, pasa por uno de los puntos más alejados del Ecuador: el 21 de junio y el 21 de diciembre), con lo cual se tuvo un marco de referencia para la observación del cielo, permitiendo también diseñar un calendario solar exacto.

Este marco de referencia de observación del cielo, conocido como "eclíptica", o trayectoria anual del Sol sobre las constelaciones como es vista desde la Tierra, es también el marco de referencia de la astrología moderna.

La eclíptica fue dividida en doce sectores iguales de 30 grados cada uno, calculados desde el punto del equinoccio de primavera. Los doce sectores son los mismos que conocemos actualmente bajo el nombre de "Signos del Zodiaco". El recorrido del Sol en cada una de esas partes de la esfera celeste determina las diferentes estaciones: primavera, verano, otoño e invierno. El año zodiacal comienza el 21 de marzo con el equinoccio de primavera. El Sol entra en el signo de Aries para luego recorrer cada uno de los demás signos: Tauro, Géminis, Cáncer, etcétera, y se termina más o menos en la misma fecha del año siguiente.

El zodiaco está constituido por siete principios cósmicos. Cuatro de ellos corresponden a los elementos de la naturaleza: fuego, tierra, aire y agua. Esta clasificación se llama también de las "cuadruplicidades", porque divide el zodiaco en cuatro grupos de tres signos cada uno.

Los cuatro elementos se pueden definir como las energías que tienen su efecto en nuestro cuerpo, nuestra conciencia y nuestra forma de entender el mundo. La mayor o menor influencia de un elemento en el horóscopo modifica o influye el temperamento de cada persona.

AIRE

El aire es un elemento gaseoso, impalpable que afecta todo lo que toca, pero de una forma muy sutil, espiritual. Es el alma invisible de todo ente. Géminis, Libra y Acuario destacan por sus facultades intelectuales. Buscan el estímulo mental y sienten la necesidad de comunicarse con su entorno. Prefieren la compañía de otros, tienen muchas ideas y son capaces de pensar de modo abstracto. Su manera de proceder suele ser libre de emociones, cosa que les ayuda a juzgar objetivamente, pero tienden a ser algo superficiales y a sobrestimar el pensamiento científico.

AGUA

Como elemento líquido, inestable, receptivo y disolvente, el agua aparece en circulación, empapa y fecunda. Es fuente de vida, de difusión de fuerzas vitales. Cáncer, Escorpio y Piscis simbolizan un énfasis en emociones y los sentimientos. Las personas en cuyo horóscopo predomina el elemento agua saben entregarse, confían en su intuición y siempre están dispuestas a ayudar. Les fascina explorar rincones escondidos de su propia psique y la de otros. A veces se pierden tanto en su mundo que pueden volverse caprichosos, padecer de ansiedades y sufrir depresiones.

FUEGO

La triplicidad del fuego: en la estructura astrológica, tres signos simbolizan este elemento. Cada uno tiene sus propiedades y su carácter definido. El fuego de Aries no es igual al de Leo, y el de Leo no se parece al de Sagitario. Aries, Leo y Sagitario representan temperamento extrovertido: dinamismo, entusiasmo y fuerza de voluntad. Las personas con un énfasis en el elemento fuego poseen una sana autoconfianza y tienen, por lo general, buen sentido del humor. Necesitan su independencia y se proponen metas altas. Cualidades negativas son la impaciencia, el egoísmo y una falta de sensibilidad.

TIERRA

La tierra es dura y blanda al mismo tiempo, pero presenta siempre una resistencia. Los signos que representa este elemento son Tauro, Virgo y Capricornio; poseedores de un temperamento más tranquilo e introvertido. Las personas de este tipo piensan de manera práctica, buscan la seguridad material, tienen paciencia y pueden soportar privaciones. Son cautelosos, disciplinados, responsables y saben utilizar el mundo material. A veces, les falta algo de fantasía, ya que son tan realistas que creen solamente lo que ven.

Otra de las clasificaciones del zodiaco es la llamada división *ternaria* y se refiere a los tres restantes principios cósmicos, es decir, las llamadas *Cualidades* que comprenden los signos *cardinales,* los signos *fijos* y los signos *mutables.* A cada una de estas cualidades, le pertenecen cuatro signos del zodiaco.

SIGNOS CARDINALES

Aries, Cáncer, Capricornio y Libra.

Representan la facultad de iniciar nuevos procesos y explorar terreno desconocido. Este tipo de personas saben cuándo tienen que actuar y destacan por su trabajo pionero y constructivo. Los signos cardinales son creativos, ambiciosos y nunca huyen del riesgo, pero deben tener cuidado de no sobrestimar sus fuerzas.

SIGNOS FIJOS

Acuario, Escorpio, Leo y Tauro.

Piensan sobre todo en el futuro, saben que la perseverancia vale la pena. Gustan de profundizar y concentrar sus fuerzas en metas concretas, pueden tener dificultades a la hora de adaptarse a circunstancias cambiantes. Los signos fijos prefieren trabajar con la materia que tienen a la mano.

SIGNOS MUTABLES

Géminis, Sagitario, Piscis y Virgo.

Reaccionan con rapidez a los cambios que se producen en su entorno y, por lo tanto, no tienen dificultad de adaptarse e integrarse a circunstancias nuevas. Los signos mutables necesitan variedad, buscan retos intelectuales y tienen un amplio abanico de intereses. Por otro lado, abandonan las cosas con facilidad y tienden al nerviosismo.

Existe una clasificación más del zodiaco, la llamada división *binaria*, que reparte los doce signos del zodiaco en dos grupos de seis:

SIGNOS POSITIVOS

Aries, Leo, Sagitario, Libra, Acuario y Géminis.

Son dominantes, agresivos y generalmente extrovertidos.

SIGNOS NEGATIVOS

Cáncer, Escorpión, Piscis, Capricornio, Tauro y Virgo.

Son más femeninos, con tendencia a ser proteccionistas y confiados en su intuición.

LOS DOCE SIGNOS DEL ZODIACO SON:

♈ ARIES (21 de marzo – 20 de abril)

Fuego, cardinal; regido por Marte.
Signos compatibles: Leo y Sagitario.

Los nativos de este signo demuestran un enorme coraje físico y un gran entusiasmo para toda clase de ideas. La mentalidad de los nacidos en Aries es de tipo ejecutiva, atrevida, independiente, impulsiva. Poseen una energía ilimitada en el manejo de sus asuntos, son aventureros e intrépidos. Deben aprender a dominar su propio carácter.

♉ TAURO (21 de abril – 20 de mayo)

Tierra, fijo; regido por Venus.
Signos compatibles: Virgo y Capricornio.

Los Tauro son pacientes, prácticos, sencillos, reservados, amables y honestos. Tienen muy buena memoria y son de mentalidad cuidadosa y constructiva. Son muy perseverantes y leales como pocos. Son imperturbables, metódicos, de mente ordenada y estable. Por otro lado, conceden mucha importancia a las ideas conservadoras, y su excesivo gusto por la comodidad y la comida en ocasiones los llevan a la glotonería.

♊ GÉMINIS (21 de mayo – 21 de junio)

Aire, mutable; regido por Mercurio.
Signos compatibles: Libra y Acuario.

Los nacidos en Géminis son por lo general de mente brillante, con una personalidad de gran inventiva, muy versátil y adaptable. Es el signo de la razón y la lógica, la percepción y el pensamiento veloz. Sobresalen por su brillantez y vivacidad en el debate. La rapidez de sus procesos mentales los conducen a ser superficiales y son propensos a la inestabilidad, debido a su dificultad para la toma de decisiones.

♋ **CÁNCER** (22 de junio – 22 de julio)

Agua, cardinal; regido por la Luna.
Signos compatibles: Piscis y Escorpión.

Cáncer es muy intuitivo, extremadamente receptivo y algo conservador. Tienen una tendencia muy marcada a respetar el orden establecido y no les gustan los cambios. Son sentimentales, muy dedicados al hogar y a la familia. En su trabajo se refleja muchísimo un amor por el método, confianza en sí mismo, sagacidad y sentido de la economía. Cáncer se vuelve a veces inestable y poco fiable. Morbosidad, demora y mal genio, son rasgos característicos de Cáncer en su lado negativo.

♌ **LEO** (23 de julio – 22 de agosto)

Fuego, fijo; regido por el Sol.
Signos compatibles: Aries y Sagitario.

Encierran una gran vitalidad y confianza en sí mismos. Leo tiene un gran coraje, gran corazón, mentalidad abierta y un enorme sentido de la dignidad. Son optimistas y benevolentes. Imponen respeto y admiración. Cuando reciben influencias negativas tienden a ser dominantes e incluso tiranos.

♍ **VIRGO** (23 de agosto – 22 de septiembre)

Tierra, mutable; regido por Mercurio.
Signos compatibles: Capricornio y Tauro.

Poseedores de un fino sentido de discernimiento y gran poder de crítica. Están dotados de gran inteligencia y razonamiento lógico. Les gusta mucho aprender. Son leales, agradables, intuitivos, honestos, versátiles y activos. No son pretensiosos y les gusta ayudar a los demás. Son cautelosos en los aspectos financieros. En su lado negativo pueden ser molestos y desagradables.

♎ LIBRA (23 de septiembre – 22 de octubre)

Aire, cardinal; regido por Venus.
Signos compatibles: Acuario y Géminis.

Con gran sentido de la belleza y la proporción, Libra tiene un equilibrado amor por la paz y la armonía. Son amables, persuasivos y tienen mucho tacto. Prefieren la diplomacia a la confrontación. Le gusta la compañía de la gente y tiene buenos amigos. Libra muestra por otro lado una lentitud que a veces le hace descuidado y desaliñado.

♏ ESCORPIÓN (23 de octubre – 21 de noviembre)

Agua, fijo; regido por Plutón.
Signos compatibles: Cáncer y Piscis.

Son de naturaleza fría y calculadora. Son responsables, dignos de confianza y de mentalidad lógica. Les gustan los secretos y se interesan por el ocultismo. En su aspecto negativo su precaución exagerada se convierte en celos y sospechas hacia todo el mundo. Pueden ser crueles, traidores y vengativos.

♐ SAGITARIO (22 de noviembre – 20 de diciembre)

Fuego, mutable; regido por Júpiter.
Signos compatibles: Aries y Leo.

Sagitario es de espíritu libre, despreocupado, amante de la vida, alegre. Le gustan mucho los deportes, es en general optimista, independiente, sociable, franco y honesto. De naturaleza liberal y extrovertida, muy inteligente.

Los principales defectos de Sagitario son el falso orgullo, la extravagancia, abuso de su fuerza física y falta de tacto en su relación con los demás.

♑ CAPRICORNIO (21 de diciembre – 19 de enero)

Tierra, cardinal; regido por Saturno.
Signos compatibles: Tauro y Virgo.

Los pensamientos claros y concisos, el amor al método y un alto grado de autocontrol constituyen las buenas cualidades de los nativos de este signo. Son ambiciosos, ahorradores, constantes, meticulosos e introvertidos. Tienen tendencias a aferrarse a las viejas costumbres y no les agradan los cambios. Son muy perseverantes y tienen gran concentración. Por otro lado tienen tendencia al pesimismo extremo, se preocupan mucho y cambian constantemente de humor.

♒ ACUARIO (20 de enero – 18 de febrero)

Aire, fijo; regido por Urano.
Signos compatibles: Libra y Géminis.

Éste es signo de las personas humanitarias, progresistas y fraternales. Ciento por ciento sinceros, amables y simpáticos. Son bondadosos, tolerantes, diplomáticos y optimistas. Por ser muy idealistas pueden estar faltos de sentido común, lo cual puede llevarlos a la indecisión, vaguedad e incompetencia.

♓ PISCIS (19 de febrero – 20 de marzo)

Agua, mutable; regido por Neptuno.
Signos compatibles: Cáncer y Escorpión.

Son sensibles, compasivos, serviciales y sociables. Muy adaptables, amantes de la paz, imaginativos, llenos de inspiración y capaces de hacer grandes sacrificios personales. Son inteligentes, afables, idealistas y románticos. En cambio son hipersensibles y de humor cambiante. Faltos de capacidad para la toma de decisiones. Pueden ser derrochadores, y poco metódicos. Sus ideas son demasiado dispersas y, por tanto, a menudo mal interpretadas.

El signo del zodiaco ocupado por el Sol en el momento de nacimiento no basta por sí solo para calificar astrológicamente a un individuo. De hecho para que una persona pueda ser definida como marcadamente influida por un único signo (cosa muy rara), sería necesario que este signo fuera ocupado además de por el Sol, por todos o casi todos los planetas y además debería ser también el signo ascendente.

Si no ha sido trazada la carta individual con todos los elementos que la componen, no es posible ninguna anticipación, y la costumbre habitual de preguntar a una persona a qué signo pertenece, para atribuirle según la respuesta determinadas características psicológicas, puede ser un juego divertido pero arbitrario y carente de fundamentos. Podemos agregar que es totalmente absurdo tratar de definir afinidades o disonancias entre dos personas sólo con base en la ocupación del Sol, sin efectuar un meticuloso análisis de todos los elementos de ambas cartas de nacimiento.

Se han confeccionado efemérides o tablas de posiciones planetarias que permiten a la astrología determinar en qué punto del zodiaco se encontraban (o se encontrarán) el Sol y los demás cuerpos celestes en tal fecha y a una hora exacta. Todo buen tratado de astrología explica los cálculos que hay que efectuar para determinar, según los lugares y cambios horarios, la hora legal, la hora local y el tiempo sideral del nacimiento. En posesión de estos informes, el astrólogo puede trazar el mapa del cielo en el momento del nacimiento de cada persona.

La hora y lugar de nacimiento es lo que nos distingue de todas las demás personas nacidas el mismo día. De hecho el ascendente, que es el signo que se encuentra en el este en el instante de nacer, cambia de grado cada 4 minutos y de signo de zodiaco cada 2 horas aproximadamente. Estas tablas difieren de las de los astrónomos, ya que la situación de los planetas que vemos en el cielo es ligeramente distinta de su situación real. Las tablas que usamos para la interpretación astrológica son las tablas de efemérides de los egipcios, que son las más perfectas para uso astrológico.

Algunos astrónomos no creen en la astrología porque sus tablas son diferentes. Los planetas simbolizan energías y cuando caen en una constelación concreta del zodiaco, ponen en acción simultáneamente las energías del planeta y del signo de zodiaco. Es muy importante entender el dinamismo del comportamiento y la naturaleza de cada planeta y cómo se conecta con la psicología del hombre.

Cada uno de los signos del zodiaco posee en sí un tipo diferente de energía, cada signo es único, sin embargo, astrológicamente hablando, "los signos puros no existen". Si bien es cierto que el Sol determina el signo bajo el cual hemos nacido (o al cual pertenecemos), eso no quiere decir que nuestro signo es un signo puro. Recordemos que la astrología es una ciencia que encierra muchos matices, y que al examinar una Carta Natal nos damos cuenta que existen elementos que apoyan o debilitan las influencias del signo bajo el cual hemos nacido.

LOS ASPECTOS

Los "aspectos" son las relaciones angulares entre los planetas vistos desde la Tierra, y describen la interacción de las fuerzas de los planetas que estén involucrados. Por ejemplo, cuando dos planetas se ven "casi" en el mismo lugar en el cielo (conjunción) se dice que sus fuerzas se unen. Sólo ciertas relaciones angulares se consideran "aspectos", y estos tienen cualidades intrínsecas —se dice que son "armónicos", "dinámicos" o "neutrales".

Aquí se presentan algunos de los "aspectos" más importantes:

CONJUNCIÓN - 0°

La conjunción tiende a ser un aspecto armonioso. Su cualidad depende mucho de los planetas involucrados, como de la exactitud del aspecto. Por ejemplo, una conjunción entre el Sol y Mercurio, generalmente se considera armoniosa. Sin embargo, si la distancia entre ellos es de muy pocos grados, se dice que Mercurio está "quemado" o "en combustión", con los correspondientes resultados. En general, la conjunción muestra una conexión inmediata que normalmente funciona en uno u otro sentido.

☍ OPOSICIÓN - 180°

Aunque la oposición se considera normalmente como un aspecto "inarmónico" o dinámico, a menudo tiene un efecto motivador y energizante. Aquí también, la cualidad del aspecto depende de los planetas involucrados y de lo que uno hace con él. En general, una oposición entre dos planetas crea tensión entre ellos, a menudo con resultados positivos.

□ Cuadratura - 90°

La cuadratura se considera un aspecto inarmónico, los planetas involucrados parecen estar "bloqueados". Los problemas que surgen de la cuadratura aparecen continuamente. La dificultad yace en tratar de reconciliar dos fuerzas que tratan de moverse en direcciones completamente diferentes. Generalmente, esto toma la forma de deseos y necesidades que son mutuamente excluyentes.

△ Trígono - 120°

El trígono es un aspecto armonioso, los planetas involucrados funcionan juntos de una manera complementaria, enriqueciéndose mutuamente. Los trígonos muestran donde yacen nuestros talentos naturales, aunque si los utilizamos o no, depende de nosotros.

⚹ Sextil - 60°

El sextil tiende a tener un efecto armonioso, dependiendo de los planetas involucrados.

ASPECTOS MENORES

Además de los aspectos mayores antes mencionados, también existe un número considerable de "aspectos menores". La mayoría de éstos son subdivisiones de los aspectos mayores. Los aspectos menores agregan profundidad y detalle al cuadro general. La orbe permitida para los aspectos menores es mucho más pequeña que aquella utilizada en los aspectos mayores. Los aspectos menores más comunes son:

Semicuadratura - 45°, inarmónico

Sesquicuadratura - 135°, inarmónico

Semisextil - 30°, neutral

Quincuncio o inconjunto - 150°, neutral

Quintil - 72°, armónico

Biquintil - 144°, armónico

LAS MANCIAS, LAS CIENCIAS OCULTAS Y EL ARTE DE PREDECIR EL FUTURO

Bartholomaeus Cocles famoso quiromántico del siglo XV

Las "mancias" son todas aquellas técnicas adivinatorias, mediante las cuales el ser humano trata de conocer su futuro ya sea para obtener seguridad o bien tomar medidas precautorias. Pero las mancias van más allá de la mera predicción, también pueden revelar el carácter y pasado de los consultantes, entre otros aspectos. A continuación describiremos algunas de las mancias más practicadas en la actualidad.

NUMEROLOGÍA

La numerología es el arte de conocer el desenlace de un evento o el carácter de un sujeto a través de los números.

Si bien, el origen de la numerología se pierde en la memoria de los tiempos, se considera que Oriente es donde se inicia esta práctica. Según se desprende de documentos encontrados, todas las antiguas civilizaciones la utilizaron, y se sabe que su paso al mundo occidental se debe a Pitágoras, el gran matemático y filósofo griego (VI a.C.). Pitágoras realizó viajes a Oriente en busca del "Conocimiento Superior", y fue el fundador de varias hermandades en las cuales, entre otras disciplinas, se enseñaba el uso de los números y su influjo en el comportamiento y las vivencias humanas.

Para los pitagóricos toda la materia contenida en el espacio podía ser cuantificable matemáticamente, y como el principio mismo de las matemáticas residía en los números, establecieron que éstos eran la esencia misma del universo, e introdujeron a la filosofía el análisis de los números y la relación entre éstos y la realidad.

Los números aparecen en muchas formas de adivinación, diversos teólogos tanto de la Edad Media como del Renacimiento utilizaron los números en combinación con el alfabeto (combinación entre hebreo y griego) como método de adivinación. Los babilónicos, astrólogos, creían que los números poseían secretos por descifrar.

El método que se utiliza para el análisis de los números es simple y entretenido; no es necesario ser un estudioso de las matemáticas para usar la numerología como medio para entender la naturaleza interior del carácter de quienes nos rodean, así como también nuestra propia personalidad.

Existen varios sistemas de equivalencia de los números y las letras. El sistema hebreo es uno de éstos y tal vez el más difundido, sin embargo, para esta "ciencia", al igual que la cartomancia y el *I Ching*, se requiere, además de entender las técnicas, de la intuición personal.

NÚMEROS PRIMARIOS

En el sistema hebreo se vincula los números con los planetas:

Uno = Sol

Ambición, acción, agresión, creatividad; individualidad y cualidades del carácter.

Dos = Luna

Imaginación, receptividad, cualidades artísticas; también equilibrio y armonía.

Tres = Júpiter

Autoridad, conciencia, un fuerte sentido del deber; símbolo de la Trinidad y por lo tanto devoción a la familia.

Cuatro = Urano

Rebeldía, oposición, reforma; idealismo y falta de éxito mundano.

Cinco = Mercurio

Nervioso, tenso, excitable; en busca de aventuras.

Seis = Venus

Atractivo, magnético, con amor a la belleza, facilidad para hacer amigos, confiable.

Siete = Neptuno

Amor al trabajo. Por ser un número mágico representa los poderes psíquicos.

Ocho = Saturno

Soledad, extremismo, intensidad. Éxito a costa de la felicidad privada.

Nueve = Marte

Determinación, gran voluntad, temperamento impaciente, agresivo. Este número es el más importante de los números simples y se le atribuye gran poder.

NÚMEROS SECUNDARIOS

Los números compuestos también tienen su valor, hay dos sistemas para determinar su significado: en uno se consideran los números del 10 al 52, en el otro sólo tienen significado los números del 10 al 22.

Diez = Logros. Cumplimiento, seguridad en sí mismo.

Once = Éxito. Amenazas de traición.

Doce = Incertidumbre, angustia, represión, incluso sacrificio.

Trece = Ni suerte ni desgracia, este número es símbolo de poder que de no saberse usar puede ser catastrófico.

Catorce = Riesgos, peligros naturales.

Quince = Obstinación, personalidad fuerte, facilidad de verbo.

Dieciséis = Accidente, peligro, advertencia para los más descuidados.

Dieciocho = Aviso de disputas y de materialismo en exceso.

Diecinueve = Buena suerte, inspiración, éxito, ideas brillantes.

Veinte = De dudosa influencia, por una parte entusiasmo por nuevos planes, pero por otra sin fuerza para frenar impulsos.

Veintiuno = Ambición lograda, independencia; para aquellos que el número primario es el tres, es signo de confianza excesiva e impaciencia.

Veintidós = Este es un número fuerte, acentúa el significado del número primario. También sugiere sueños y juicios falsos, puede conducir a la catástrofe.

El sistema llamado Pitágoras para relacionar las letras con los números es el siguiente:

1	2	3	4	5	6	7	8	9
A	B	C	D	E	F	G	H	I
J	K	L	M	N	O	P	Q	R
S	T	U	V	W	X	Y	Z	

Por ejemplo utilizando este método, el nombre de Carlos se convierte en 319361 es decir:

3 + 1 + 9 + 3 + 6 +1 = 23, ahora se debe sumar 2 + 3 por lo que nos da como resultado el número primario 5.

Este mismo método se utiliza para el apellido, para el caso del segundo nombre se deben utilizar los números secundarios. En caso de que el nombre sea muy corto o bien tenga demasiadas letras "a", para lograr números de dos cifras, se utliza el 10 como equivalente del 1, el 11 como el del 2, 12 como el del 3 y así sucesivamente.

Otra forma de analizar los números es mediante el sistema hebreo, publicado por Richard Cavendish con una versión muy precisa. En este método no se toma en cuenta el número 9 por ser considerado como número sagrado y mágico.

1	2	3	4	5	6	7	8
A	B	C	D	E	U	O	F
I	K	G	M	H	V	Z	P
Q	R	L	T	N	W		
J		S			X		
Y							

El sistema hebreo de S.L. Mathers, el mago maestro, donde tampoco se considera al nueve es muy similar al anterior, sólo que Mathers considera la C como equivalente, en cuanto a vibración, con la G.

1	2	3	4	5	6	7	8
A	B	C	D	E	U	O	F
I	C	L	M	H	V	Z	P
J	K	S	T	N	W		
Q	R			X			
Y							

Para poder hacer un análisis completo de la persona se deberá tomar en cuenta la fecha de nacimiento, nombre, segundo nombre y apellido.

De esta forma la suma del resultado de la fecha del nacimiento con el del primer nombre nos darán sus rasgos del carácter, el resultado del segundo nombre o el menos utilizado nos indicarán los rasgos del carácter.

Como hemos visto, el mundo de la numerología es relativamente sencillo, si bien aquí sólo hemos mostrado un ejemplo básico, las combinaciones a las que se puede llegar son realmente interesantes.

ONIROMANCIA

¿Son los sueños un reflejo de nuestra realidad, la expresión de nuestros más secretos deseos o bien la revelación de nuestro futuro?

La oniromancia es el arte de descifrar los sueños, mediante la interpretación de los símbolos mostrados en ellos.

Científicamente se ha logrado interpretar, de algún modo, el significado de los sueños; gracias a Freud y Jung se han visto modificadas las antiguas creencias. Es ahora bien sabido que los sueños no dependen del sexo, de la edad, ni el estado físico; se sabe que siempre se sueña aunque la mayoría de los sueños se olvidan; también se sabe que pueden llegar a tener influencia sobre nuestro pensamiento, que algunas veces son el informe de nuestro subconsciente y que según complicadas leyes, pueden deformar nuestra idea de la realidad.

Más aún con todo el conocimiento científico de nuestra era, con todo y los psicólogos especialistas en descifrar los sueños mediante el análisis de complejos símbolos, el hombre se sigue cuestionando sobre el significado oculto de éstos.

CRONOLOGÍA DE LA ONIROMANCIA

Los griegos llamaban *oneirópolos*, a quienes se especializaban en la interpretación de los sueños. Homero, en el primer canto de *La Ilíada*, verso 63, afirma que los sueños premonitorios vienen de Zeus.Sin embargo, advierte que se deben distinguir los sueños verídicos de los que mienten: "Dos puertas se abren ante los sueños ligeros: una es de cuerno y la otra de marfil. Los que traspasan la segunda son los sueños embaucadores que presagian a los mortales eventos que nunca pasarán; los verdaderos son los primeros, los que pasan a través de la puerta del cuerno".

Finalmente, para Homero, el sueño es un personaje, algunas veces representado por Apolo y otras por Zeus, otras más por Cronos.

El poeta griego Hesíodo (siglos VIII y VII aC.) afirma que el acto de soñar es hijo de la Noche y del Sueño.

Aristóteles, convencido de la importancia de los sueños, enfatiza la necesidad de crear un complejo simbolismo para su interpretación.

Cicerón, quien siempre hizo burla de las artes adivinatorias, no lo hizo con la oniromancia. Artemidoro de Éfeso la admitió y en sus escritos son ampliamente tratados los sueños. Sinesio (360-430), seguidor de Pitágoras y cristiano, hace notar en su *Tratado de los sueños* que el estado del alma en el más allá será conforme a los sueños que haya experimentado: "que cada quien inscriba en su memoria todo lo que ha vivido durmiendo".

El médico griego Herófilo (360-283 a.C.) logró clasificar de una manera excepcionalmente científica los sueños: los enviados por los dioses y los que son el reflejo de obsesiones, las más de las veces eróticas.

Los egipcios dejan plasmada la importancia de los sueños y de su interpretación en el papiro Chester Beatty III, mejor conocido como el *Libro de los sueños* porque da una lista de sueños y su interpretación. En cada una de las líneas se describe si el sueño es bueno o malo. En este último caso aparece en tinta roja. Además, se incluye la interpretación. Primero están descritos todos los sueños buenos y luego todos los malos. En cada página hay una columna que comienza con el texto: "Si un hombre se ve a sí mismo..."

Algunos pensadores del antiguo mundo se pronunciaron en contra de las revelaciones que dan los sueños. Cicerón, el más grande de los oradores romanos en el siglo I a.C. aseguraba que aquellos que se atrevían a dar significado a los sueños lo hacían de forma especulativa, sin ninguna base bien fundamentada. No obstante que entre los musulmanes la práctica de dar significados a los sueños era una tradición bien arraigada, Mahoma se vio en la necesidad de prohibirla, ya que esta práctica estaba tomando proporciones fuera de control.

Más tarde, en el año 450, el poeta latino Macrobio divide a los sueños en cinco clases: 1) indiferentes; 2) sueños malos o pesadillas; 3) alucinaciones; 4) oráculos; y 5) premonitorios.

En la actualidad existe una opinión dividida entre los psicólogos en cuanto a por qué soñamos y su significado. Unos consideran los sueños como reflejo de la actividad subconsciente y expresión de nuestras esperanzas y temores, y los otros creen que los sueños simplemente vacían el cerebro de la "basura" acumulada durante el día.

En cuanto a las pesadillas, es casi innegable que son causadas por influencias psicológicas complejas, cuyos orígenes se encuentran más ligados al pasado que al entorno inmediato. Pero existe otra clase de sueños: esos sueños extraordinarios que parecen predecir acontecimientos futuros y que probablemente se hallan en la base de las antiguas creencias acerca de la adivinación.

La clave de los sueños

El onirócrito es la persona especializada en descifrar los sueños.

Si bien ahora se sabe que los sueños son básicamente el método por el cual el subconsciente examina y clasifica las experiencias vividas durante el día y que existe un método científico para su interpretación, no deja de inquietarnos la posibilidad de que por medio de los sueños se nos revele nuestro futuro.

Según el famoso psicólogo Calvin Hall los sueños son una carta para uno mismo. Por lo que para aquellos que recuerdan sus sueños, el siguiente paso es encontrarles el significado. A medida que se vaya aprendiendo a leer esta muy personal carta, aparecerán verdades íntimas fascinantes.

La mejor forma de empezar a examinar los sueños consiste simplemente en recordarlos durante el día siguiente. Algunas veces, un pensamiento puede surgir de pronto en la mente, al principio puede parecer que no tiene conexión alguna con el sueño, pero si ponemos atención y analizamos a ambos, seguro encontraremos alguna conexión.

SIGNIFICADOS DE LOS SUEÑOS MÁS SOÑADOS

Durante centurias el ser humano ha tratado de encontrar el verdadero significado de los sueños y algunos de éstos les ha dado interpretación a cada elemento que aparece en él. A continuación, como ejemplo, se muestra una breve lista de algunos significados.

Ábaco: Muchos esfuerzos en el terreno laboral y pocos resultados.

Abandono: Si es uno mismo el abandonado por gente poderosa o nuestro amante, indica que seremos liberados de su dominio. Si nuestra madre es la que se va, tendremos aprietos materiales. Si es el padre el que se va, indica nuestra falta de voluntad. Cuando se trata de nuestro cónyuge, nos muestra que se están produciendo problemas materialmente por nuestra causa. Si tú eres quien se va, lo que abandonemos nos indicará qué o quién es lo que nos atormenta. Si es alguien más el que nos abandona significa que habrá problemas y dificultades.

Abdomen: Si engordamos, riqueza. Si adelgazamos, es pobreza. Si es otra persona, alguien te quiere traicionar o mentir.

Abeja: Es trabajo, éxito laboral.

Abertura: Señal de esperanza.

Abismo: Peligro. Si caemos significa final desastroso. Si caemos y podemos salir es que existe una posibilidad de apartarnos del desastre. Si lo vemos pero no caemos en él, estamos a tiempo de evitar el mal.

Abono: Esperanza y fortuna en el trabajo y en la casa.

Abordar: Cambios.

Aborto: Augura que algo no llegará a feliz término. Si vemos o participamos en el aborto corremos el peligro de que nos alcance una enfermedad.

Abrazar: Partida de un amigo.

Abrigo: Escondes tu verdadera personalidad. Si lo lleva otra persona tiene intenciones egoístas.

Abuelos: Si viven, es éxito en una empresa. Si ya no viven son noticias tristes.

Acantilado: Dificultades, a menos que lo escalemos.

Accidente: Miedo a tomar una decisión importante.

Acostarse: Periodo de incertidumbre.

Acuario: Ver los peces nadando es una señal de tranquilidad y felicidad.

Acueducto: Si se encuentra en buen estado significa abundancia y si es viejo, pobreza.

Adiós: Si alguien nos dice adiós dejaremos atrás algo que nos beneficia. Si nosotros nos despedimos de alguien, pronto volveremos a verla y si lloramos nos espera, gran felicidad.

Aeropuerto: Dudas. Pero si todo transcurre felizmente los presagios son los mejores.

Agua: Mansa y limpia significa pureza, vida larga, felicidad y estabilidad sentimental. Oleaje fuerte refleja desorden interno, penas y sufrimientos. Olas grandes que se acercan, se presentarán grandes cambios y toma de decisiones, lo que nos pase en el sueño será el desenlace de esos cambios. Si soñamos goteras en una casa sin que esté lloviendo anuncia duelo en esa casa; humedades o que el agua corre por la casa tiene connotaciones de peligro. Tomar agua de una fuente son sentimientos tranquilos. La lluvia es símbolo de fecundidad, limpieza interior, pero si empapa la tierra y deja de llover rápidamente, indica pérdida de bienes y humillaciones, si es agua mineral simboliza convalecencia, pero con mejoría de salud. Si el agua es sucia o estancada pronostica males y desgracias de carácter moral, por lo general, o pérdida de libertad. Si el agua se presenta amarga, turbia o amarillenta pronostica enfermedad. Negruzca, matrimonio desgraciado. Recibir agua en un recipiente es salud. Recibir agua y guardarla sin beber indica avaricia. Caminar sobre el agua significa que estamos atravesando un periodo de peligro. Si nos hundimos corremos grave peligro. Si nos reflejamos en el agua indica que conseguiremos riqueza.

Aguacero: Suerte, éxito financiero.

Águila: Dominio y triunfo cuando nos identificamos con ella, y angustia si nos infunde temor o dolor. Si vuela, persigue un ideal. Si ataca, irresponsabilidad de un amor verdadero. Verla volar señala objetivos conseguidos.

Agujas: Indica que sabremos lo que dicen de nosotros a nuestras espaldas. Las agujas de coser con hilo, es buen augurio. Sin hilo, rotas o nos pinchamos con ellas son mal augurio.

Ahogado: Anuncia, herencia o ascenso en el trabajo. Ahogarse, que necesitamos unas vacaciones.

Ahorcado: Verlo indica pérdida de dinero. Serlo presagia la recuperación de cosas perdidas.

Aire: Si es brisa, época. Si está agitado augura peligro cercano y si es frío indica la pérdida de un amigo sincero.

Ajuar: Augura felicidad.

Alas: Es el signo de la victoria.

Alfiler: Anuncia discordias familiares. Pérdida financiera.

Alfombra: Vivir con holgura gracias al trabajo.

Altar: En buenas condiciones indica nuestro matrimonio o de algún conocido.

Amanecer: Finalizan nuestras penas. Renovado optimismo.

Andrajos: Intrigas y disputas. Si los andrajos los llevamos nosotros nos anuncia miserias morales.

Ánfora: Si está llena indica alegría profunda. Si está vacía o rota, peligro.

Ángel: Fin de todos los problemas que en estos momentos te atormentan. Si los ángeles están tristes, amenazadores o furiosos reflejan nuestros temores e inseguridades.

Angustia: Anuncia éxito.

Antepasados: Si ya fallecieron, si están irritados o tristes presagia peleas.

Si están alegres el acontecimiento será alegre y beneficioso. Si aún viven se dice que este sueño alarga la vida.

Antigüedades: Recibiremos un legado inesperado aunque alguien intentará arrebatárnoslo.

Antílope: Augura éxito económico.

Antorcha: Encendida es alegría. Si está apagada o se nos apaga se aproxima alguna calamidad.

Araña: Presagio desagradable. Ha cometido alguna indiscreción que le llevará a trampas o engaños.

Arañar: El que araña es quien desea perjudicar al alguien, mientras que el arañado será el perjudicado.

Árbol: Símbolo de protección material, según como veamos al árbol será nuestra situación.

Arco: Indecisión en el amor.

Arena: Placidez y sensualidad.

Arrecife: Obstáculos en nuestros proyectos.

Arroyo: Con aguas tranquilas significa alegría. Si sus aguas son turbias o está seco pronostica pérdida o enfermedad.

Arroz: Significa consuelo de las penas y alivio.

Ascensor: Indica las subidas o bajadas en un empleo debido a relaciones o influencia.

Ataúd: Fin de una dependencia moral o material a menos que estemos arrodillados ante él, significa penas.

Aula: Cambiar planes de negocio.

Ave: Ver pájaros volando por el cielo refleja impaciencia. Pájaros emigrando, deseo de cambio de ambiente.

Avión: Revela nuestro deseo de alcanzar un nivel superior.

Boda: La integración de nuestra personalidad. Si nos sentimos bien por dentro lo reflejamos por fuera en lo físico, así que podemos encontrar a nuestra pareja en la vida real.

Caer: Es una pérdida de equilibrio y control en una situación. Pero también es un aterrizaje del cuerpo astral cuando vuelve bruscamente al físico. Pasa en el momento de quedarnos dormidos pero recobramos bruscamente la conciencia.

Casa: Es la representación de nuestro cuerpo y nuestro hogar. Lo que ocurra en ella es representación de lo que nos ocurre en el interior. Los colores, los muebles indican con que contamos para vivir, la recámara refleja asuntos de pareja, el baño es la limpieza de nuestros sentimientos y emociones, la estructura en general nos muestra si somos fuertes o vulnerables.

Jaguar: Temor y desconcierto.

Jarra, jarrón: Si tiene líquido indica la obtención de cosas buenas. Si contiene líquidos nocivos entonces será desfavorable.

Jaula: Amores o amistades del mismo.

Joyas: Las joyas de oro nos previenen contra el orgullo. Las de plata presagian beneficios. Las falsas nos previenen contra la vanidad y la presunción. Rotas auguran frustraciones. Deslustradas o sucias, problemas de negocios. Perderlas, problemas con nuestros bienes personales. Hallarlas, tentaciones peligrosas. Comprarlas, pérdidas de dinero.

Madera: Soñada en tablas son un sueño de riqueza y satisfacciones.

Maleta: Deseo inconsciente de huir de algo o alguien.

Maleza: Obstáculos para la realización de sus deseos.

Manantial: Simboliza la fuerza vital del hombre.

Mansión: Si es bonita sus aspiraciones se concretarán de manera inesperada.

Mar: En calma vida apacible y tranquila. Si está agitado, complicaciones y problemas.

Mariposa: Inicio de la transformación de nuestra vida en lo material y en lo moral.

Máscara: Este sueño nos advierte que se está tramando algo a nuestras espaldas.

Matrimonio: En algunos casos soñar con el matrimonio presiente algún problema o calamidad que se avecina.

Mellizos: Noticias sorprendentes y felices. Circunstancias inesperadas.

Mesa: Simboliza la unión familiar, lo que sueñes representará tu situación familiar.

Meteorito: Si asistimos a la caída de un meteorito anuncia que graves hechos harán peligrar sus condiciones de vida.

Mina: Soñar con la mina significa que en tu trabajo te irá bien.

Mochila: Simboliza secretos, cuando está llena significa que tenemos secretos guardados. Si está vacía es o eres incapaz de guardar un secreto. Perderla, alguien conoce nuestros secretos. Si te la roban, alguien más se enterará de los secretos usando la fuerza.

Molino: Indica riqueza. Pero si molemos algo anuncia problemas.

Momia: Resurgirán viejos asuntos olvidados.

Monasterio: Soñar con un monasterio significa la realización de deseos y nos da esperanzas. Si lo vemos de lejos y nunca caminamos hacia él anuncia desilusiones.

Monedas: Si estamos contando monedas de baja denominación augura dificultades económicas. Si se pierden, nos advierte sobre nuestra falta de dinero. Si las encontramos refleja el deseo de búsqueda de un negocio productivo.

Monedero: Usarlo indica que somos cuidadosos con nuestras cosas. Perderlo, significa problemas financieros.

Monja: Nos sentimos culpables de algo, tenemos miedo a sus consecuencias.

Monje: Consuelo, incremento de bienes tanto materiales como espirituales si hablamos con ellos y somos creyentes anuncia el fin de nuestros males. Si no somos creyentes y no nos hablan, anuncia males y calamidades.

Mono: Superación generalmente económica.

Monstruo: Cuando soñamos con un monstruo es porque nuestra conciencia nos acusa de alguna falta que nos atormenta. El monstruo es agradable y amistoso revela nuestro deseo de disminuir la culpabilidad de nuestras faltas.

Montaña: Si subimos y llegamos hasta arriba significa que alcanzaremos nuestros objetivos. Si nos caemos o no llegamos hasta arriba, no conseguiremos triunfar por debilidad de carácter.

Moscas y mosquitos: Son personas molestas o impulsos externos igualmente molestos. Matar moscas es que queremos apartarnos de personas vanidosas. Los mosquitos son una advertencia, por personas desconocidas que quieren inmiscuirse en nuestra vida.

Muebles: La mesa, unión de la familia. Un armario, nuestras cosas. Si se destruyen los muebles son problemas familiares, pero si sólo los movemos es bienestar familiar.

Muelle: Cambios en nuestra vida.

Muerte: Fin o término de una relación, de un amor, de una amistad o simplemente una cualidad o un defecto. Son rarísimas las ocasiones en que podemos percibir la muerte física de otra persona.

Muerto: Cuando soñamos con familiares o amigos que realmente han fallecido y las queríamos mucho revela insatisfacción por nuestra vida actual. Si el muerto te reclama es un complejo de culpabilidad ligado a esta persona.

Mujer: Si este sueño lo tiene una mujer suele interpretarse como la revelación de su propia personalidad. En caso de que sea un hombre el que sueña con una mujer, se relaciona con el éxito de sus ambiciones. Soñar con mujeres desnudas es mucho más frecuente en mujeres y refleja el deseo y la preocupación por gustar y ser amadas. Si se trata de mujeres desnudas y excitantes sólo hablará de deseo sexual a un hombre sin inhibiciones.

Mula: Si la mula es fuerte y está sana o está cargada son símbolo de éxito y riqueza. Una mula débil o enfermiza augura pérdidas. Si está muerta indica la ruina. Si compramos una mula, incremento de nuestros medios. Ver varias mulas, peleas con empleados. Si vamos montados sobre la mula estamos en el buen camino.

Muñeca: Si lo sueña una niña indica soledad. Para una mujer indica nostalgia por su niñez.

Muralla, muro, pared: Derribarla o saltarla deseo de cambio. Si estamos dentro de ella nos sentimos protegidos y aislados de los peligros exteriores. Si está en ruinas revela miedo y desconsuelo.

Murciélago: Augura tristeza, malas noticias o sorpresas desagradables.

Padre: Si el padre es frío y severo, sentimiento de culpabilidad. Si su expresión es benévola, cariñosa, es nuestra necesidad de protección y afecto con nuestros superiores.

Paja: Símbolo de riqueza y éxito material conseguidos gracias a nuestro trabajo. Si la vemos desordenada indica que no sabemos cuidar nuestros bienes y corremos el riesgo de perderlos.

Pájaros: Ver pájaros volando refleja impaciencia. Si está enjaulado, nuestra libertad está coartada. Si el sueño trata de la lucha con las aves revela nuestra lucha contra pensamientos destructores.

Palmera: Símbolo de protección material. Si en la palmera anidan pájaros, éxitos y fortuna. Si estos pájaros son negros, querrán perjudicarnos por envidia.

Palo: La madera cortada en tacos o en tablas son un sueño de riqueza y satisfacciones.

Paloma: Amor, ternura y fidelidad. Si la vemos volando son noticias de un ser querido.

Pan: Si soñamos con la elaboración del pan, confianza en nuestras propias capacidades.

Pantano: Hundirnos en un pantano presagia peligros o enfermedad.

Pantera: Simboliza a una mujer enemiga y celosa. En otros casos simboliza un deseo sexual.

Paraguas: Si estamos cubriéndonos con él revela el deseo de huir de las responsabilidades.

Parque: Sensación de intimidad o algo oculto, lo inconsciente domina sobre lo consciente, lo que forma nuestra personalidad.

Payaso: Cuidado con aquellas relaciones que no son dignas de nosotros.

Peces: Si te come indica la perfección y la purificación o peligro con pérdidas morales o materiales. Los peces muertos o solitarios indican amargura, desconsuelo y soledad.

Pelea: Nuestro propio miedo ante el peligro, inseguridad. Otras veces significa conflictos internos.

Pelota: Es un retorno inconsciente a la niñez para huir de las dificultades y preocupaciones del presente.

Péndulo: Evolución o que a su dueño se le ha terminado la cuerda, es decir, su tiempo de vida. Si atrasa indica que debemos tomarnos las cosas con más calma si no queremos ver en peligro nuestra salud.

Periódico: Son malas noticias o escándalos, si lo estamos leyendo indicará que deseamos un cambio en nuestra situación social, profesional o familiar.

Perla: Simboliza amor, pureza e idealismo y reflejan el deseo de una relación sentimental. Si lo soñamos como un collar o las perlas no las podemos agarrar presagian desgracias y desolación.

Perro: Simboliza la amistad y la fidelidad. Pero si escuchamos sólo su aullido presagia muerte próxima. Si el perro nos mira con ojos de odio nos está diciendo que negamos a los demás la lealtad que pedimos. Si el perro está en peligro es que alguna relación afectiva se verá amenazada. En muchas ocasiones soñar con un perro indica una necesidad de ser amados y protegidos, falta de amor y compañía.

Piedra: Simboliza la resistencia, la tenacidad y la perseverancia. Si se trata de una piedra volcánica equivale a la petrificación o endurecimiento de los sentidos. Si son piedras chicas o arena simboliza el rompimiento, la enfermedad, la derrota y la muerte. Si junto a las piedras aparecen el agua o la lluvia disminuirán los malos augurios. Si el terreno está cubierto de piedras expresa nuestra resistencia al cambio y, si decidimos caminar por encima de ellas indica que la vida nos resultará difícil y penosa. Una piedra rota indica también división familiar, enfermedad, y si ya se está rompiendo presagia la muerte de algo, de la familia, de los negocios o de la propia personalidad.

Piscina: Indica nuestras emociones. Una piscina rodeada por abundante vegetación indica el deseo de exteriorizar y vivir emociones y pasiones amorosas. Si sus aguas son limpias nuestros sentimientos están bien fundados. Si las aguas están sucias o agitadas por lluvia augura amores difíciles. Si la piscina está vacía, indica fracaso de las esperanzas sentimentales.

Pistola: Indica que se está gestando un complot en contra de nosotros.

Playa: Cuando llegamos a la playa desde un barco representa que nos salvamos de un peligro. Si la vemos o llegamos a ella desde tierra y el mar está tranquilo revela la nostalgia o la necesidad de una época de serenidad y relajación. Si la playa está llena de personas, deseamos una vida espléndida.

Pozo: Cuando el pozo está bien construido, descubierto y lleno de agua significa rectitud, dicha, y sinceridad. Si el pozo está en ruinas y vacío, significa todo lo contrario. Si nos caemos al pozo es uno de los peores presagios, a menos que alguien nos saque de él. En el caso que no salgamos de él proyectamos desesperación, neurosis y locura.

Puente: Indica una situación en conflicto que se resolverá según lo que hagamos con el puente. Si en lugar de atravesarlo únicamente lo miramos y no nos decidimos a cruzarlo indica que nuestra situación se irá deteriorando. Soñar con un puente en un paisaje, significa que en nuestro interior estamos contentos. Si se trata de un puente cayéndose, o muy estrecho indica que tenemos miedo por nuestro porvenir. Y aumenta cuando aparece la noche o el hielo. Si caemos desde el puente a un río es que seremos arrastrados por las pasiones o instintos. Si nos caemos del puente a un abismo simboliza la perdición. Si nos detenemos mientras cruzamos y no llegamos al otro lado o volvemos atrás, el pronóstico es incierto y muy malo.

Puerco: El cerdo es el símbolo de los deseos impuros. Si es hembra simboliza todo lo contrario, la fecundidad.

Puerta: Una puerta abierta en sueños es la invitación a pasar por ella, su significado dependerá de lo que vemos detrás de ella, podrá ser para bien o para mal. Si la puerta es muy baja, o estrecha y tenemos dificultades para pasar por ella indica que la solución a nuestra crisis sólo la solucionaremos con sacrificios. Si la puerta está cerrada y no se abre cuando llamamos es que todavía no ha llegado el momento de la solución definitiva.

Puerto: Es el fin feliz de un viaje, la conclusión de una etapa de la vida y la estabilización de la situación. Si partimos de viaje el sueño nos indicará de dónde partimos y en qué condiciones lo hacemos. Si soñamos con un puerto sin iniciar ningún viaje refleja un deseo de evasión pero sin decidirnos a hacerlo.

Zanja: Simboliza problemas y dificultades muchas veces creados por nosotros mismos y por nuestra conducta. Si vemos la zanja a tiempo indica que aún estamos en condiciones de evitar el peligro que se avecina. Si la saltamos lograremos salvar todas las dificultades. Si nos caemos dentro fracasaremos en lo que deseamos.

SUEÑOS PROFÉTICOS

Durante nuestro sueño parece que se nos abren otros mundos. Con frecuencia, nuestros sueños nos transportan a tiempos y lugares remotos; nos encontramos a nosotros mismos entre personas y cosas que nos son familiares, aunque extrañamente transfiguradas. Hacemos cosas que nos resultarían imposibles estando despiertos, o nos encontramos paralizados e incapaces de realizar la más simple de las acciones. A veces tenemos la sensación de poseer un conocimiento profundo que daría sentido a toda nuestra vida, conocimiento que olvidamos al despertar o que nos parece incoherente. Y quizás, a veces, los sueños nos proporcionan un conocimiento real, una visión de un futuro que acontecerá en realidad.

El faraón Tutmés, hacia el año 1450 a.C., tuvo un sueño en donde el dios Hormakhu, se le aparecía diciéndole: "La arena del paraje en el que transcurre mi existencia, me ha cubierto. Júrame que tú harás lo que mi corazón desea; luego entonces sabré que tú eres mi hijo, que tú eres mi salvador". Cuando Tutmés fue convertido en faraón, retiró la arena que cubría la esfinge sagrada en honor de Hormakhu, y su reinado fue largo y fructífero, tal como el dios le había prometido en el sueño. Este sueño tuvo tanta relevancia que fue grabado en una lápida erigida frente a la gran esfinge de Gizeh.

En el Libro de Daniel se cuenta una historia por demás extraordinaria: Una mañana Nabucodonosor, rey de Babilonia, despertó seguro de haber tenido un sueño, pero incapaz de recordarlo. Con la seguridad de que era de origen divino, llamó a sus sabios para que le contasen el sueño y su significado. Los sabios atribulados, trataron de convencer al rey de que era imposible lo que les pedía.

Daniel, famoso por su sabiduría y su amplio conocimiento de visiones y sueños, salvó la situación. Imploró a Dios para que le revelara el sueño, y esa noche tuvo una visión. Una imagen con la cabeza de oro, el pecho y los brazos de plata, el vientre y los muslos de bronce, las piernas de hierro y los pies, parte de hierro y parte de arcilla. La figura fue demolida por una roca, que se convirtió en una montaña y envolvió toda la Tierra. El rey recordó el sueño, y la interpretación de Daniel fue: la cabeza de oro representaba el gobierno del rey, y las otras partes de la imagen el declive del reinado bajo el mando de los gobiernos que le sucederían y que terminarían con la destrucción del reino. El reinado siguiente sería establecido por Dios y ya no tendría fin. El rey rindió tributo a Daniel y lo retribuyó con un nuevo cargo.

Cuando el rey Baltasar le pidió a Daniel que le descifrara el sueño en que había visto cómo uno de sus cinco dedos humanos escribía palabras místicas (mane Thecel Phares) en la pared, Daniel lo interpretó como un reproche hacia el rey por haber bebido en las vasijas sagradas extraídas indebidamente del Templo de Jerusalén. Le explicó que había sido juzgado y encontrado culpable, por lo tanto su reino estaba acabado. Esa misma noche el rey fue muerto por Darío Medeo quien se apoderó de su reino.

Algunas de la escenas más extraordinarias del Antiguo Testamento son las relativas a los sueños y su significado; los hebreos pensaban que los sueños eran de orden divino. Jacob, patriarca del Antiguo Testamento, mientras huía de su vengativo hermano Esaú (a quien había engañado acerca de su primogenitura), durmió en el desierto y tuvo el siguiente sueño: vio una escalera que conducía desde la tierra al cielo, por esta escalera los ángeles del Señor subían y bajaban, mientras él permanecía en lo alto.

Dios se pronunció ante Jacob, diciéndole que la tierra en la que yacía sería para él, y le prometió: "de aquí y de ti nacerán todas las familias de la Tierra". En un principio Jacob tuvo miedo, sin embargo, el sueño se volvió realidad, y fue el antecesor de todas las tribus de Israel.

José, hijo de Jacob, logró fama por encontrar el significado de los sueños más asombrosos. Durante su encierro, interpretó los sueños de dos compañeros prisioneros, uno había sido el copero y el otro el panadero del faraón. El primero soñó que después de exprimir uvas en una copa, se la entregaba al faraón, por lo que José le predijo que regresaría a su antiguo puesto. El segundo soñó pájaros alimentándose de un cesto colocado sobre otros dos en su cabeza, a éste le fue predicha su ejecución. Los dos destinos se cumplieron.

José ante el faraón

El faraón, sabedor de la fama de José, le pidió que le interpretara su sueño en donde veía a siete vacas flacas y hambrientas que se habían comido a siete vacas gordas, y siete espigas marchitas devoraron a siete espigas hermosas. José le advirtió al faraón que su reinado tendría siete años de opulencia seguidos por siete años de hambre. El faraón, en agradecimiento, lo nombró gobernador de Egipto.

Alejandro Magno, general macedonio, el más grande capitán de todos los tiempos antiguos, tuvo la suerte de tener constantemente sueños precognitivos, que según se dice le ayudaron para lograr algunos de sus éxitos. A los 24 años de edad, sitió la ciudad de fenicia de Tiro en el año 332 a.C. Y tuvo un sueño en que aprendía a un sátiro danzando sobre un escudo. De inmediato hizo llamar a su ilustre interpretador de sueños, llamado Aristandro, quien le atribuyó el siguiente significado: vislumbró en este sueño un hábil juego de palabras: *satyros* (sátiro en Griego), podía ser tomado como Tyros, para lo cual concluyó "Tiro es tuya". Alejandro continuó con la campaña y conquistó la ciudad.

En otra ocasión, durante un enfrentamiento, Ptolomeo, amigo de Alejandro Magno, había sufrido una herida con una flecha envenenada. Alejandro lo cuidaba y se quedó dormido, durante el sueño vio que un pez le mostraba las plantas por medio de las cuales recuperaría la salud su amigo. Al despertar encontró las plantas y se las dio inmediatamente a Ptolomeo, quien se recuperó y llegó a ser faraón de Egipto.

En ocasiones, los sueños proféticos, coinciden con la realidad de una forma casi exacta, es entonces cuando se puede decir que los sueños rompen la barrera del tiempo y del espacio, ya que todos tenemos la capacidad de soñar y la posibilitad de traspasar esas barreras en alguna ocasión.

La oniromancia fue utilizada durante mucho tiempo como guía en la toma de decisiones, tanto en la vida cotidiana como en las decisiones de estado. Hoy, esta práctica tal vez no tenga tanto poder como en tiempos pasados, sin embargo, para muchos, los sueños son la clave para conocerse a sí mismos y lo que les depara el destino.

QUIROMANCIA

La palabra quiromancia proviene del griego *kheir*: mano, y *manteia*: adivinación, y se refiere al arte de conocer el pasado y predecir el futuro de una persona a través de las líneas de sus manos.

Su origen se remonta a tiempos antiquísimos. Se han encontrado evidencias de que este arte ya se practicaba en India hace más de 4 000 años y fue practicado desde China hasta Grecia a partir del siglo IV a.C. Aristóteles decía que la mano era el órgano de órganos. Se sabe que Galeno, Platón e Hipócrates eran practicantes de la quiromancia.

Durante el siglo XIV aparecieron en Europa escritos sobre la lectura de la mano, en 1475 el escritor Alemán Johann Hortlich, publicó *Die Kunst Chiromantie*, el primer libro de texto de quiromancia. En 1889 se creó el grupo llamado *English Quirological*, con el propósito principal de elevar a ciencia esta práctica, así como evitar que las personas que desearan consultar a un palmista no fueran sorprendidos por charlatanes.

Sin duda, uno de los más grandes precursores de la "quirología" fue el irlandés lord Luis Hamon, mejor conocido como Cheiro, descendiente de una familia francesa emigrada. Después de estudiar los escritos relacionados con la quiroscopia, conservados en la biblioteca del Vaticano, se trasladó a Egipto y a India, donde residió junto a una secta de brahmanes, especializada desde tiempos inmemorables en esta clase de estudios. Lord Hamon logró adquirir conocimientos y habilidades que le permitían leer sin dificultad líneas de la mano, basándose en una verdadera y sólida erudición.

Cheiro

Cheiro logró fama por sus dotes adivinatorias. Se inició leyendo la suerte a sus súbditos. Más tarde su clientela fue la realeza, gente relacionada con el arte y demás personajes de la época.

Podía, entre otras cosas, definir el temperamento de sus clientes, discernir sus cualidades, defectos y vicios, medir el desgaste de sus órganos, apreciando de esta forma aproximadamente los años de vida que les quedaban, así como los peligros que podían acecharles. En 1891, durante una reunión, le predijo al principe Eduardo (quien más tarde se convirtió en Eduardo VII de Inglaterra) utilizando una teoría propia de los números, que el rey moriría en el año 1910 a la edad de 69 años.

En el año 1897 Nicolás II de Rusia también consultó al famoso Cheiro, quien le predijo que en 1918 el zar perdería todo cuanto amaba, ya sea por la espada o un conflicto, y él mismo tendría un descenso violento, el año señalado la familia imperial fue asesinada por los revolucionarios.

En 1905 Cheiro leyó la mano a Rasputín, le anunció: “veo para usted un final violento en un palacio. Será amedrentado por veneno, cuchillo y bala. Veo también las aguas del río Neva cerrándose para usted”. El final de Rasputín guarda una enorme similitud con lo predicho por Cheiro.

Se dice que trabajó para el Servicio Militar Inglés durante la Segunda Guerra Mundial y que una de sus múltiples amantes fue Mata Hari. Cheiro murió en Hollywood, California, en el año 1936, en lugar y fecha que él mismo se había predicho.

Cheiro logró conjuntar la sabiduría y técnicas ancestrales de la quiromancia para crear una técnica moderna y sencilla de este arte milenario.

La técnica de la quiromancia

Como ya se mencionó anteriormente, la quiromancia es una forma de adivinación basada en la interpretación de las marcas de la mano. Las líneas de la mano son como la firma del ser supremo donde nos muestra nuestro porvenir. En el Antiguo Testamento está escrito "la mano de todo hombre retiene bajo sello, para que todos conozcan su obra". Desde el siglo XVI, se estableció una correspondencia entre el esquema de la mano y la astrología, de tal suerte que los signos de esta arte adivinatoria derivan directamente de la astrología.

Para descifrar no sólo el porvenir de la persona, sino también el pasado y su carácter, la quiromancia tiene en cuenta la forma general de la mano, los dedos y sus distancias, pero centra su atención en los surcos de la palma de la mano. La observación se basa en seis líneas principales de la mano y sus montes.

Los símbolos de la mano que la quiromancia estudia son:

- Las líneas de la vida, fortuna, corazón, cabeza, intuición y salud.
- Una llanura central llamada Marte.
- Los montes de Júpiter, de Saturno, del Sol, de Mercurio, de Venus y de la Luna.

Estos elementos se pueden analizar por separado, en su conjunto o haciendo combinaciones de ellos.

También debe considerarse dentro del análisis de la mano las figuras formadas por cuadrados, estrellas, rejillas o en cruz.

Algunos especialistas han relacionado la astrología con la quiromancia, para ilustrar esta correspondencia, crearon un dibujo no solamente del relieve de la mano, sino que en él han introducido, además el zodiaco y las casas.

A continuación describiremos algunas de estas equivalencias:

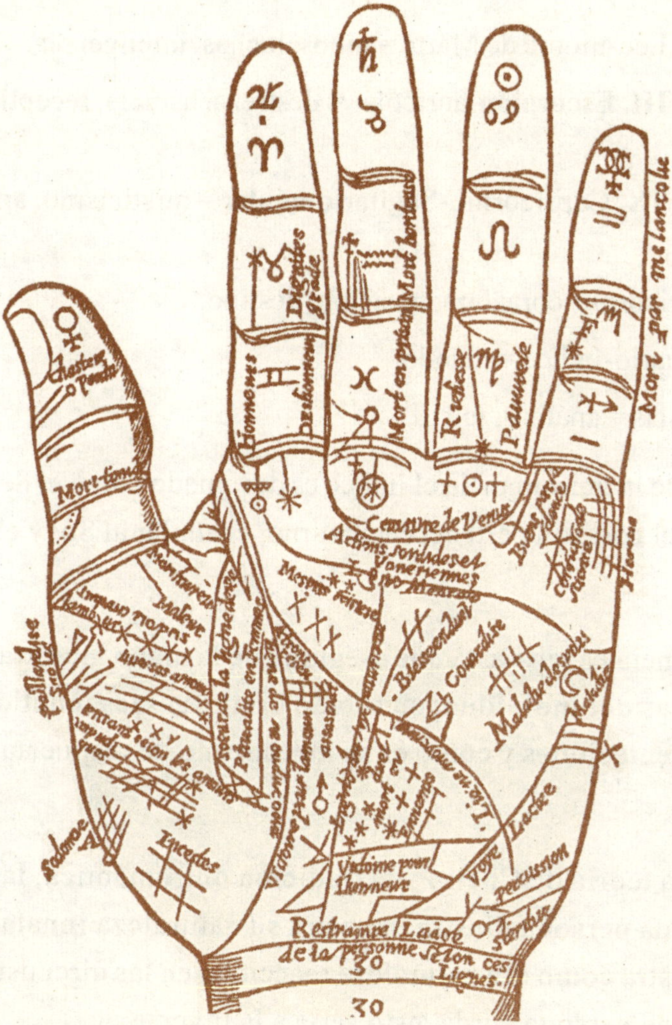
Hommes
Dignités grade
Mort en prison
Mort horrible
Richesse
Mort par melancolie
Ceinture de Venus
Actions sordides et veneriennes
Blessé en duel
Couardise
Voye Lactee
percussion
Vidoime pour l'honneur
Restraincte
Incestes
Sodomie
de la personne selon ces Lignes

30

Casa I. Aries-pulgar = ambición, arrojo.

Casa II. Tauro-monte de Venus = amores, grandes amistades.

Casa III. Géminis-monte de Venus = amores, pasiones y amistades.

Casa IV. Cáncer-monte de la Luna = suerte, viajes, secretos.

Casa V y VI. Leo-monte de Marte = niños, luchas, inteligencia.

Casa VII y VIII. Escorpión-auricular = destreza, astucia, receptividad, fecundidad.

Casas VIII y IX. Capricornio-Sagitario-anular = misticismo, arte, gloria, fortuna.

Casa X. Capricornio-corazón = posición, destino.

Casa XI. Acuario-índice = mando.

Casa XII. Piscis = análisis, juicio.

Dentro de la quiromancia el índice es designado como el dedo divino o de Júpiter, el corazón pertenece a Saturno, el anular al Sol y el meñique a Mercurio.

Esta mancia es tan vasta que asegura que la mano muestra todas las características del individuo: su estado civil, fuerzas, cualidades, estructuras-orientaciones y cómo es su mecanismo de respuesta hacia los estímulos.

Según la teoría de Cheiro y la tradición quiromántica, la mano izquierda de una persona diestra, muestra su naturaleza innata; la mano derecha muestra cómo esa naturaleza reacciona en las circunstancias de la vida. En una persona zurda, esto sería a la inversa.

Si bien el hombre se ha cuestionado sobre el influjo de los astros en su futuro, en la quiromancia no cabe la duda: las líneas de la mano son un signo del destino humano.

Existe una larga lista de bibliografía seria para adentrarse a esta arte adivinatoria, en el presente libro nos reservamos simplemente a mostrar su importancia en el mundo del ocultismo, por ser no sólo una de las mancias más antiguas, sino también la más practicada.

LA RABDOMANCIA O RADIESTESIA

También conocido como radiestesia, este arte es una antigua forma de adivinación que se utilizó por mucho tiempo para encontrar agua y otros minerales subterráneos, incluso se ha utilizado para localizar a personas buscadas por la justicia. Por lo general, se utiliza una vara en forma de "Y" o un péndulo. Otros métodos utilizan el bastón en "L" y el corcho flotador.

Grabado del siglo XVII

Los antiguos practicantes de la radiestesia buscaban agua con la vara en forma de "Y", hecha de sauce, hoy, se ha cambiado este material por el plástico por ser más resistente.

El método para realizar la "búsqueda" consiste en sostener con ambas manos el bastón apuntándolo hacia arriba, llamada posición de origen, después se baja la punta de la vara, se comienza a caminar y cuando el objetivo esté cerca, la respuesta se hace sentir a través de la vara. Al hacer una búsqueda es preciso que el practicante se encuentre cómodo al realizar su trabajo, para evitar distracciones por brazos adoloridos o calambres.

Otro instrumento utilizado por los radiestesistas es el péndulo, también conocido como plomada en movimiento, éste puede estar hecho de cualquier material, consiste simplemente en un objeto pequeño y de mediano peso, ensartado en una cadena. Para hacer una consulta con el péndulo, el consultante sostiene la cadena dejando en libertad el peso del péndulo, hace la pregunta y el péndulo da su respuesta. Cada persona define su propio código, para algunos tal vez "sí" sea un movimiento vertical, y un "no" uno horizontal. Ya que existen otras posibilidades y combinaciones de movimientos, cada radiestesista debe encontrar su propia armonía para interpretar la respuesta.

LA HISTORIA DE LA RADIESTESIA

Nadie sabe a ciencia cierta dónde nació la radiestesia. Tal vez la mención más antigua de esta práctica está en la cueva de "Tassili-n-Ajjer" en el desierto del Sahara, donde se puede observar una pintura con una antigüedad mayor a los 8,000 años. En este dibujo un grupo de personas observa a otra, sosteniendo lo que al parecer es una bastón en forma de "Y".

Dentro de la mitología, se le atribuyen a los dioses la creación de estas "varitas mágicas", quienes se las entregaron a los humanos. Por ejemplo, al dios egipcio Thot se le atribuye la creación de la vara y al inventor griego Deadalus, le es atribuido la creación del péndulo.

El emperador Yü, quien vivió durante el siglo III a.C., al parecer es el radiestesista más antiguo del que se puede saber su nombre. En el Museo de Libertadores, en Washington D.C., existe un relieve de la "Dinastía Han" que muestra al emperador Yü con la siguiente inscripción: " Yü de la Dinastía Hsia fue un maestro de las ciencias de la tierra y conocedor de las venas de agua".

A pesar de que la Biblia reprueba constantemente a los adivinadores, también habla de cómo Moisés, con ayuda de su bastón encuentra agua para el pueblo que lo sigue.

Si bien este arte probablemente se inició en la antigua China y Egipto, desde el siglo XV, en Inglaterra, se comenzó a utilizar para el descubrimiento de yacimientos metalíferos. Una de las más antiguas descripciones de un practicante de la rabdomancia se encuentra documentado en un tratado de minería del siglo XVI llamado *De res Metallica* del alemán Georgius Agrícola. Este ilustre personaje propuso que si la varita se movía con unas personas, pero con otras no, esto significaba que debía influir alguna característica personal del practicante.

En estos mismos años, los sacerdotes Lebrun y Kircher atribuyeron los poderes de la vara al demonio, mientras que Vallemont publica, en 1693, su libro *Tratado de la varita adivinatoria*, donde trata de dar explicaciones materiales.

En 1640 el barón francés Beausoleil manifestó haber encontrado minas de oro, plata, cobre, grafito y hierro, gracias a la radiestesia. Otro hallazgo importante fue el de Jacques Aymar, quien logró encontrar las huellas de un asesino, utilizando sus habilidades psíquicas y a su varita, que utilizaba como una extensión de su poder interior.

Actualmente la radiestesia ha cambiado en algunos aspectos de su práctica original, esto se debe a que todos vemos la energía de forma diferente a nuestros antepasados. La radiestesia es un arte, que al igual que la lectura de las cartas o de las hojas de té, necesita de una intuición bien desarrollada.

LA RADIESTESIA, LA ENERGÍA ESPIRITUAL DE LA TIERRA

Los practicantes de la radiestesia han encontrado una conexión entre las corrientes subterráneas de agua y los sitios sagrados del mundo, asimismo encontraron líneas de energías "ley" (como ellos las llamaron). Las líneas "ley" son unos caminos imaginarios que datan de tiempos remotos y conectan los lugares considerados sagrados por culturas desaparecidas. La teoría de las líneas "ley" fue propuesta por primera vez en 1921 por un hombre de negocios galés, llamado Alfred Watkins.

Watkins era un aficionado a la historia y gustaba de explorar antiguos asentamientos. Luego de viajar por algunas regiones de Inglaterra occidental y Gales, llegó a la conclusión de que muchos de los mojones prerromanos descubiertos en las islas Británicas habían sido construidos deliberadamente en línea recta. A estas líneas les dio el nombre de "ley", vocablo sajón que significa "pradera". Si bien en un principio la mayoría de los historiadores rechazaron enfáticamente la teoría de Watkins, hoy, los estudiosos del tema sostienen que estas líneas recorren en realidad los canales de la energía telúrica natural de la tierra. De ser cierta esta teoría los antiguos constructores de monumentos estaban mucho más en armonía con las fuerzas de la naturaleza que los actuales, y lograron asentar sus civilizaciones en centros de alta energía.

Reginald Allender Smith trabajó durante años como conservador en el Museo Egipcio y Británico de Antigüedades, en Inglaterra. En 1930 se retiró de su cargo y este respetado arqueólogo logró escandalizar a sus colegas cuando comenzó a publicar artículos en un famoso periódico de radiestesistas titulado *Journal of the British Society of Dowser*. En estos artículos Allender Smith reconoció ser un practicante de este arte y haber logrado gracias a este método encontrar venas de agua en lugares sagrados.

En 1969 fue publicado el libro *The Pattern of the Past* obra póstuma de británico Guy Underwood. En este libro el autor describe cómo gracias a la radiestesia encontró patrones en las líneas de agua y de energía, y da nombre a cada una de ellas. Este libro ha sido leído por aquellos estudiosos de lo que ahora se conoce como "Energía de la Tierra".

Esta energía se ha encontrado en los lugares sagrados como Machu Pichu, Perú; las *kivas*, cámaras ceremoniales de los Anasazi en el suroeste de América; las cámaras subterráneas de piedra en Nueva Inglaterra; Newgrange, Stonehenge, Avebury, entre otros. Algunos practicantes creen que estas áreas nos dan la posibilidad de un crecimiento espiritual.

En conclusión, no se sabe exactamente si los rabdomantes poseen un excelente sexto sentido o bien una habilidad natural para detectar los metales, corrientes de agua y ahora líneas de energía. En la Antigüedad le atribuyeron el poder de la vara de sentir a lo que le llamaron *fluido*[1]. Sea cual fuera el planteamiento, lo cierto es que han tenido resultados positivos en situaciones de supervivencia reales. Hoy la rabdomancia es una profesión reconocida.

[1] El fluido es una corriente sutil, privilegio sólo de algunos pocos elegidos, con la capacidad de actuar sobre las personas y la materia. Algunos ocultistas lo identifican como el "soplo vital". Los egipcios lo llamaban "influjo de vida", los hindúes "prana", los romanos "aura". En la Tabla Esmeralda se le encuentra bajo el nombre de "Telesma". Paracelso lo llama "*Spiritus vitae*" o "*archaeus*"; los rosacruces le nombran "el principio vital universal", y para Mesmer y los seguidores del magnetismo animal era el "fluido vital o curativo". También se le ha tratado de dar denominaciones científicas: como "Rayos V o vitales" por Dargert (1847-1923) o rayos "mitogenéticos", por A. y L. Gurwitsh (1927).

CARTOMANCIA

Cartomancia es el arte de predecir el futuro mediante la utilización de naipes. Poco se sabe del origen de las cartas o naipes, mas si nos enfocamos a la etimología de la palabra "naipe", los árabes son los más probables portadores, pues el término proviene de la palabra "*na'ib*", que significa "el que representa". *Naib*, también era el nombre que se le daba a los profetas. Sin embargo, existen otras teorías basadas en la etimología de la palabra.

Según el abate Rives, los naipes fueron inventados en Sevilla en el año de 1330, por Nicolás Pepin. Sin embargo, en Francia se le atribuye a Jacquemin Grágonneur, quien en cumplimiento del encargo del rey Carlos VI creó un juego de cartas, y es conocido como el tarot de Carlos VI. En Italia se le considera inventor de las cartas a Francesco Bibbia quien creó el Tarochino, por lo que la ciudad de Bolonia le concedió honores a su muerte.

En 1337 el sacerdote alemán Johanes deja uno de los escritos más antiguos en los que se señala a los naipes. En su manuscrito hace referencia a la aparición en Europa de un juego de cartas que si bien desconoce quién es el inventor, hace notar que "este juego describe a la perfección el estado actual del mundo". El mazo al que hace referencia el padre Johanes consta de 78 cartas, por lo que se cree que es la primera alusión al Tarot.

En resumen, se puede decir que el origen de los naipes puede ser oriental o tal vez indio en algún momento del siglo X o XI y que su función principal fue interpretativa, llegó al continente europeo gracias a los árabes en los últimos años de la Edad Media y cada país acogió este juego y le plasmó sus propias figuras y visiones del mundo.

El Tarot

Los practicantes de la cartomancia utilizan diferentes técnicas y mazos, se pueden valer de la baraja española, el Tarot, y la americana, entre otras.

De todos los tipos de naipes, el más místico y llamativo por lo impactante de sus figuras es sin duda el Tarot. Al igual que el resto de los naipes, son muchos quienes se atribuyen su invención, algunos investigadores han tratado de llegar a su raíz mediante su etimología: *Taru* en indostaní significa "baraja de cartas"; *tarotee* palabra francesa que alude al diseño del dorso de los naipes. Otros dicen que el primer lugar donde apareció este mazo fue en un poblado de Italia cerca del río Taro. Asimismo dicen fue creado con fines educativos y memorísticos, sin embargo, no hay ninguna certeza.

Durante el renacimiento el Tarot tuvo una relativa popularidad en Europa, más tarde, en el siglo XVIII, la antigua sabiduría egipcia captó la atención de los europeos, de modo que en 1781, el escritor y teólogo francés, Antoine Court de Gébelin en su volumen I de la obra *Le Monde Primitif*, plantea su teoría a favor del origen egipcio de las cartas del Tarot. Sostiene que los veintidós arcanos mayores son un antiguo libro egipcio, *El libro de Thoth*, salvado del incendio que destruyó los templos. Thoth era el Mercurio egipcio, considerado como uno de los primeros reyes, y el mítico inventor de la palabra y de los jeroglíficos, letras insertadas en una cadena de acontecimientos místicos. Muchos estudiosos de las ciencias ocultas reconocen en las cartas del Tarot las páginas de los libros jeroglíficos, que encierran, en una serie de símbolos y figuras emblemáticas, los principios de la filosofía mística de los egipcios. Gébelin estaba convencido de que los símbolos esotéricos del Tarot habían sido difundidos por toda Europa a partir de las tribus nómadas de los gitanos.

El abate Constant, mejor conocido por su seudónimo de Eliphas Lévi, es quien lleva al Tarot al punto más alto de su prestigio místico, hace de éste mazo de cartas la columna vertebral de su libro *Dogme et Rituel de la Haute Magie*, publicado en 1856. Lévi asegura que el Tarot es el libro de Enoch, séptimo maestro del mundo después de Adán, según los hebreos y representado en Hermes Trimegisto por los egipcios.

Desde la perspectiva más simple, el Tarot es un mazo de 78 cartas, divididas en dos partes principales: el de los arcanos menores, estructurado como una baraja con los cuatro palos tradicionales, con la singularidad de que cada uno de ellos cuenta con cuatro figuras en lugar de tres: rey, reina, caballero y paje. Cada palo tiene además diez cartas numerales, lo que nos da un total de 56 cartas representativas de estos arcanos. La segunda parte, es la más enigmática llamada arcanos mayores, que suman 22 cartas, que tienen plasmadas una serie de figuras originales, emblemáticas, con nombres y símbolos cargados de fuerza: el loco, la muerte, la casa de Dios, etcétera. Lo que nos da un mazo de 78 cartas.

Existen diferentes versiones del Tarot, tales como: el Tarot del Renacimiento creada por el artista norteamericano Brian Williams (1987); el Tarot de Brujas, baraja contemporánea, creada por el subrrealista escocés Fergus May; el Tarot del Crepúsculo Dorado, creada por la Orden Hermética del Crepúsculo Dorado, se le atribuye el diseño a su líder Gregor Mather; el Tarot Mítico, diseñado por Juliet Sharman-Burke y Liz Greene, estas cartas están decoradas con divinidades y figuras legendarias del mundo griego; el Tarot de Rider-Waite es uno de los más populares, fue concebido por el editor, escritor y ocultista británico Arthur Edward Waite, quien le solicitó a su compañera de la Orden del Crepúsculo Dorado, la artista estadounidense Pamela Colman Smith, el diseño de estas cartas.

La interpretación de las cartas no es una tarea fácil, quien decida adentrarse a este arte adivinatorio, deberá meditar en cada una de sus cartas, su símbolo y significado. Asimismo, en la interrelación que guardan unas con otras. Según algunos conocedores de la materia, el Tarot sirve como puente intuitivo entre el inconsciente del lector y el simbolismo de las cartas.

El ritual también es una parte importante del Tarot. Los adivinos deben guardar sus cartas envueltas en un recuadro de seda púrpura o negra, dentro de una caja de madera cerrada y orientada hacia el este por ser la dirección de la iluminación.

La lectura del Tarot

La práctica actual poco ha cambiado de su forma original de "tendido". Para leer el Tarot, el practicante inicia pidiendo al solicitante que elija una carta de la baraja del grupo de los arcanos mayores. Esta carta, llamada "significador", influye en el conjunto de la lectura. Después, el solicitante debe barajar el resto de las cartas y las corta. El practicante destapa un número de cartas y las coloca en la forma tradicional y procede a su estudio. Una de las formas de tendido más conocida es la de la cruz celta, en ésta el lector cubre el significador con la carta superior del mazo, la siguiente, la cruza sobre ésta, y finalmente coloca cuatro cartas más arriba, abajo, a la izquierda y a la derecha del primer grupo. El conjunto de estos naipes hacen referencia a la situación del solicitante y las fuerzas que actúan sobre él. Finalmente, se colocan cuatro barajas más en columna a la derecha del grupo central, éstas revelarán el mensaje profético.

Para ilustrar mejor al lector, utilizaremos el Tarot de Marsella, con una tirada de ejemplo. El número de cada carta tiene el siguiente significado:

Tengan en cuenta que no deben tomarse estas explicaciones al pie de la letra, pues los significados varían según el método de exposición de las cartas, la siguiente explicación es simplemente una guía inicial, es el propio lector del Tarot con su intuición y su preparación quien debe encontrar en cada ocasión el significado preciso.

1. Refleja al propio consultante.
2. Lo que le ocupa la mente.
3. Objetivos para el futuro .
4. El pasado.
5. El pasado reciente.
6. El futuro inmediato.
7. El consultante, nuevamente.
8. El entorno.
9. El estado emocional.
10. Resolución al tema de interés del consultante.

TENDIDO DE CARTAS ESTILO CRUZ CELTA

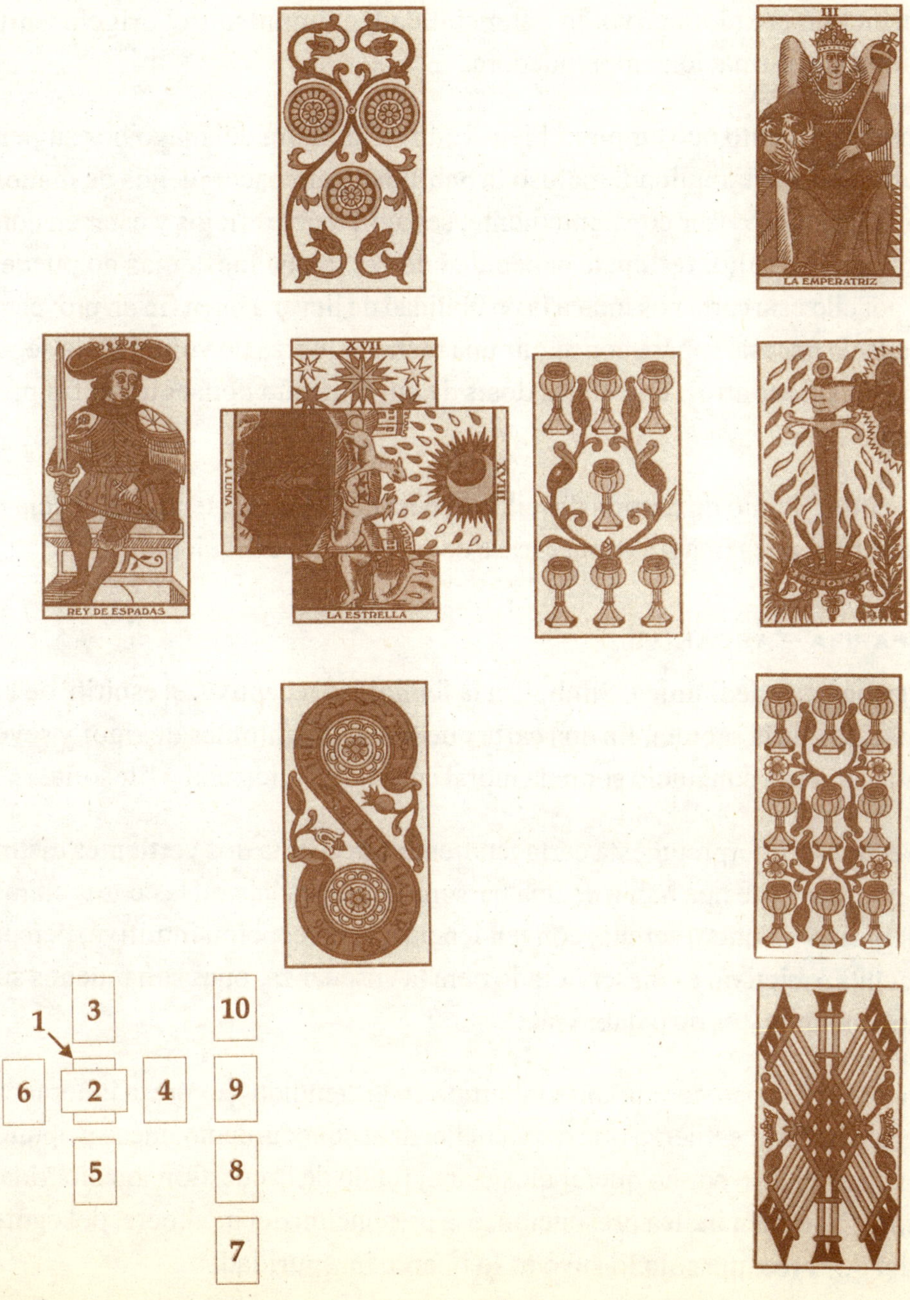

EL SIGNIFICADO DE LAS CARTAS

EL MAGO – ARCANO I

El principio creador activo, la potencialidad, el impulso y el origen. Carta positiva, de afirmación emprendedora.

Derecha: Evento que empieza bien. Todo en la figura del mago nos sugiere creatividad y originalidad, incluso la habilidad para hacer juegos de manos, es preciso improvisar constantemente, ser ágil, tener reflejos y estar en contacto con lo oculto, refleja la capacidad de ver lo que los demás no pueden ver, por ello esta carta nos indica la posibilidad de llevar a buen fin un proyecto, la audacia necesaria para conseguir una meta, la fuerza de voluntad, la seguridad, el autocontrol, una cierta dosis de engaño para conseguir el fin propuesto.

Invertida: Punto de partida difícil, carencia de voluntad, tendencia hacia lo destructivo, poca imaginación, escasa determinación e inquietud.

LA PAPISA – ARCANO II

Carta mágica, mediúmica. Simboliza la feminidad receptiva, el espíritu de las cosas, sabiduría secreta. Es una carta que lleva los síntomas de rigor y severidad, gobierna con juicio sobre la moral común, religiosidad y filosofía.

Derecha: Al interpretar esta carta tendremos en cuenta dos vertientes distintas, por una parte nos habla de una persona equilibrada, con las cosas claras, con sentido práctico, serena, con tendencia a la percepción intuitiva, perspicaz, culta, objetiva, es un ser dotado para la enseñanza, pues son muchos sus conocimientos y es de palabra fácil.

Invertida: Si aparece esta carta invertida en la "tendida", expresa ignorancia o pereza hacia el esfuerzo que requiere llegar al conocimiento, ideas y opiniones superficiales, por no querer alcanzar el fondo de la cuestión, mediocridad en suma, también indica presunción, esa presunción del mediocre, del egoísta, del que cree que sólo lo suyo es lo bueno, inseguridad.

LA EMPERATRIZ – ARCANO III

Arte, progreso, concordia. Pasión ideológica. Atribuida a Venus. Es una carta que expresa la inteligencia femenina, rica en idealismo y sensibilidad.

Derecha: Esta carta podría servir para valorar en su justa medida a la mujer en términos generales, por una parte la fertilidad, la atención por lo cotidiano, la maternidad, el matrimonio o unión, los hijos y la influencia femenina en la vida diaria.

También es signo de riqueza material, de una mejoría o abundancia, de equiparación en cierto modo con las posibilidades del hombre, puede ser la mujer de negocios, resolutiva que sostiene a la familia o marido, práctica y decidida, intuitiva, pero también muestra de cierta prepotencia y vanidad.

Invertida: Refleja apatía, parsimonia, negatividad en el momento de tomar decisiones, lentitud en la resolución de los problemas. Despilfarro, esterilidad, infertilidad, pérdida de la resolución de los problemas e inclusive problable pérdida de bienes.

EL EMPERADOR – ARCANO IV

Esta carta tiene los atributos de Júpiter. Representa autoridad, poder terrenal, grandeza, que puede influir en las cosas que le rodean.

Derecha: Esta carta significa el poder material, el terrenal, el que busca el conocimiento debe dominar sobre el mundo de los elementos, para conseguirlo antes debe aprender el significado de estos elementos mediante una conducta ejemplar.

Esta carta muestra riqueza, estabilidad, desarrollo pleno, nos refiere a una persona de carácter, una figura patriarcal, el esposo o el hermano mayor, persona bien preparada, competente, que si bien escucha consejos, se muestra firme en sus convicciones.

Invertida: Inmadurez, falta de decisión, voluble, incapaz de resolver un problema por sí mismo.

EL PAPA – ARCANO V

Mediador, la sabiduría en el pensamiento creador y el verbo. El principio del psiquismo, el rectificador invisible y divino.

Derecha: Orientación positiva de la existencia, muestra al hombre evolucionado que comprende el mundo materialista y espiritual gracias a un conocimiento adquirido a la doctrina, a la costumbre.

Hombre espiritual que gracias a su energía aleja a las entidades básicas. Muestra a un hombre fiel a su pasado, difícilmente se adapta a situaciones nuevas, signo de clemencia, humildad, compasión, es una persona a quien se puede recurrir en momentos difíciles.

Invertida: Rectificación impuesta, impotencia, cierta fragilidad, las propias ideas carecen de raíces profundas y se tambalean en momentos de crisis y degeneran en situaciones de confusión.

LOS ENAMORADOS – ARCANO VI

El principio de la neutralización de la aspiración, del deseo y de la juventud. Esta carta expresa confianza y seguridad en los propios medios de capacidad, para superar con optimismo las pruebas que nos esperan.

Derecha: Buenas elecciones, presentación de encrucijadas. Nos refleja que tenemos latente ante nosotros la toma de una importante decisión, de la cual dependerá nuestro futuro, puede ser también la de un matrimonio ya que esta carta muestra signos de unión, belleza y perfecta armonía, también puede presagiar el inicio de un gran amor.

Invertida: Ruptura, fracaso a causa de precipitación a la hora de tomar decisiones.

EL CARRO – ARCANO VII

El principio generador, el progreso, la providencia y la victoria. Cualquier proyecto que desee emprender, se presenta bajo el signo del éxito, el triunfo es el resultado de sus decisiones.

Derecha: Triunfo gracias al mérito, aun cuando en cierto modo muestra la aparición de problemas y tropiezos para llegar a la meta. El carro representa una solución favorable. Indica también el riesgo de las decisiones apresuradas que provocarían una retirada, una huida, un paso hacia atrás.

Indica que es un buen momento para hacer planes, estamos en pleno control de nuestras facultades físicas y mentales.

Invertida: Accidente, mala noticia. Augurio de fracaso en cierto modo. Podríamos pensar que al encontrar la carta del carro invertida, se está uno enfrentando al fracaso, en cierto modo así es, también muestra que nos faltan las fuerzas, que nos sentimos superados por los acontecimientos, pero lo más probable es que todo esto se deba a que no sabemos ver las cosas como son, no nos adecuamos a la realidad.

LA JUSTICIA – ARCANO VIII

El principio de la potencialidad del tiempo y la maduración, el aviso del destino, concatenación lógica y armoniosa de los acontecimientos que se desarrollan en el tiempo.

Derecha: Equilibrio, legislización. Por una parte demuestra la rectitud, la virtud, las acciones sinceras y bien encaminadas, un espíritu sin rencor que busca el bien para los demás, aunque a veces sus decisiones son erróneas, también nos habla de equilibrio y de una cierta indiferencia, diríamos aquello de mantenerse a prudente distancia para conseguirlo.

Invertida: Proceso, injusticia y desorden. Anuncia intolerancia, abusos, cierta desprotección ante falsas acusaciones.

EL ERMITAÑO – ARCANO XIX

El principio de la potencialidad del tiempo y la maduración, el aviso del destino. Sea cauteloso en la toma de decisiones.

Derecha: Experimentación, prudencia, primera interpretación es la de la sabiduría, esta carta es de buen augurio ya que nos muestra que nuestro conocimiento es bueno, siempre y cuando sepamos dirigir nuestros pasos al lugar correcto.

Invertida: Retraso, obstáculo a los deseos. En algunos casos presenta una pérdida también de falta de rumbo, quizá debido a las connotaciones de soledad que muestra el arcano, en el ansia de soledad se esconde el miedo a la realidad.

La rueda de la fortuna — Arcano X

El principio de la individualización, la alternativa de la suerte, el ciclo, el porvenir del ser en potencia. Esta carta nos muestra que hemos entrado en el reino de la superioridad, y el poder que podemos obtener jugando bien nuestras cartas.

Derecha: Oportunidad, cambio afortunado, felicidad. Se recomienda interpretar esta carta con las cartas cercanas, para poder dar una mejor interpretación.

Invertida: Desgracia, situación inestable, se acercan acontecimientos imprevistos poco deseables, interrupción de algún proyecto en curso de realización, debido a sucesos ajenos a nuestra voluntad, fracaso, fin de un periodo de buena suerte y de comodidad.

La fuerza — Arcano XI

El principio de la energía psíquica liberada, la intensidad de la tirada. El influjo astral positivo e impulsa el esfuerzo por realizarse. Se han quedado atrás los miedos y se han resuelto los conflictos. Se le atribuye lo correspondiente al Leo astrológico.

Derecha: Acto sexual, realización. Anuncia determinación, resolución ante algún obstáculo a vencer. La fuerza es una entidad femenina, en este caso representa también la virilidad, buena predisposición ante los esfuerzos continuados que darán sus frutos, el amor dominará al odio.

Invertida: Pérdida de energía, cólera, explosión. Aparición de una enfermedad, falta de confianza en uno mismo, mezquindad, obsesión por los pequeños detalles.

EL COLGADO – ARCANO XII

El principio del sacrificio redentor, los lazos y apegos. Tiene como correspondencia planetaria a Urano. Enseñanza y altruismo. Renuncia y abandono de las cosas. Amor no correspondido, soledad y derrota.

Derecha: Servicio rendido u ofrecimiento, votos. Puede mostrar también un cambio de estado, tal vez de ideas o de vida. Se experimenta un estado de tranquilidad entre dos acontecimientos, con lo que nos marcan pausa.

Nos da una alerta para aprovechar el tiempo de calma que puede ser, el anuncio de una tempestad. Hacer ejercicios de introspección para conocerse mejor y saber por qué actuamos de una u otra manera.

Invertida: Desilusión, sacrificio vano. Anuncio de grandes dificultades y obstáculos en nuestros proyectos, tal vez a causa de nuestra falta de entusiasmo, es necesario redoblar esfuerzos.

LA MUERTE – ARCANO XIII (LA CARTA SIN NOMBRE)

Cambio y renovación. El principio transformador, la transmutación, el cambio definitivo de plano. Principio transformador de todas las cosas y que conduce a través de la metamorfosis a una renovación.

Derecha: Cosecha de lo que se sembró. Anuncia claramente un cambio, puede ser una pérdida, la ruptura de una amistad, o de una asociación y no forzosamente a causa de una defunción, también puede anunciar una enfermedad que puede llegar a las últimas consecuencias. Es aconsejable hacer un examen de conciencia y preparar el camino para nuevos proyectos. Esta carta anuncia también la germinación de brotes de nuevas ideas.

Invertida: Fin de la esperanza, pérdida o muerte. Configura un escenario pasivo, inmovilidad, estancamiento, nos dejamos vencer por el tedio, la inercia nos lleva el timón.

LA TEMPLANZA – ARCANO XIV

El principio de los fluidos vitales, el milagro, las distracciones y las comunicaciones. Expresa la serenidad del espíritu que sabrá levantarse por encima de las miserias humanas.

Derecha: Renovación difícil, agitación. Refleja las características de Acuario. Carácter tolerante e imaginativo. En rasgos generales, la entenderemos como muy positiva, es signo de moderación, de paciencia, de capacidad de adaptación, confianza en uno mismo, nos habla de un carácter práctico que sabe adaptarse a los acontecimientos y que cuenta con la fuerza suficiente para vencerlos si son adversos.

Invertida: Renovación difícil, agitación. Nos sugiere replatear proyectos para ver su viabilidad.

EL DIABLO – ARCANO XV

En esta carta se muestran tres personajes: un hombre, una mujer y una hermafrotida, su influencia astral es Marte y Venus.

El principio de la vitalidad física, representa el instinto, el inconsciente, las fuerzas ocultas ligadas a la animalidad del hombre y sus pasiones.

Derecha: Pasión, acto sexual, gozo. Es la personificación del ser maligno, aquel que es indiferente a todos y a todo, representa asimismo a las personas dotadas de un fuerte magnetismo personal, marcada tendencia al materialismo y que utilizan sus poderes de subyugar a los demás, y de influir negativamente en sus opiniones, presagios de fracasos, fatalidades, traumas y a veces incluso muestra un peligro inminente.

Otro de los sentidos que se le puede designar a esta carta es el de la comunicación de un espíritu, una influencia astral y también magia negra.

Invertida: Impotencia, violencia, agresión. Advertencia de peligros físicos y psíquicos. Divorcio, separación, aislamiento, también superación de miedos personales y de tabúes complejos muy íntimos.

LA TORRE – ARCANO XVI

El principio del ciclo de la materia: Expansión, contracciones, desmaterialización. Alteración, debilidad. Orgullo y timidez. Está en presencia de acontecimientos nefastos y corre el riesgo de ver cómo se derrumban todas sus aspiraciones

Derecha: Resultados que sobrepasan las expectativas. La excesiva ambición conduce a la ruina, expresa el advenimiento de un cambio repentino relacionado con la excesiva confianza en uno mismo, periodo de crisis y fracaso en una gestión, acontecimientos inesperados que destruyen la confianza en nosotros mismos, pérdida de afecto, rotura de relaciones con el ser querido por un exceso de arrogancia, de confianza, o un abuso de autoestima.

Invertida: Destrucción, cataclismo, fin, en asociación con otras cartas negativas, es presagio de enfermedad o de accidentes.

LA ESTRELLA – ARCANO XVII

El principio del futuro, la generalización, la esperanza, la pureza, las artes, la amistad.

Derecha: Dotes del destino, protección. Nos habla de la llegada de momentos propicios, la conquista de nuestros ideales, la realización de nuestros sueños, a su lado las influencias de las cartas negativas que pueden aparecer en nuestro cuadro, quedan atenuadas, la fusión del pasado y del presente da buenos frutos, buenos momentos para el amor, para las cosas creativas, para iniciar relaciones de amistad o de trabajo, buenas perspectivas en general, podemos confiar en el destino, en los presentimientos, en los sueños.

Puede representar también a una mujer cercana a nosotros que nos ofrece su ayuda de forma altruista, aceptémosla.

Invertida: Simple retraso de las esperanzas. No es un buen momento para iniciar ningún proyecto.

La Luna – Arcano XVIII

El principio de la creación de las formas físicas, reflejo del pasado, la familia. Puertas del cielo y del infierno. Sensibilidad, intuición y simbolismo. Sensualidad e imaginación, embarazo, ciclo, infancia feliz.

Derecha: Creación, buena gestación. Hay peligros latentes en nuestra mente, emerge el inconsciente con recuerdos olvidados del pasado, engaños, falsedad, atmósfera de insinceridad, malas amistades con dos caras, egoístas, peligro de caer en desgracias, calumnias, relaciones poco sinceras e interesadas, antes de tomar una decisión debe ser meditada.

Invertida: Evasión de las realidades, complot, traición. Sueños o intuiciones engañosas, amigos equivocados, secretos develados, recuerdos que pesan en la conciencia, fantasías peligrosas, perjuicios, es una advertencia para no fiarse solamente del instinto, sino de estar con los pies en el suelo, trampas, falsas suposiciones, cambios de humor, estados lunáticos, falsedad.

El Sol – Arcano XIX

El principio de la luz universal, el verbo eterno, el corazón. Unión feliz, adversidad superada. Proyectos importantes y colaboraciones.

Derecha: Amor, paz, generosidad. La aparición de esta carta en la tirada es signo de buen augurio, buena suerte. Muestra asimismo un tiempo creativo, inspiración poética.

Invertida: Tristeza, problemas financieros, soledad, quizá debida a una ruptura de relaciones o de un compromiso matrimonial, momento difícil, poco propicio que nos puede obligar a anular nuestros planes, pérdida de cosas de valor.

EL JUICIO – ARCANO XX

El principio de la acción liberadora, las relaciones sociales, la fama. Representa las características de Piscis. Camino inspirado, espiritualidad y adivinación. Vejez tranquila. Satisfacción y popularidad.

Derecha: Desprendimiento, éxito, invención. Nos muestra la oportunidad de volver a intentar algo que antes resultó en fracaso, no obstante antes deberemos subsanar los errores pasados, perdonar y arrepentirnos, éxito ante las dificultades, incluso fallos en nuestro favor en resoluciones judiciales legales.

Invertida: Retraso, liberación diferida. Probables rompimientos de viejos vínculos de amistad, anuncio de un divorcio, de una separación, incapacidad de resolver los problemas que más nos afectan, también indican la posibilidad de un hurto, de la desaparición de efectos y malos negocios.

EL MUNDO – ARCANO XXI

El principio de la totalidad, la realización, la recompensa mayor y la energía femenina. Vida mundana positiva. Ésta es la carta más positiva de todas, significa: cosmos, universo, reino de un templo ideal, totalidad, perfección, ciencia, potencia espiritual y éxtasis.

Derecha: Logro, éxito. Muestra que ha llegado un momento de plenitud y de conquista, nuestro espíritu está enriquecido por la experiencia, nuestro esfuerzo será reconocido.

Invertida: Ruina, desconsideración total. Muestra la existencia de un obstáculo en nuestro camino, un ambiente hostil, falta de concentración, escasa consideración social, todo ello no nos ayudará a resolverlo, con todo el obstáculo puede ser superado.

EL LOCO – ARCANO XXII (0)

Carta de protagonismo, valor metafísico y de metamorfosis. Originalidad conceptual en el personaje. Sea lo que sea lo que haya emprendido, deberá ser muy prudente, la situación se presenta inestable y no muy bien definida.

Derecha: Fin de un ciclo, viaje. Esta carta es reflejo de la extravagancia, de la locura, de la inmadurez, la frivolidad y la ligereza, también de pasividad, de conformismo, de pereza y de abandono absoluto.

Invertida: Alteración, degeneración, locura. Nos advierte de una decisión errónea, tomada con precipitación, crecen las dudas, se carece de seguridad y puede que caigamos en un periodo de dejadez, de vacío espiritual, de bloqueo mental y por qué no decirlo, de locura.

LAS COPAS

Este principio abarca los dominios relacionados con los sentimientos pero también lo que respecta al nacimiento del amor, el crecimiento y el desarrollo de la familia.

EL AS DE COPAS

Derecha: Nacimiento de un gran amor y aspiración de un corazón amoroso; indica regeneración de riqueza, bienestar. Es una carta favorable que indica afecto, amor, productividad, belleza, perspectivas positivas.

Invertida: Tiempos difíciles para el amor, infertilidad o amor insatisfecho, ruptura de las relaciones, divorcio, también la aparición de obstáculos en nuestro camino, la inestabilidad.

EL DOS DE COPAS

Derecha: Carta amiga, amistad, afecto, aprecio, unión, puede indicar un noviazgo, atracción, simpatía. Encuentro amoroso, revelación de un gran deseo.

Invertida: Hipocresía, rivalidad, separación, divorcio, es símbolo de discordia, malentendidos y celos.

EL TRES DE COPAS

Derecha: Intercambio de sentimientos y divisiones de afinidades, carta de amor. Alivio en la presión que nos abruma, curación, resolución de problemas, satisfacciones, carta muy positiva.

Invertida: Incomprensión entre la razón y el corazón. Advertencia, el exceso de placeres son nuestra ruina, superficialidad, obstáculos, periodo de espera.

EL CUATRO DE COPAS

Derecha: Fecundidad, creación de una nueva relación. Experimentamos una amarga experiencia, desilusión, hastío, tedio, la relaciones familiares buenas son un punto de apoyo.

Invertida: Esterilidad, falta de solidez efectiva. Nueva visión de los viejos problemas que pronunciará su resolución.

EL CINCO DE COPAS

Derecha: Embarazo, comunión de una idea. Unión incompleta, amistad de escasa consideración, periodo de espera, perspectiva de recibir una herencia, un legado, voluntad, discernimiento.

Invertida: Aborto, desacuerdo, regreso de un amigo o de un familiar.

EL SEIS DE COPAS

Derecha: Votos de unión, declaración, también habla esta carta del pasado, nostalgia, recuerdos, tal vez la infancia, nuestro pasado influye en nuestro presente.

Invertida: Infidelidad, celos. Devela el futuro, acontecimientos importantes están por llegar, aspectos nuevos.

EL SIETE DE COPAS

Derecha: Nacimiento de un bebé o de una familia, producto del amor. Cierto modo de ingenuidad aparece en esta carta, las grandes metas, las utopías no están a nuestro alcance, pero sí los proyectos más asequibles aunque con voluntad y determinación.

Invertida: Decepción afectiva, molestias por una pasión. Muestra voluntad de hierro, capacidad de elección y la posibilidad de alcanzar metas importantes.

EL OCHO DE COPAS

Derecha: Legalización de una unión, planificación familiar. Debido al exceso de timidez puede llevar a mal término nuestros proyectos, desilusión, muestra también la presencia de un joven rubio resuelto que puede influir en la consecución de algunos triunfos.

Invertida: Ruptura, arreglo de cuentas. Puede leerse de modo más favorable, la perseverancia conduce al éxito.

EL NUEVE DE COPAS

Derecha: Partida de algún adolescente, testamento, confidencia. Superación de obstáculos, se logran superar las dificultades y se alcanza el éxito, buena salud física, equilibrio emocional, tranquilidad y abundancia.

Invertida: Soledad afectiva, viudez. Cuidado, errores, sufrimientos y pérdidas económicas, diferencias con los socios o con las amistades.

EL DIEZ DE COPAS

Derecha: Refleja el lugar donde vive el consultante, el hogar familiar, transmite felicidad, alegría, una vida íntima colmada de satisfacción y virtud.

Invertida: Es indicio de enfrentamientos y peleas familiares, diferencia de opiniones, que llegan a discusiones, aburrimiento, infelicidad, sordidez.

LA SOTA DE COPAS

Derecha: Lealtad y obediencia, setimentalismo y timidez, el personaje transmite la sensación de ser reflexivo, meditativo, a veces presenta el consultante si es un problema joven, si es una mujer, a la persona enamorada de ella, persona leal, servicial dispuesta a ofrecer su colaboración sin pedir nada a cambio.

Invertida: Es signo de adulación, seducción engañosa y de susceptibilidad, poca aplicación al trabajo, distracción.

EL CABALLO DE COPAS

Derecha: Mensajero del corazón, desplazamiento o confesión de un amor. Búsqueda de su propio destino, sus metas las más elevadas, indica una propuesta, una invitación de alguien interesante en el tema del amor, victoria, en el trabajo progreso, un propósito, un firme deseo, un desafío.

Invertida: Malas noticias. Cuidado, aparición de una persona traidora, engaño, fraude, posibilidad de ser estafado, postergación de un encuentro.

LA REINA DE COPAS

Derecha: Mujer deseada o enamorada, declaración de una mujer, corazón que ofrece. Esta carta se le relaciona una dama joven, de importancia en nuestro entorno familiar, puede ser la madre, la esposa, una amiga muy especial, modelo de ternura, compresión, intuición e inteligencia.

Invertida: Mujer perdida, engañada, es una persona poco honesta, desleal y viciosa.

EL REY DE COPAS

Derecha: Hombre enamorado y feliz. Hombre noble, positivo, responsable, interesado por las artes, un ser creativo, honesto, justo, gentil, hombre muy importante de nuestro entorno familiar, podría tratarse de un científico, de un abogado o un artista de pensamiento liberal y comunicativo.

Invertida: Hombre rechazado, triste desilusionado, también puede referirse a un hombre astuto sin demasiados escrúpulos y ninguna virtud, deshonesto, a él se asocian escándalos y ruinas monetarias.

LAS ESPADAS

Estos principios están relacionados con los dominios de los combates, las energías que trabajan para superarse, así como del desarrollo o utilización del pensamiento en la búsqueda del conocimiento.

EL AS DE ESPADAS

Derecha: Poder puesto a la disposición de la verdad. Refleja fecundación, tal vez el nacimiento de un hijo o el surgimiento de nuevas ideas, actividad, poder, éxito, los sentimientos son profundos y puros.

Invertida: Dificultades y obstáculos para superarse. Imposiciones de los demás que nos conducen a las frustraciones, esterilidad, temperamento violento.

EL DOS DE ESPADAS

Derecha: Espera confiada, inspiración que guía a los corazones puros, revelación del camino. Equilibrio, amistad, afecto y afinidad a los demás, no obstante se presentan factores de descontrol y estancamiento.

Invertida: Duda existencial, traición, rivalidad del poder. Posible engaño o traición, tal vez alguien con dos caras que intenta por venganza confundirnos.

EL TRES DE ESPADAS

Derecha: Estudio o investigación fructífera, esta carta muestra un arreglo o resolución a un problema. También puede aludir a una rotura de relaciones o la partida de alguien allegado a nosotros.

Invertida: Ignorancia presuntuosa, infidelidad, desorden, error, confusión.

EL CUATRO DE ESPADAS

Derecha: Paz o tregua, materialización de un pensamiento. Tras un periodo de incertidumbre, las cosas retoman su rumbo, buena administración, ahorro, buenos negocios, también exilio, retirada, abandono temporal del lugar de residencia.

Invertida: Oposición tenaz, falta de firmeza, alejamiento de las personas queridas, deseo de recuperación, en ocasiones muestra el destierro y la muerte.

EL CINCO DE ESPADAS

Derecha: Protección oculta al servicio de la verdad, triunfo del derecho moral, toma de conciencia.

Invertida: Pérdida de fe, fanatismo. Sepultura.

EL SEIS DE ESPADAS

Derecha: Fruto del trabajo, realización de una obra.

Invertida: Cuestionar las convicciones, estancamiento, no vemos solución al enredo, combate estéril, aborto.

EL SIETE DE ESPADAS

Derecha: Control sobre el combate, motivos de esperanza, alguna persona, tal vez un acontecimiento determinado nos da confianza en nosotros mismos y abre las puertas a un futuro mejor. Pensamiento victorioso.

Invertida: Advertencia sobre alguien que nos quiere mal. Dificultad para resolver problemas, luchas de poder.

EL OCHO DE ESPADAS

Derecha: Luz de la verdad, justicia entregada, también puede referirse a un periodo de crisis del que se puede salir bien o mal librado.

Invertida: Juicios deshonestos, advertencia de un incidente, es la carta que muestra obstáculos y oposiciones.

EL NUEVE DE ESPADAS

Derecha: Conocimiento de la experiencia, madurez, preocupaciones y ansiedad por la persona amada.

Invertida: Impotencia, abandono, cobardía. Refleja nuestras propias dudas, timidez o vergüenza y temores fundados.

El diez de espadas

Derecha: Triunfo del espíritu y del corazón, paz victoriosa, fuerza de ánimo logro en los asuntos pendientes.

Invertida: Enfermedad, derrota, fatalidad, pérdida o retraso.

La sota de espadas

Derecha: Joven lleno de recursos y de porvenir, cualidades bellas del espíritu, perceptivo, capaz de descubrir y entender conocimientos que para otros permanecen ocultos, discreto, serviría de espía, calculador, especulador.

Invertida: Hombre falso, traidor, miserable.

El caballo de espadas

Derecha: Camino de iniciación, luchas por el saber, apoyo en las pruebas. Refleja a una persona con valor y coraje y puesta a asumir riesgos, es importante relacionar las cartas que le acompañan.

Invertida: Cobardía, evasión, complot.

La reina de espadas

Derecha: Reflejo de eficiencia y combatividad, mujer culta, revelación de un misterio. En ocasiones representa viudez, soledad, enfermedad o separación.

Invertida: Temor a la revelación, mezquindad, avaricia, nos avisa de un deseo de venganza, enemigo infiel, persona mal encarada.

El rey de espadas

Derecha: Protección, plenitud del espíritu, muerte del ego y revelación de la pureza del espíritu, hombre recto y justo. Importante, seguro de sí mismo, activo, capaz de realizar sus ideas y proyectos.

Invertida: Usurpador, decadencia social, egoísta, avaricia, deseo de poder.

LOS BASTOS

Este palo está relacionado con el campo del trabajo, la capacidad de transformarse, los deseos por realizar, la maduración y las raíces de toda empresa.

EL AS DE BASTOS

Derecha: Poder en la empresa y en las energías naturales. Carta positiva, puede mostrar el nacimiento de un hijo pero también ideas nuevas y nuevas relaciones sociales, tal vez aventuras.

Invertida: Falta de determinación, sensación de declive, una existencia penosa, vacía de meta y de proyectos.

EL DOS DE BASTOS

Derecha: Descubrimiento de las posibilidades de crecimiento, gestación de las ideas realizadoras. Representa a una personalidad dominante, dispuesta a ayudarnos, venceremos las dificultades.

Invertida: Esterilidad de ambiciones, pereza, lamentos, arrepentimientos, soledad, temor e indecisión.

EL TRES DE BASTOS

Derecha: Inicio de un proyecto estudiado con anterioridad, muestra audacia, cierta temeridad, espíritu emprendedor, es la carta de la empresa y de las relaciones laborales, augura prósperos intercambios.

Invertida: Pensamiento demasiado teórico, falta de eficacia, puede ser aviso para tener precaución de recibir ayudas interesadas, puede ser un momento para transformar lo malo en bueno.

EL CUATRO DE BASTOS

Derecha: Poner en acción la obra, solidificación del trabajo. Esfuerzos recompensados, armonía en las relaciones sociales. Promociones en el trabajo.

Invertida: Puede mostrar a un amigo deshonesto, relación sentimental insatisfactoria. Fragilidad en los negocios, falta de responsabilidad y energía.

EL CINCO DE BASTOS

Derecha: Esperanza de éxito y ganancias gracias a la perseverancia. Reflejo de nuestra insatisfacción y angustia sobre obstáculos no resueltos.

Invertida: Contrariedades, pérdida de apoyo, relacionada con otras cartas, puede indicar inicio de un litigio.

EL SEIS DE BASTOS

Derecha: Asociación, negociación, embellecimiento. Buenas noticias ya esperadas, sentimiento de unidad familiar. Ganancias.

Invertida: Incertidumbre, tardanza en la resolución de conflictos, rupturas de contratos, crisis.

EL SIETE DE BASTOS

Derecha: Anuncio de un encuentro con alguien importante, se superan los obstáculos, éxitos, cambio de ocupación, expansión de la empresa, victoria profesional.

Invertida: Oposiciones a objetivos, probable accidente laboral.

EL OCHO DE BASTOS

Derecha: Estrategia, estructuración y planificación, gestión sana de los pensamientos. Periodo de intensa actividad que de no ser controlada puede llevarnos a decisiones precipitadas. Nos sugiere la búsqueda de la paz interior.

Invertida: Problemas en el hogar, discusiones y remordimientos.

EL NUEVE DE BASTOS

Derecha: Sugiere ser prudente ante la posible existencia de enemigos ocultos, que traman en contra de nuestro bienestar.

Invertida: Retiro prematuro, salud delicada, traición de un amigo, esperanza frustrada.

EL DIEZ DE BASTOS

Derecha: Consumación de una carrera, satisfacción del deber cumplido. Exceso de trabajo, buenas posibilidades de éxito y de realizar buenos negocios.

Invertida: Traición, de un engaño, obstáculos laborales, posibles pérdidas económicas. Falta de reconocimiento en el trabajo. Disputa por la carrera.

LA SOTA DE BASTOS

Derecha: Joven trabajador y estudioso que llegará lejos, puede referirse a un amigo, o compañero de trabajo leal y bien intencionado, indica también la presencia de un extranjero o un extraño, en nuestro círculo de relaciones es portador de buenas noticias, personaje coherente y emisario. Evaluación de las capacidades.

Invertida: Esta carta nos muestra al portador de las malas noticias o un aviso de un acontecimiento negativo.

EL CABALLO DE BASTOS

Derecha: Partida, traslado, sendero halagüeño. Personaje aguerrido, caballero dispuesto a enfrentarse a cualquier peligro, muestras de ansias de cambio, interés por lo desconocido, también en cierto modo deseo de evasión, de fuga, nos puede indicar viajes o cambios de vida o residencias.

Invertida: Extravíos, callejón sin salida, resultados decepcionantes.

LA REINA DE BASTOS

Derecha: Nos refiere a una mujer culta, una compañera de trabajo eficiente y preparada, una amiga que nos muestra dulzura, honor. Se interesa sinceramente por lo demás y que le gustan las manifestaciones de afecto.

Invertida: Mujer ociosa y de vida insignificante, abandono, falta de seriedad.

El rey de bastos

Derecha: Maestro de obras, artífice de su triunfo, oferta de responsabilidad. Representa a un hombre importante de nuestro contexto social, un jefe en el trabajo, tal vez un novio. Alguien allegado no consanguíneo.

Invertida: Dirigente incompetente, falta grave. Muestra severidad y austeridad.

Los oros

Este principio abarca los campos relacionados con el dinero, la rentabilidad y las ganancias, pero también el perfeccionamiento de sí mismo en busca de lograr sus metas más profundas e idealistas.

El as de oros

Derecha: Anillo de compromiso. Matrimonio, buena salud. Posibilidad financiera, entrega de fondos, riqueza de talento y de dones.

Invertida: Guarda algunas de sus características positivas, prosperidad sin felicidad, despilfarro de dinero sin llegar a la ruina, corrupción, envilecimiento. Pobreza de espíritu.

El dos de oros

Derecha: Nacimiento y elevación de una empresa, posibilidades financieras, entrega de fondos, riqueza de talento y de dones, también anuncia un mensaje, la llegada de una carta.

Invertida: Desgracia imprevista, aborto de idea rentable, dinero mal gastado.

El tres de oros

Derecha: Firma de convenio, letra de cambio o de inversión, estudios provechosos. Si se relaciona con las cartas de su alrededor resalta su importancia, muestra habilidad en los negocios, en las relaciones da dignidad, fama, poder y generosidad.

Invertida: Mediocridad y trampa, inmadurez que se traduce en bajeza, vanidad, ideas triviales, preocupaciones.

EL CINCO DE OROS

Derecha: Puede mostrar tanto la aparición de un amante, enamorado o posible esposo, o bien ahorro o quizá bancarrota.

Invertida: Espinosas desavenencias en el matrimonio o en las relaciones de pareja, también puede representar pérdidas afectivas.

EL SEIS DE OROS

Derecha: Asociación financiera, nuevas posibilidades o proposiciones de ingresos. También esta carta es signo de generosidad, filantropía, caridad, desprendimiento.

Invertida: Robo, pérdida material, insolvencia y celos.

EL SIETE DE OROS

Derecha: Logro y progreso sano de los ingresos, buena noticia de colocación o aceptación de un préstamo. Éxito gracias al trabajo duro, dinero, herencias.

Invertida: Productividad dudosa, pérdida de capital, signo de impaciencia, malestar, refleja sospecha, desconfianza, actitud precipitada e inconsciente ante las inversiones.

EL OCHO DE OROS

Derecha: Legislación o herencia, juicio favorable, facilidad para adquirir conocimientos, modestia, rectitud.

Invertida: Problemas fiscales, molestias judiciales, fracaso fraudulento. Muestra también avaricia, celos, lisonja, una desilusión próxima.

El nueve de oros

Derecha: Realización de proyectos, prosperidad laboral, socialmente buenas relaciones, bienestar material.

Invertida: Pérdidas afectivas o monetarias, promesas no cumplidas.

El diez de oros

Derecha: Ganancia mayor, dinero inesperado. Esta carta representa la familia asociada al bienestar, a la prosperidad, a la tranquilidad económica.

Invertida: Pérdida total, degradación de los bienes.

La sota de oros

Derecha: Hombre joven o destinado a una gran carrera provechosa, riqueza natural o posibilidades innatas. Nos refiere a un hombre de carácter soñador e imaginativo.

Invertida: Espíritu rapaz, terreno pobre, derroche de talento, llegada de las malas noticias.

El caballo de oros

Derecha: Viaje provechoso, colocaciones en curso, movimiento de dinero. Representa a un hombre con ambiciones materiales, está en condiciones de conseguir el éxito, persona madura, responsable, paciente, hábil en los negocios, progresos económicos, y riqueza conseguida con el propio esfuerzo.

Invertida: Operaciones deshonestas o fraudulentas, síntomas de la negligencia, indolencia, aparición de obstáculos.

LA REINA DE OROS

Derecha: Representa a una mujer con grandes posibilidades, corazón noble y auténtico, revelación de la belleza sobre el alma. Tranquilidad material.

Invertida: Mujer engreída y caprichosa, riqueza engañosa. Señala a una persona insegura, indecisa que teme al fracaso.

EL REY DE OROS

Derecha: Hombre influyente, pragmático y previsor. Se relaciona con un personaje con experiencia y fortuna, de gran claridad e inteligencia, relacionado con la banca o lo bursátil con predisposición a las matemáticas, esta carta muestra también a un amigo leal y generoso que nos proporcionará ayuda, tal vez una buena oferta de trabajo. También puede representar al consultante, su significado dependerá de su posición en la tirada.

Invertida: Hombre interesado, avaro, riqueza monetaria y pobreza de alma.

ESPIRITISMO

La palabra espíritu viene del latín *spiritus* que significa soplo vital, respiro, exhalación. Espiritismo es la doctrina mediante la cual se comunican los espíritus con los seres humanos. El médium es la línea que hará el enlace entre los seres espirituales (personas fallecidas o seres supremos) y los terrestres.

Para los creyentes del esoterismo, el ocultismo no sólo ofrece respuestas a las interrogantes del hombre, sino también abre un camino al autoconocimiento y al entendimiento de mundos superiores. Uno de estos caminos es el espiritismo, es decir, la búsqueda del contacto con seres trascendentales o espíritus por conducto de mediums.

En la Antigüedad, los persas, los griegos y los latinos rendían culto a las almas de los muertos para buscar su ayuda o evitar su ira. También en algunos pueblos, en esas épocas, se practicaba la necromancia, es decir, la adivinación mediante la consulta a espíritus de los muertos. Un buen ejemplo de esto es la historia de Saúl evocando la sombra de Samuel, por boca de la maga Endor, a Ulises consultando al adivino Tiresias; San Agustín tuvo que mandar traer un sacerdote para callar los ruidos que se oían en una casa encantada en el distrito de Hipona, y muchas otras historias relativas al tema.

Durante la Ilustración, se dio la desintegración de la unidad de la fe eclesiástica. El hombre buscó por su cuenta las respuestas a sus interrogantes, y en esta búsqueda retomó ideas de la antigua civilización grecorromana, así como viejas tradiciones del ocultismo.

Agripa es un ejemplo de esto. Su nombre verdadero fue Heinrich Cornelius, nació en Colonia, Alemania, en 1486, en el seno de una familia acaudalada, estudió en la universidad de Colonia, donde se instruyó sobre los neoplatónicos y la Cábala.

Heinrich Cornelius (Agripa)

Fue uno de los grandes "investigadores mediúmnicos del más allá". Erudito y estudioso de la tradición oculta, escribió sobre la magia y el mundo de los espíritus. Se cree que poseía dones paranormales. Él mismo escribió en su libro *Filosofía secreta* (*Geheime Philosophie*) que mantenía un "intercambio de ideas telepáticas" con el abad Tritheim.

Agripa se vio envuelto en infinidad de historias legendarias que relatan su poder de comunicación con los espíritus. Una de ésas cuenta cómo su joven inquilino, movido por su curiosidad entró a los aposentos del famoso alquimista, mietras estaba fuera de casa, el incauto encontró un libro de hechizos, el cual comenzó a leer en voz alta, un demonio apareció y le exigió que le explicara por qué lo había hecho traer. El joven atribulado no pudo explicar nada y el demonio lo estranguló. Al llegar Agripa a su casa, encontró el cadáver, temeroso de que lo culparan de la muerte de aquel hombre, le pidió al demonio le devolviera la vida, aunque fuera por breve tiempo, su deseo fue concedido y Agripa lo envió al mercado, ahí enfrente de todos murió una vez más, aún con las marcas del estrangulamiento. Si bien Agripa logró escapar de las acusaciones de asesinato, aun así salió a toda prisa de la ciudad.

Agripa, al igual que muchos alquimistas de su época se veía en la necesidad de cambiar de ciudad constantemente, huyendo de las acusaciones de herejía. Falleció en 1535 en Grenoble.

Otro famoso espiritista fue el filósofo Emmanuel Swedenborg, llamado el "Buda del norte", apodo puesto por Balzac. Nació en Estocolmo en 1688. Le otorgaron el título de doctor en la Universidad de Upsala, desde 1744 comenzó la práctica espiritista, según contaba él, a raíz de una visión la noche del 7 de abril: Un mago ataviado de color púrpura, le había revelado todos sus secretos. Desde ese momento Swedenborg mantuvo una constante comunicación con Lutero y Virgilio, por citar algunos espíritus distinguidos.

En 1757 sus poderes aumentaron y se volvió, además, clarividente. Afirmó haber sido invitado en calidad de espectador, para el día del Juicio Final. En 1758 publicó su libro *En relación con el cielo y sus maravillas, y con el infierno, según las cosas vistas y oídas*, este escrito gozó de gran éxito y fue la base para el espiritismo moderno, nombrado por él "Pneumatología".

En 1774 entra a la escena del espiritismo el médico alemán Franz Anton Mesmer, quien realizó diversas prácticas de espiritismo e hipnotismo, asimismo, afirmaba que los astros eran responsables de nuestras enfermedades.

Por estos tiempos también se da a conocer el ya antes mencionado filósofo Swedenborg, que declaró haber recibido de Dios el poder para comunicarse con el otro mundo y explicar las Escrituras. Fue precursor del hipnotismo, él mismo practicaba la autohipnosis para conducirse a su estado de médium, en 1776 fundó la secta de los "Muy Perfectibles", convirtiéndose más tarde en los "Iluminados".

Para algunos historiadores del ocultismo, el inicio del espiritismo moderno, es el año 1897, en Hydersville, New York, E.U.A. En este pequeño poblado vivía la familia Fox en su granja con sus dos hijas menores Margarita de

15 y Katie de 12 años. La familia Fox afirmó haber escuchado golpes de un espíritu adentro de su casa y que en ocasiones los muebles se movían solos. A estos golpecitos se les llamó *raps* (tiempo después estos golpecitos serían sustituidos por el movimiento de la *Ouija*). Se dijo que tal fenómeno era producido por el espíritu de Charles Ryan, también conocido como Charles Haynes, vendedor ambulante que reveló haber sido asesinado años atrás por un vecino. La noche siguiente al estar en comunicación con este espíritu, la familia Fox inventó el alfabeto espiritista.

El espiritismo tuvo gran éxito en toda América y otras partes del mundo. Si bien la Iglesia metodista expulsó a la familia Fox, Margarita y Katie fueron convertidas completamente en mediums y manejadas por su hermana Lea. Lograron amasar una gran fortuna, mediante el cobro a aquellas personas que deseaban conversar con algún pariente fallecido.

De pronto, parecía que todos los espíritus deseaban comunicarse, surgieron mediums por todas partes. El primer congreso espiritista fue en Cleveland en 1852, dos años más tarde ya había diez mil mediums practicando en Estados Unidos. Sin embargo, esto parecía poco, en comparación con los tres millones de fieles, esperando su turno para tener su sesión. Durante esta época salieron a circulación 22 periódicos y revistas especializadas.

Pero el furor americano por el espiritismo, pronto llegó a Inglaterra, cuando en 1852 una comisión de mediums se instaló en este país, y un año más tarde Alemania y Francia. Para frenar esta fiebre, se organizó la Sociedad Dialéctica en Londres, con la finalidad de mostrar que todo era obra de la imaginación, pero bastaron 18 meses para que los miembros se volvieran adeptos. El gran sabio William Crookes, escribió "yo no digo que tal vez sea posible, yo digo que es rotundamente cierto". Asimismo en Alemania varios catedráticos de la universidad, se convirtieron al espiritismo.

En la Academia de Ciencias de París esta tendencia fue frenada por Chevreul y Faraday a la cabeza, no obstante, los estudiantes mostraron su entusiasmo por convertirse al espiritismo, secundados por personajes como Víctor Hugo, Voucher de Perthers, el padre de la prehistoria, el médico Charles

Richet y qué decir del dramaturgo Victorie Sardou, quien presidió el congreso espiritista de 1900. Pronto Italia, Rusia y España se unieron al movimiento.

Pero a quien se considera el auténtico impulsor del espiritismo, es a Allan Kardec. Su verdadero nombre fue León Rivail. Su mentor fue el magnetizador M. Forestier. Kardec se inició como espiritista en 1854, pretendió unificar y codificar el espiritismo y convertirlo en una especie de religión sustentada como él mismo decía "sobre la existencia, de las manifestaciones y preceptos de los espíritus". También aseguraba seguir el "nuevo evangelio" (evangelio del espiritismo) y fue acogido entusiastamente por la masonería francesa.

Según Kardec, el espiritismo es una doctrina espiritual, ya que cree en Dios y en la inmortalidad del alma, por lo tanto es contraria al materialismo y al ateísmo. Los espíritus se manifiestan para dar guía al ser humano. No obstante la Iglesia, desconoce totalmente al espiritismo.

Según algunos espiritistas, podemos encontrar tres diferentes tipos de espíritus: 1) La de los imperfectos, divididos en viciosos, livianos y sabios falsos; es decir verdaderos agentes del mal y de la perturbación. 2) La de los buenos, dividida en benevolentes, sabios y prudentes; en este mismo tipo de alma colocan a Jesús y Buda. 3) La de los puros, con ángeles, arcángeles y serafines.

Las almas viven en comunidad en el más allá y se agrupan por afinidades, asimismo tienen simultaneidad de pensamiento y el don de la ubicuidad. Para los espiritistas el alma durante la vida terrestre se ve envuelta en el *perispíritu*, el cual abandona de vez en vez al cuerpo de manera momentánea, más durante el sueño, y definitivamente en la muerte.

Posterior a Kardec, entra a la escena León Denis, quien lleva al extremo sus teorías y se convierte en un franco opositor de la Iglesia. De este momento en adelante el espiritismo toma diferentes vertientes y filosofías.

La desconfianza e incredulidad se comenzó a apoderar de un cierto número de personas quienes se negaban a creer en la pobreza intelectual de los espíritus y quienes no se conformaban con simples golpecitos, o mesas giratorias. Comenzaron a buscar la explicación científica y profundizar en el conocimiento de los poderes de las personas mediúmnicas, de esta manera surge la metapsiquia, que pretende erigirse como ciencia.

Dentro del espiritismo existen otras manifestaciones controversiales, tales como: La materialización de seres espirituales descarnados; la formación de miembros de ectoplasma (supuesta materia descubierta por el espiritismo) como manos o pies que se mueven solos; la producción de olores; la escritura sobre pizarras por manos invisibles o aparentemente no unidas a ningún cuerpo.

Si bien el espiritismo es una de las ramas del ocultismo más joven, es interesante observar la rapidez con que ganó adeptos. Lo que demuestra que esta práctica es sumamente atractiva y puede seducir inclusive al más recio de los escépticos.

La ciencia ha tratado de explicar y probar los poderes de los mediums en reiteradas ocasiones por todo el mundo, sin embargo, hasta el momento no ha tenido ningún éxito, inclusive las fotografías tomadas a las apariciones durante las sesiones espiritistas han resultado ser un fraude. Pero lo anterior parece no importar, ya que día con día el espiritismo cuenta con más seguidores convencidos de su veracidad.

Capítulo III

El reino del mal

El origen del mal

Según la Sagrada Escritura, desde el principio de la humanidad los espíritus malignos se han propuesto causar la ruina del hombre.

Mas por envidia del diablo entró la muerte en el mundo.

(Sabiduría 2, 24).

LOS ORÍGENES DE LUCIFER

La aparición de Satanás en el Antiguo Testamento se inicia con la caída de Adán (Génesis, capítulo 3), pero en este episodio Satanás aparece como el tentador ya consumado que induce a los primeros hombres a pecar. Por consiguiente lo de Satanás es tratado como un hecho sucedido previamente. Pero, por razones no aclaradas, la narración de su creación y caída está ausente.

Sin embargo, la tradición cuenta que Él era el ser más elevado de toda la creación, la criatura más grandiosa de la obra de Dios, un ser celestial que reflejaba de manera perfecta el brillo de su creador. Por consiguiente, fue llamado "Lucifer". Esta palabra tiene una raíz hebrea cuyo significado es, "*brillar*" y es usada para referirse a la estrella más esplendorosa capaz de resistir la presencia del Sol en su momento máximo. El nombre Lucifer se ha usado para referirse a Satanás antes de que éste se rebelara.

Sin embargo, este magnífico ser pretendió igualarse a Dios. En este punto nos encontramos ante uno de los más grandes misterios del universo moral revelado en las Escrituras: ¿Cómo podría entrar el pecado en el universo? Está claro que el pecado entró a continuación de la rebelión de Satanás, pero ¿cómo fue posible el surgimiento de este impulso malo en el corazón de un ser creado por Dios (o más bien de Él que es perfectamente santo)? Frente a este

enigma tendríamos que admitir que las cosas ocultas pertenecen a Dios, mientras que las cosas reveladas pertenecen a nosotros (Deuteronomio 29:28).

Finalmente, debido a la rebelión, Satanás se volvió enemigo de Dios y de todo lo que a él se le concedió. Su caída y la de los otros ángeles que se alinearon con él es irreversible; no hay para ellos ninguna posibilidad de redención. Satanás está separado definitiva e irremediablemente del santo Dios.

Entonces se entabló una batalla en el cielo: Miguel y sus ángeles combatieron con el Dragón. También el Dragón y sus ángeles combatieron, pero no prevalecieron y no hubo ya en el cielo lugar para ellos. Y fue arrojado el gran Dragón, la Serpiente antigua, el llamado Diablo y Satanás, el seductor del mundo entero; fue arrojado a la Tierra y sus ángeles fueron arrojados con él (Apocalipsis 12:7-9).

Se dice que el Santo Grial, la copa donde fue recogida la sangre de Jesucristo, fue tallada en la esmeralda que Lucifer lucía sobre la frente antes de su caída. Cuando el ángel maldito fue precipitado a las tinieblas, perdió la esmeralda de su frente, la esmeralda que en la frente simboliza el conocimiento de lo divino.

DEMONOLOGÍA

La demonología es la ciencia que estudia la existencia y naturaleza de los demonios, complemento de la teología y la teodicea.

Se habla de la demonología, entonces, como la herramienta para dilucidar el fenómeno sobrenatural del diablo y los demonios, es la generalización del concepto del Mal (como entidad más que como atributo) y la explicación genérica de los hechos "inexplicables".

El origen y desarrollo de la demonología tuvo lugar particularmente en la Edad Media (siglos XI al XVI), menguando su estudio e interés con el correr de los años posteriores; los puntos fuertes de investigación fueron:

- La existencia y las características de los demonios;
- La investigación de los "fenómenos diabólicos";
- Las ciencias y las artes inculcadas por el diablo;
- La observación de las distintas culturas a través de sus creencias y su relación con los demonios.

La palabra *demonio* proviene del griego y significa "genio, deidad". Mientras, el término *diablo*, también del griego, quiere decir "calumniador, adversario, mentiroso". Con este término los sabios designaban a Satán y a sus legiones, mientras que la palabra "demonio" era aplicada a todas aquellas deidades mensajeras entre los dioses y los hombres (originalmente utilizada en Grecia antigua). Estos demonios eran en un principio dioses, pero con el advenimiento del cristianismo y el concepto de monoteísmo, pasaron a formar como antagonistas de Jesucristo, para convertirse, consecuentemente, en una horda de seres arrojados al infierno. Se conoce, desde entonces, una diferencia entre diablos y demonios: Los primeros son los príncipes y grandes señores, mientras que los otros son "plebe".

Dentro de la demonología aparece una rama llamada demonografía, para describir los demonios, su organización en el infierno, los poderes y las atribuciones de cada ser maléfico, la forma en que se los puede traer a este mundo (evocación), cómo pedir sus servicios (pacto), su intervención en los hechos mágicos (hechicería), etcétera.

Mucho se ha especulado con respecto al número total de diablos y/o demonios, el cual no se conoce, como tampoco se conoce el número total de ángeles. Lo único que sabemos por medio de los textos bíblicos es que los diablos son una "tercera parte" de los ángeles.

DIABLOS Y DEMONIOS

Como vimos anteriormente, el origen de los demonios se explica señalando a Dios como creador de los ángeles, seres espirituales dotados de razón, voluntad propia y existencia inherente. El oficio de estos seres fue, a partir de su creación, el de crear, y lo primero que hicieron fue otros ángeles, de menor jerarquía.

El primer ángel que Dios creó se llamó **Lucifer** (también llamado **Luzbel** o **Lucero**, "Portador de luz"), el más bello y perfecto de todos, ostentando el grado de querubín / arcángel.

Luego de los ángeles, Dios creó el universo físico en su totalidad, y puso a los ángeles a trabajar en este espacio; una tercera parte fue destinada a la Tierra, bajo el mando de Lucifer.

Lucifer se enfrenta con el arcángel Miguel y luego de una colosal batalla, que según los sabios rabinos duró tan sólo tres segundos, terminaría con la derrota del ángel rebelde.

Vencido Lucifer, recibió de Dios el nombre de **Satán, el diablo**, y fue precipitado a los Infiernos junto con los ángeles rebeldes, que se convirtieron en **demonios**.

Su pena fue la descalificación jerárquica, la pérdida de cualquier otra oportunidad de redención, la perversión de su mente y un cataclismo de proporciones mundiales que destruiría todo lo creado sobre la faz de la Tierra.

Otra versión acerca del origen de los demonios se refiere a la rebelión por causa del hombre; por celos a éste. Durante el siglo VI, los teólogos explicaban la caída de los ángeles por el resentimiento que les causó el saber que Jesucristo encarnaría en la naturaleza humana y no en la angélica... El despecho les llevó a la rebelión, y ésta a la ruina.

Se sabe, además, que muchos ángeles continuaron convirtiéndose en demonios después de la primera caída, señal de que la lucha continuó en el cielo.

CLASIFICACIÓN

Además de los diablos, existen otros seres, invisibles y generalmente dañinos, que forman parte de la clasificación genérica de los demonios.

Los antiguos decían que existen tres especies de demonios: buenos, malos y neutros. El espíritu de los muertos, diversos monstruos de las mitologías, familiares y elementales.

"Las legiones del infierno no sólo están pobladas por diablos, sino también de antiguos terrores".

Una clasificación aproximada de estas entidades es la siguiente:

- **Fantasmas:**
    - Larvas
    - Descarnados
    - Lémures
    - Gritadoras
    - Vapores
    - Djinns / Genios
    - Cemies
    - Tibalangos
    - Gamulios

- **Elementales**
  - Duendes
  - Ondinas
  - Silfos
  - Gnomos
  - Sirenas
  - Dragones
  - Gigantes
  - Nereidas
  - Salamandras
  - Centauros
  - Gárgolas
  - Gerontes

- **Monstruos**
  - Vampiros
  - Esfinges
  - Gorgonas
  - Licántropos
  - Zombies
  - Quimeras
  - Cambiones

ÍNCUBOS Y SÚCUBOS

Tradiciones hebreas relatan acerca de demonios que tomaban forma humana para intimar con los hombres y las mujeres; son los que originaron, hacia el medievo, a los demonios íncubos y a los súcubos. Los monjes solían ser tentados por entidades femeninas que fueron llamadas *succubus* (del latín *succumbere*, "yacer", "estar echado en el suelo"); por el contrario, el *íncubus* (del latín *incubus*, "tendido") macho seducía a las mujeres.

De la unión de los demonios con los seres humanos nacían otros demonios, brujas y monstruos; tanto súcubos como íncubos son muy difíciles de exorcizar, porque no obedecen a los conjuros y son casi inmunes a todo tipo de elemento sagrado.

Una costumbre antigua asegura que los hijos de los demonios y los humanos son factibles: se los llama réprobos; los alemanes les dicen *veelbalgs*.

Según las crónicas mesopotámicas, se habla de horribles monstruos sin cara, los *Alu* y los *Galu*, que fueron engendrados por medio de la cópula de un hombre con una diabla.

Hay también una especie de seres humanos nacidos de la unión de un íncubo con un súcubo, los cambions. Su figura es horrible, monstruosa, su peso extraordinario, y su voracidad es tal, que uno de ellos podía agotar a tres nodrizas a la vez.

Entre las distintas especies de íncubos y súcubos se pueden encontrar:

Conferentes - Íncubos conocidos en Roma.

Efelios - Íncubos de los celianos.

Petpaiaton - Íncubos de los aires, que violan a las doncellas, según los siameses.

Alrunesias - Súcubos o hechiceras, que fueron madres de los hunos.

El hecho de que algunas fuentes sostengan que el esperma del diablo sea helado, tiene que ver con el tiempo en que el súcubo lo recibe del hombre, para luego transferirlo al íncubo, quien lo deposita en una mujer. Por otro lado, también se pueden explicar los “sueños eróticos” que, tanto hombres como mujeres, manifiestan durante la noche: Los demonios aprovechan ese estado para tener relaciones sexuales con los seres humanos.

CARACTERÍSTICAS DE LOS DIABLOS Y DEMONIOS

Los diablos, después de su caída, siguieron conservando sus dotes tanto naturales como preternaturales; al ser espíritus puros, poseen la ligereza y libertad de movimientos propios de los ángeles, la virtud locomotora, por la cual pueden trasladarse de un lugar a otro al instante, estén cercanos o apartados, e incluso provocar fenómenos de multilocación real o aparente.

Pueden asumir las más diversas apariencias, animales, humanas y aún extrahumanas, revistiéndose de materia física o fabricando "fantasmas" en la imaginación.

Pueden mover la materia, transportar a las personas, imitar voces, mover la lengua del animal, causar enfermedades, placer y dolor, dar origen a fenómenos sensibles que superen las fuerzas físicas.

El diablo ha estado vinculado desde siempre al dinero y las riquezas. Los demonios disponen de tesoros ocultos, sin embargo, todas las riquezas que ofrecen y otorgan son falsas y de mala ley, y suelen convertirse en algún momento, en estiércol, carbón, hojas secas, insectos...

La sal es un repelente clásico contra los demonios. Ellos le tienen horror, ya que este mineral preserva la corrupción de muchos comestibles, y es, por lo tanto, símbolo de la eternidad y la sabiduría. Se tiene a la sal, entonces, como un eficaz antídoto contra las potencias infernales.

El diablo siempre estuvo relacionado con "signos" específicos, de distinta índole, que delataban su presencia, o eran la "marca" de sus acciones; por ejemplo, tres son los colores vinculados al demonio y la muerte:

Negro, representativo de la muerte y la oscuridad.

Rojo, representativo del fuego y la sangre.

Amarillo, representativo del azufre, de la enfermedad, de la llama ígnea y del temperamento colérico e iracundo. Físicamente, estos espíritus son sucios y de aspecto repugnante, excepto cuando por engaño se presentan bajo otra forma; su apariencia es algunas veces inquietante y amenazadora, otras, grotesca y risible, pero, en su verdadera forma, nunca apacible ni bella. En sus representaciones se confunden lo humano y lo animal, pues sus inclinaciones y las que procuran infundir en los hombres son semejantes a las de los rústicos. El mal olor es característico en los diablos: Es muy común suponer que éstos se presentan oliendo a azufre, y que dejan ese olor al marcharse; no obstante, todo hedor nauseabundo les corresponde.

Así como intervienen en la administración de las riquezas, del mismo modo lo hacen en los asuntos amorosos, pero su dominio no es el alma, sino el cuerpo. Los demonios procuran el amor carnal y, en general, todo amor culposo; del diablo surgen los adornos, las modas, los perfumes afrodisiacos, los maquillajes, los escotes, etcétera, propios de las mujeres, así como la "ciencia de los engaños y asayamientos", que ellas tan bien aprenden. El diablo y sus deidades poseen un número incalculable de secretos de belleza (no siempre muy limpios y bien olientes); todo lo que fue atribuido a la madre Venus, diosa o planeta, a él pertenece, pero es muy traidor, provocando desmanes o desavenencias entre las parejas.

En su carácter de hostigador de los hombres, provoca mil calamidades: Atrae, convoca y dirige multitudes de alimañas (ratones, moscas, pulgas, piojos, langostas, plagas del campo), y los arroja sobre las personas, los poblados, las comarcas y las ciudades. Ocasiona muertes repentinas, estrangula a los niños en el vientre materno, para que no puedan recibir el bautismo, hace que las mujeres aborten; causa toda clase de enfermedades, especialmente las que hacen perder la razón, como vértigos, mareos, no sin "perturbaciones psíquicas", delirios, epilepsia, histeria, locura y otras perturbaciones psíquicas.

Por último, procura hacer olvidar los deberes religiosos, los votos y las promesas, distrae a los que están orando o a los que asisten a los actos de culto para que se perturben las ceremonias; infunde el sueño a los que velan a enfermos, hace pasar inadvertidos a los pobres. En cambio, algunas veces aconseja a sus protegidos que asistan a misa y procuren sacar almas del purgatorio.

"La Iglesia califica a Satán como monstruo perverso, corrompido, malvado, inmundo, estúpido, insensato, tentador, devastador, maldito, reprobado, embustero, sucio, embaucador, impuro, afeminado, pérfido, envenenador, infame, orgulloso, blasfemo, doctor de la mentira, adversario del género humano, inventor de la muerte, raíz de la maldad, autor de los delitos, príncipe de los vicios, instigador de vergonzosos placeres, arrojado de la Gracia, lleno de abominación, cargado de exorcismos, merecedor del Fuego Eterno".

Contrariamente a lo referido en las Santas Escrituras, donde el diablo posee las características divinas en cuanto a imagen y semejanza, muchas creencias lo han imaginado con formas grotescas y extrañas; no obstante, los rasgos reiterados entre varias civilizaciones lo señalan con figura de macho cabrío, alas de murciélago, cuernos y rabo, una estatura inmensa, aspecto tricéfalo, y ostentando colores como rojo, amarillo o negro.

A veces se le describe como un ser con aspecto humano, con tres caras de tres colores: negro, rojo y amarillo, y con seis alas de murciélago llenas de ojos, que agita constantemente; otras, como un cabrío, lobo o serpiente, y también como monstruo negro, bestia inmunda, o como gigante, etcétera.

Esta vinculación con animales suscita la correspondencia de éstos y la figura que el diablo puede asumir; hay siete de ellos cuya apariencia toman los demonios:

- Macho cabrío, con la cual preside el aquelarre.
- León, con el que ataca anacoretas.
- Jabalí, con el que atemoriza a las gentes del campo.
- Cerdo, con el cual acompañó a San Antonio Abad como castigo por sus tentaciones.
- Mono, con el que aparece como el perpetuo remedador de las obras divinas.

- Cuervo, con el que muestra una triste y fatídica negrura, alimentada por la muerte.

- Basilisco, con el que causa la muerte del alma.

Otra de sus representaciones clásicas es bajo la forma de Dragón, a quien los padres rabínicos identificaron como símbolo de pecado; las moscas, las arañas y las langostas también forman parte del conjunto al cual deben agregarse, entre otros; sapos, abejas, avispas, camarones, milanos, gatos y caballos negros, perros perdigueros o de color amarillo, escarabajos, reptiles variados, calamares, búhos, zorras, la mosca nanyel, y el ave Fénix.

Fuera del reino animal, los demonios se pueden camuflar como plantas: La aliaga, la bellota, el castaño, el acebo, la zarzamora, la cicuta, el gutil, la caña, la aguapa, el zacum, el cornezuelo de centeno, la cuscuta, la aglaofotis, y el escaramujo, son algunas de las que se relacionan con el diablo.

SÍMBOLOS SATÁNICOS

Aparte de su capacidad de transformarse en animales o vegetales, los diablos están relacionados con objetos que los ligan a los seres humanos; uno de ellos es el dragón rojo; la cruz gamada, signo de forma circular, fue usado en la Edad Media por importantes magos negros. La pata de bruja o cruz invertida fue un símbolo para los antiguos hechiceros, y aún hoy es dada a conocer por diferentes sectas satánicas anglosajonas.

El pentáculo (estrella de cinco puntas o estrella de Salomón) invertido se asocia a los ritos de brujería y suele verse como marca en la frente de algunos diablos y sus atributos. La cruz de San Andrés es otro objeto diabólico, usado por algunas sectas; hasta el anagrama de victoria que formaban los dedos índice y anular de la mano, implementados por Winston Churchill, no era sino una simbolización de los cuernos del diablo, o "V" de la victoria.

En numerología, las cifras malditas distintivas son:

- 2, que significa antagonismo.

• 6, que significa imperfección.

• 13, que significa traición. Es el número de comensales de la Última Cena, además de ser el símbolo de los heterodoxos.

Sabiendo bien que Satán tiene al mando no sólo a toda una horda de demonios, sino también a un grupo creciente de hombres caídos en pecado, los antiguos sabios del medievo imaginaron al infierno como una proyección de su propio estatus social, es así como el averno pasó a ser un gobierno.

Al pensar en dicho gobierno también hay que pensar en distintos estratos y divisiones sociales; en efecto, Satán posee un gobierno.

Durante este periodo, entonces, se supuso que el infierno tenía toda una escala jerárquica tomada, obviamente, de la organización existente en ese momento de la historia; es así que se creó una **Corte Infernal** o **Imperium**, ordenada en jerarquías y por atributos determinados.

Consecuentemente, muchas y variadas clasificaciones salieron a la luz, ordenando a los diablos según pecados, actividades, geografías.

Tomando las más interesantes, se puede establecer la siguiente cronología:

La primera clasificación apareció en 1467, y se ordena de la siguiente manera:

1. Demonios del destino.
2. Trasgos.
3. Íncubos y súcubos.
4. Ejércitos u hordas que se desplazan.
5. Demonios domésticos.
6. Drudes.
7. Demonios nacidos de la unión con seres humanos.
8. Demonios engañosos.
9. Demonios que atacan a los santos.
10. Demonios que inducen a las viejas a ir al aquelarre.

En 1589 se efectúa una nueva clasificación, de acuerdo con los siete pecados capitales con sus respectivos instigadores:

- Soberbia - Lucifer
- Avaricia - Mammón
- Ira - Satanás
- Lujuria - Asmodeo
- Gula - Belcebú
- Envidia - Leviatán
- Pereza - Belfegor

Una tercera división, en 1608, se relaciona con los elementos naturales:

1. Demonios de las capas superiores del aire o del fuego; que jamás entran en contacto con los seres humanos.

2. Demonios de las capas inferiores del aire. Provocan las tormentas y otros fenómenos atmosféricos devastadores.

3. Demonios terrestres; que tientan a los hombres y viven en los bosques, las cuevas y los campos.

4. Demonios del agua; de naturaleza femenina y causantes de las muertes de peces y ahogados, y también de los naufragios.

5. Demonios subterráneos; que originan los terremotos, las erupciones volcánicas, socavan los cimientos de las casas y vigilan los tesoros enterrados.

6. Demonios de las tinieblas o nocturnos; que evitan la luz del día, son negros y malvados, por lo que vale evitarlos.

A esto hay que agregar dos categorías:

* Cinco demonios terrestres, que apresan a los seres humanos.

* Cinco demonios infernales, que evitan la luz del día.

En 1613 se conoce una relación de varios demonios con sus respectivos atributos, y los de santos que han resistido a sus ataques:

Primera jerarquía:

Belcebú (altivez), San Francisco.
Leviatán (creencias antirreligiosas), San Pedro.
Asmodeo (lujuria), San Juan.
Baalberith (asesinato y blasfemia), San Bernabé.
Astaroth (pereza y vanidad), San Bartolomé.
Verrin (impaciencia), Santo Domingo.
Gresil (impureza y suciedad), San Bernardo.
Sonnilon (odio), San Esteban.

Segunda jerarquía:
Karo (inclemencia), San Vicente.
Camal (lujuria), San Juan Evangelista.
Clavel (pobreza), San Martín.
Rosal (sensualidad), San Basilio.
Soplador (desobediencia), San Bernardo.

Tercera jerarquía:
Belial (arrogancia), San Francisco de Paula.
Olivier (ferocidad y codicia), San Lorenzo.
Juvart (multilocación corporal).
Otra clasificación, en 1801, establece poderes y dominios:
Mammón, príncipe de los seductores.
Asmodeo, príncipe de las venganzas viles.
Satanás, príncipe de brujas y brujos.
Pitio, príncipe de los espíritus mentirosos.
Belial, príncipe de las injusticias y los fraudes.
Merihem, príncipe de los espíritus pestilentes.
Abaddón, príncipe de la guerra.
Astaroth, príncipe de acusadores e inquisidores.

Según la **Seudomonarchia Demonorum** (clasificación común de las jerarquías según los libros tradicionales de magia), se establecen las siguientes dignidades:

Espíritus supremos

Lucifer, emperador.
Belcebú, príncipe.
Astaroth, gran duque.

Espíritus superiores

Lucífugo Rofocal, primer ministro.
Satanachia, gran general.
Agagliareth, segundo general.
Fleuretty, teniente general.
Sargatanás, brigadier.
Neburus, mariscal.

Los espíritus superiores disponen de tres diablos cada uno; éstos son:

Bael, Agares, Marbas (bajo el mando de Lucífugo).
Pruslas, Arimón, Barbatos (bajo el mando de Satanachia).
Buer, Gusatán, Botis (bajo el mando de Agagliareth).
Bathin, Pursan, Abigar (bajo el mando de Fleuretty).
Loray, Balefar, Foran (bajo el mando de Sargatanás).
Aiperos, Nuberos, Glasialobolas (bajo el mando de Neburus).

A éstos se agregan 21 demonios que, estando bajo el poder de cada Supremo y Superior, controlan todos los componentes de la potencia infernal; hay tres mensajeros, que son:

Mirión
Belial
Anagatón

El encargado de los asuntos terrenales, de aspecto erótico, es el demonio Satanelo.

SANCTUM REGNUM

El Gran Grimorio, fue editado en el siglo XVIII, con la traducción de Antonio Venitiana del Rabino. El contenido de este libro se dice fue tomado de las *Llaves del rey Salomón*. El *Sanctum regnum* que es parte de *El Gran Grimorio*, contiene invocaciones diabólicas, así como una clasificación completa de los nombres y los cargos del Gotha infernal, el Libro de Oro de la nobleza demoniaca, y además la Guía Oficial de los Altos Cargos del Estado del Diablo y de los Caballeros de la Orden de la Mosca.

Según los demonólogos, Satán ya no es el soberano del infierno, ha sido destronado por Belzebuth, ahora ha quedado reducido a ser el "Jefe del Partido de Oposición". Es como si los partidos opuestos se hubieran repartido el dominio del mundo y de los hombres, asumiendo Belzebuth el patronato de la superstición y Satán el de la razón.

Según otras fuentes, la revolución iniciada en el cielo entre los ángeles, habría de repetirse en el infierno entre los demonios, como también lo haría en la tierra entre los hombres.

Las descripciones de estos y otros demonios son las siguientes:

EMPERADOR Y JEFE SUPREMO:

BELZEBUTH

(Nombre hebreo derivado de *Ba'alzebub*, "Señor de las moscas", "Amo de la inmundicia"). Es el segundo demonio con más poderío, después de Satán, e incluso se menciona el enfrentamiento y ascenso a rey supremo en los Infiernos de Belcebú; era el dios de las moscas en la ciudad de Ekron, se reverenciaba su culto en los pueblos de Canaan. Se le atribuye un aspecto imponente, grande como una torre, también se representa como serpiente o mujer, a veces aparecía bajo formas monstruosas de enorme becerro, de macho cabrío o de una gran mosca. Señor de los insectos, es el príncipe de las moscas y, según se decía, en su templo no se veía otra cosa; además, era el demonio que arruinaba las cosechas enviando nubes de estos insectos. Se asegura que poseía alas de murciélago, pecho prominente, cola de león, cuernos, nariz grande, una cinta ardiente sobre su frente y en torno a su cuerpo, y patas de ánade; cuando se encolerizaba, vomitaba llamas y aullaba como una manada de lobos. Es el príncipe de los serafines, jefe del reino del norte; tienta a los hombres por su orgullo.

También conocido como Belcebú, Beelzebub, Beelzebuth, Belzebú, Belzebub, Achor, Belsabub.

Reyes:

Baël

Primer rey del infierno, cuyos Estados se hallan en la parte de Oriente; tiene tres cabezas: sapo, hombre y gato, manda 76 legiones (se dice también el número en 60, 66 y 70), es poderoso y buen combatiente y enseña la astucia y el engaño, así como el modo de volverse invisible. Sus tropas están compuestas por los diablos más perversos y turbulentos de todo el infierno.

Pursan

Es el padre de los espíritus familiares buenos, conoce el pasado, el presente y el futuro y descubre las cosas enterradas; aparece montado en un oso en forma humana con cabeza de león, llevando en sus manos una furiosa serpiente, lo precede el sonido de las trompetas, y si toma la figura humana, es aéreo. Manda 22 legiones.

Byleth

Dios celta del infierno, de aspecto torvo y ceñudo, pero débil ante el halago; fue en el cielo del Coro de las Potestades, al cual aspira a volver algún día. Es un demonio fuerte y terrible, que aparece en un caballo blanco, precedido de música y trompetas; manda 80 legiones. Otros nombres: Bilé, Bileto, Beleth.

Paymón

Poderoso demonio que manda 200 legiones de diablos pertenecientes al Coro de los Ángeles y de las Potestades; aparece como un hombre fuerte con rostro de mujer, con una corona de piedras preciosas ciñéndole la frente, montado en un dromedario. Lo acompañan los príncipes Bebal y Abalam. Maestro de las ceremonias infernales; suele vérsele hacia el noroeste. Otros nombres: Paimón.

Belial

(Su nombre se hace derivar de *beli-yacal*, "sin utilidad", "impío"). Espíritu Elemental de la Tierra. Ídolo de los fenicios; rey del averno que manda 80 legiones de 522 280 demonios que fueron de los coros de los ángeles y de las virtudes. Creado inmediatamente después de Lucifer, fue uno de los principales jefes de la rebelión de los ángeles, junto con Satán, Leviathán y Asmodeo, a muchos de los cuales arrastró personalmente. Fue un demonio muy hermoso y seductor, pero extremadamente vicioso e impúdico, es además sumamente embustero y desobediente; representa la sodomía. Jefe del reino del sur y embajador en Turquía, se presenta como un ángel bellísimo, sentado en un carro de fuego; conoce el futuro, es excelente conversador y fomenta las amistades. Los nigromantes lo hacen dueño del signo cardinal de oriente y jefe de los demonios que operan prodigios. Otros nombres: Chodar.

Asmodeo

(Nombre derivado del persa avéstico *Aschmadaeva*, "El ser del juicio", "El demonio de la ira", cuya forma hebraica es *Aschmadai*, "Rey de los demonios", "Señor de los espíritus"). Se le llama El destructor; los talmudistas desenvolvieron su figura hasta convertirlo en un mago poderoso, lascivo y astuto, jefe de los Shedim. Es, entre muchas cosas, el demonio de la lujuria, de la homosexualidad, la antigua serpiente que sedujo a Eva; es un espíritu poderosísimo y destructor. Siembra la disipación y el error, gusta de comer en público, al contrario de otros diablos; enseña astronomía, artes mecánicas, matemática (geometría y Aritmética), el secreto de la invisibilidad, además, conoce la ubicación de tesoros, y regala a sus súbditos anillos mágicos. Se le representa con tres cabezas: toro, hombre y carnero, tiene cola de serpiente y pies de oca; monta un dragón, el Bar-Yochai, lleva una lanza y un estandarte y vomita llamas. Provoca fantasías eróticas; se dice que nació de la semilla de un mal ángel y una mujer. Es el esposo de Lilith, se desempeña como superintendente de las casas de juegos; manda 72 legiones. Fue de la clase angélica de los Seraphim, hermano de Naamah y Shamdon, y uno de los dos ángeles del trono divino, junto con Adramelek, además de ser uno de los 7 arcángeles de los persas. Está sometido bajo las órdenes del rey Amoymon. Otros apelativos: Arimos, Asmoday, Chammadaï, Osmoday, Sydonaï, Heshm, Aesma-Deva, Asmodee.

Zapán

Gran rey y presidente, tiene la forma de un toro con alas de grifo, o bien, cabeza de toro, cuerpo humano y alas de ave de rapiña; hace monedas con metal, cambia el agua en vino, la sangre en aceite, el plomo en plata, el cobre en oro, el insensato en sabio. Es el demonio de los monederos falsos, además de serlo de las mentiras y el engaño; manda 30 legiones. Otros nombres: Zagan, Zagam.

Duques

Agarés

Gran duque de la comarca oriental del infierno, que manda 31 legiones y aparece como un noble señor con un gavilán en el puño, va vestido con una túnica y montado en un cocodrilo; hace danzar a los espíritus inferiores de la Tierra, enseña todas las lenguas y pone en fuga a los enemigos de sus protegidos. Tiene el poder para ocasionar los terremotos; pertenece a la cofradía infernal de las Virtudes. Otros nombres: Aguares, Agaures.

Busas

Gran princesa y duquesa infernal, originaria de Babilonia, reina en Constantinopla; tiene cabeza de mochuelo. Promueve discordias, guerras, contiendas y reduce a la mendicidad; ordena 26 legiones. Otros nombres: Pruslas, Pruflas, Prusias.

GUSOYM

Gran duque con figura de camello; aumenta las dignidades y afirma los honores. Hay que tener cuidado al evocarle, pues ante el menor descuido, produce la muerte del evocador. Ordena 45 legiones. Otros nombres: Gusoino, Guseyn, Guison.

BATHIYN

Duque infernal. Figura de hombre robusto con cola de serpiente, montado en un caballo blanco; conoce las virtudes de las hierbas y las piedras preciosas, transporta a los hombres de un país a otro con ligereza. Ordena 30 legiones. Otros nombres: Batim, Bathin, Marthym.

ABIGOR

Gran duque y consejero en las artes bélicas, tiene a sus órdenes 60 legiones; tiene el aspecto de un gallardo caballero provisto de lanza, estandarte y cetro, cabalga un monstruo alado o un corcel negro. Conoce el porvenir y todos los secretos de la guerra; ayuda a los jefes a hacerse obedecer y querer por sus soldados. Otros nombres: Abigar, Eligor, Eligos.

BALEFAR

Gran Duque infernal; figura con cabeza y patas de ganso, cuerpo de león y cola de liebre, o bien, cuerpo de león y cabeza humana, o forma de ángel. Cuida del buen entendimiento entre los ladrones, conoce los misterios pasados y futuros, infunde valor, talento y audacia; ordena 36 legiones. Otros nombres: Valafar, Malafar, Balafar, Valefor.

ZEPAR

Gran duque infernal; intenta seducir a los hombres para llevarlos a la pederastia. Tiene figura de imponente guerrero vestido de rojo, y ordena 28 legiones. Otros nombres: Separ.

BITRU

Gran príncipe de los infiernos, al que se representa con la forma de un leopardo con alas de grifo; aparece con forma humana y con rostro de peregrina belleza, siendo su misión inspirar amor a los dos sexos, en todas sus combinaciones, y aconseja a las mujeres el desprecio por el pudor. Tiene a sus órdenes 70 legiones. Otros nombres: Sytry.

BUNE

Se presenta como un monstruoso dragón con tres cabezas; es el demonio de la nigromancia, habita en los cementerios y enseña elocuencia — a pesar de ser mudo y comunicarse por medio de seña —, y sus discípulos, los bunios, eran muy temidos por los tártaros. Ordena 30 legiones. Otros nombres: Buno.

BEHERITH

Demonio venerado en Siria; duque infernal con aspecto de joven soldado vestido de rojo de pies a cabeza, lleva una corona en la frente y va montado sobre un caballo de igual color. Conoce el pasado y el porvenir, cambia cualquier metal en oro, por esto, se le llama el demonio de los alquimistas; es el genio protector de los cantantes. Ordena 26 legiones. Otros nombres: Berito, Beal, Berith, Bolfri, Beherito.

ASTAROTH

Ídolo de los filisteos, sidonios y judíos, se representó sucesivamente en forma de piedra cónica, vaca y mujer con bastón angular. Era el símbolo de la lujuria; los demonólogos lo identificaban como rey y gran duque, además de gran tesorero del averno, que se presenta montado en un dragón horripilante, con figura de ángel con horrible semblante y blandiendo una víbora a modo de cetro; posee un insoportable olor, se le evoca los miércoles, entre las 22:00 y las 23:00 horas, conoce los temas más ocultos y se desempeña en las artes liberales, es además amigo de los más poderosos. Preside el Occidente, y manda 40 legiones; es el príncipe de los tronos. Como mujer, se le consideraba la sacerdotisa de la amistad. Otros nombres: Astarot, Ashtaroth.

Vepar

Gran duque infernal con forma de sirena, conduce a los buques mercantes; es inoculador de gusanos, por lo tanto, aflige a los hombres causándoles heridas que sólo puede curar un exorcismo. Manda 29 legiones. Otros nombres: Separ, Vepor.

Chax

Duque y gran marqués infernal que manda 30 legiones y se aparece en forma de cigüeña; es un insigne ladrón y un gran mentiroso, que roba objetos de valor, dinero y hasta caballos. Otros nombres: Scox.

Pricel

Gran y poderoso duque infernal, se aparece bajo la forma de ángel tenebroso y tiene a su cargo todo lo referente a las ciencias ocultas, la geometría y las artes liberales; produce grandes ruidos y hace escuchar murmullo de aguas en parajes donde no la hay, su presencia es anunciada con truenos horrísonos y sonido de lluvia. Era, antes de su caída, del Orden de las Potestades; ordena 48 legiones. Otros nombres: Pucel, Procel.

Murmur

Gran duque y conde infernal, aparece montado en un buitre como soldado, con una corona sobre su cabeza y acompañado de innumerables trompetas; se le considera el demonio de la música, enseña filosofía, hace aparecer las almas de los muertos y responder a las preguntas. Fue parte de la Orden de los Tronos y los Ángeles. Otros nombres: Murmer.

FOCALOR

Gran general de los infiernos, figura de hombre con alas de grifo; demonio marítimo, generador de naufragios y patrón de los ahogados, manda en el mar y a los vientos; esperaba poder ser redimido y volver al cielo, a los siete tronos en 1050 años. Le obedecen 30 legiones.

GOMORY

Duquesa de apariencia muy bella; aparece como una mujer con un tenue vestido, amazona montada en un pálido camello, y tocada con una diadema ducal. Conoce cosas del pasado, presente y futuro; sabe el modo de apoderarse de las riquezas escondidas y encantadas. Se especializa en volver apasionadas a las mujeres frígidas. Manda sobre 26 legiones de diablesas. Otros nombres: Gremory.

AMDUSCIAS

El destructor; gran duque, se le representa con cuerpo humano y cabeza de unicornio, manda 29 legiones y su poderosa voz resuena durante las tormentas. Maestro en conciertos sin instrumentos, los árboles se inclinan ante su voz. Otros nombres: Ambduscias, Amudscias.

ABORYM

Gran duque infernal; manda sobre 26 legiones de demonios. Se le representa montado en una serpiente y con tres cabezas: una de hombre, otra de gato, y una última de serpiente; empuña una antorcha flameante con la que provoca los incendios y la que hace arder hasta las piedras. Otros nombres: Aym, Haborim, Aini, Haborino, Aim.

OROBAS

Gran duque y príncipe del infierno, que aparece bajo la forma de un caballo o de un hombre; responde respecto del pasado, el presente y el porvenir, concede dignidades y empleos; es, por excepción, un demonio enemigo de la mentira, y manda 20 legiones.

Vapula

Gran duque infernal, con figura de león con alas de grifo; enseña mecánica y filosofía, da inteligencia a los sabios, y ordena 36 legiones.

Hauras

Espíritu Elemental del Fuego. Duque y general de los ejércitos infernales, es el enemigo principal de los exorcistas, a quienes atormenta; su figura es de leopardo con una horrible cabeza humana. Hace caer granizo, subleva a los demonios y espíritus contra sus enemigos, conoce el pasado y el futuro y manda en 20 legiones. Otros nombres: Flaurus, Hauros, Flereous, Flauros.

Alocer

Demonio poderosísimo que manda 36 legiones; se lo representa vestido de caballero con cabeza de león, cuernos y ojos llameantes, su caballo es un alazán enorme que tiene las patas de dragón. Enseña los secretos de la astronomía y las artes liberales, además de las ciencias matemáticas, y da felicidad en la familia a sus protegidos. Otros nombres: Alocerio.

Marqueses

Aamón

(Palabra egipcia, *amen* o *amem*, "oculto", "misterioso"). La demonología identifica a esta divinidad tebana como un príncipe infernal, con aspecto de lobo con cola de serpiente y vomitando llamas, o bien con cuerpo humano y cabeza de búho cuyo pico tiene afiladísimos caninos; conoce el pasado y el futuro, y reconcilia a los amigos en litigio. Es el demonio de la dominación, es también uno de los tres demonios al servicio de Satanachia, comandante de la primera legión del infierno y manda 40 legiones. Otros nombres: Amón, Ammón, Amón-Ra, Ammón-Ra-Harmekhis, Khem, Amen, Amun.

Loray

Gran marqués infernal; figura de arrogante arquero vestido de verde, portando arco y flechas. Anima los combates, empeora las heridas hechas por los arqueros y lanza las flechas más homicidas. Ordena 30 legiones. Otros nombres: Liroy, Oray, Lerajie, Leraie.

Forneus

Gran marqués infernal, parecido a un monstruo marino; instruye al hombre en los asuntos más graves, da buena reputación y vasto conocimiento en idiomas. Fiel cumplidor de lo que promete, jamás engaña a quien le evoca. Ordena 29 legiones. Otros nombres: Forneo.

Naberus

Marqués infernal, mariscal de campo e inspector general de los ejércitos demoniacos; aparece en figura de cuervo o corneja, también se lo representa como un perro con tres cabezas; solía ser el incorruptible portero de los infiernos. Ataca con males incurables, obtiene para sus amigos empleos y dignidades, favorece la elocuencia y todo lo que se refiere a las artes liberales; es el jefe de los necrománticos, enseña las virtudes mágicas de plantas, metales y animales, revela el porvenir y es maestro en bellas artes y retórica. Solía llamársele Centiceps Bellua ("Bestia de cien cabezas"), a causa de la multitud de culebras de que estaba ataviado; ordena 19 legiones. Otros nombres: Cerbero, Nabero, Nebrios, Cerberus, Neburus, Cervero, Nebiros, Naburus, Naberios.

Roneve

Marqués y conde infernal, que aparece bajo monstruosa forma; enseña lenguas y la afección de todo el mundo, algunos lo tienen como un demonio secundario, sin embargo, sería el demonio del conocimiento. Manda 19 legiones. Otros nombres: Ronwe, Ronobe, Rouwe, Romwe.

MARCHOSÍAS

Gran marqués con figura de lobo feroz con alas de grifo o caballo marino, cola de serpiente y que vomita llamas, su aproximación es terrible; es poderoso ante la batalla, da respuestas acertadas a las preguntas, y es extremadamente dócil ante un exorcista. Pertenece a la orden de las dominaciones, y ordena 30 legiones.

SABNAC

Regente del infierno, posee la facultad de convertir a los hombres en piedras; edifica torres altísimas y muros resistentes en un instante. Se lo representaba como un soldado con cabeza de león, montado en un caballo de apariencia espantosa y hediondo, y armado fuertemente. Manda 50 legiones. Otros nombres: Salmac, Sabuac, Sauac, Sap Nac, Sabanack.

GAMIGYN

Gran marqués infernal, tiene forma de caballito y enseña artes liberales, su especialidad es hacer aparecer ante el evocador las almas de los ahogados; posee además libre acceso al purgatorio. Manda 30 legiones. Otros nombres: Gamygin, Gamigin.

ARIAS

Demonio de los astrólogos y adivinos, gran marqués infernal con figura de león montado en un mulo, con cola de serpiente y llevando una víbora en cada mano; conocía la astronomía, todas las mancias y los recursos para lograr la metamorfosis, enseña la astrología, además de hacer adquirir a las personas títulos y dignidades. Ordena 30 legiones. Otros nombres: Orias.

ANDRAS

(Nombre derivado de la raíz eúskera *Andra*, “Fuerza” o “Señora”). Antiguo demonio vasco, que en sus orígenes tal vez fuera femenino; es un marqués y príncipe infernal, su cuerpo es de ángel alado con cabeza de mochuelo, cabalga un lobo negro, sostiene un afilado sable; tiene a su mando 30 legiones. Fomenta las discordias y suscita las disputas, alimenta las peleas entre amos y servidores; sin embargo, su disciplina mayor es enseñar a matar, por lo que se le considera protector y asistente de los asesinos. Otros nombres: Andrá.

Androalphus

Demonio que se esconde en el cuerpo de las aves de corral, su figura es de pavo real (el pavo o guajolote es de América); rara vez toma forma humana por temor a ser reconocido, de lo contrario pierde una buena parte de sus potestades, y se ve obligado a servir a quien lo haya descubierto. Es un marqués y enseña geometría y astronomía, da a los hombres figura de pájaros para poder huir en caso de apuro; es gran maestro en el arte de la discusión. Manda 30 legiones. Otros nombres: Andrialfo.

Cimeries

Marqués infernal; va montado sobre un corcel negro, enseña lógica, retórica y gramática. Revela cosas ocultas, y gobierna en África; torna al hombre ligero a la carrera y al burgués da un fuerte carácter militar, descubre tesoros ocultos y objetos escondidos o perdidos; ordena 20 legiones. Otros nombres: Cimerio.

Phenix

Aparece sólo al ser convocado por la voz de un niño, responde sobre los acontecimientos futuros; poeta y lingüista, contesta siempre en verso y en cualquier idioma en que se le convoque. Es conocedor de las ciencias; tiene la figura de águila o pavo real, y ordena 20 legiones. Tiene fama de ser bienintencionado, y poco amigo de engañar a quienes le invocan, porque espera regresar nuevamente a los cielos, en el séptimo orden de los tronos, después de 1 000 años. Otros nombres: Fénix, Phoenix, Benu.

CONDES:

BARBATOS

Gran conde y duque, comparte con Pruslas y Arimón el arte de seducir a las mujeres, sobre todo en verano, a la hora de la siesta, o en el baño; se aparece cuando el Sol se encuentra en Sagitario, rodeado por cuatro reyes y tres compañías militares; asalta los bosques y caminos, despoja a los poderosos y lo reparte entre los pobres. Físicamente, es uno de los diablos más bellos, con figura de arquero o cazador. Mántico consumado, enseña todas las artes adivinatorias, en especial los oráculos que reconoce en la voz de animales. Fue de la Orden de las Virtudes; ordena 30 legiones.

BOTIS

Gran presidente infernal que se presenta bajo la forma de una terrible víbora; si adopta la figura humana, va provisto de un par de cuernos y un cuchillo espantoso en la mano. Conoce el pasado, el presente y el porvenir y cuenta con muchos amigos y adversarios; manda 60 legiones. Otros nombres: Otis.

MORAX

Conde y gran general de los infiernos, aparece en forma de toro enorme, negro y rojo, aunque también adopta la forma humana; conoce astronomía y artes liberales, sabe además la virtud de todas las hierbas y gemas. Es el príncipe de los espíritus familiares prudentes y suaves. Manda 36 legiones. Otros nombres: Forai, Foran.

ÍPËS, VÉASE BALEFAR

Príncipe y conde infernal, ordena 36 legiones; figura de león con cabeza y patas de ganso y cola de liebre, o bien un águila o buitre con postura rígida. Puede revelar el pasado y el futuro, da talento y audacia a los hombres. Otros nombres: Ypés, Aiperos, Ayperos.

FURFUR

Tiene el aspecto de ángel caído o de ciervo alado con brazos humanos y rabo llameante; provoca tormentas y responde con mentiras a las preguntas que se le formulan, a menos que se le encierre en un triángulo mágico. A partir de ahí se torna dócil y benévolo y da soluciones a los problemas más difíciles de resolver; se especializa en mantener la paz y armonía de los matrimonios. Tiene a sus órdenes 26 legiones.

RAYM

Conde y comandante de 30 legiones, en forma de cuervo; era un destructor consumado de ciudades; también podía determinar, en caso de robo, quién era el culpable; daba además dignidades, y pertenecía al orden de los tronos. Otros nombres: Raum.

HALPHAS

Gran conde infernal, en forma de cigüeña con crotorar estrepitoso; llamado el destructor de ciudades, ordena las guerras y su odio es inextinguible. Manda 26 legiones. Otros nombres: Halfas.

VINE

Gran rey y conde infernal; figura de león montado en un corcel negro, con una víbora en la mano. Construye casas, llena ríos y crea tempestades marítimas; ordena 19 legiones. Otros nombres: Vinio.

DECARABIA

Rey y conde infernal; figura de estrella de cinco puntas, conoce la virtud de las hierbas y las piedras preciosas y da talento para domesticar a las aves y servirse de ellas; enseña ciencias naturales y manda 30 legiones. Otros nombres: Darabia, Caraba, Decarida, Carabia.

Zalcos

Gran conde infernal, figura de hermoso soldado montado en un cocodrilo, sobre su cabeza tiene una corona ducal; su genio es placentero, concede con destreza lo que se le pide. Otros nombres: Zaelcos, Zaebos, Saleos, Sallos.

Presidentes:

Marbas

(Palabra fenicia, *marbaal*, "Don de Baal", "Veloz es Baal", "Señor es Baal", "Regalo de boda"). Presidente del averno; se aparece con figura de león furioso o de un espíritu planetario, descubre todo lo oculto, envía enfermedades, enseña las artes mecánicas y metamorfosea al hombre en variados modos. Manda 36 legiones. Otros nombres: Barbas.

Buer

Gran presidente, con figura de estrella o rueda de cinco rayos que avanza rodando sobre sí, o bien, con cabeza de león y cinco patas de macho cabrío en círculo alrededor de su cuerpo, para avanzar en cualquier dirección; es experto en medicina, enseña filosofía, lógica, matemática, y da buenos criados; aparece cuando el sol se encuentra en Sagitario. Ordena 50 legiones.

Glasialobolas

Presidente del infierno que anda como un perro y tiene alas de grifo, jefe de todos los asesinos; posee el secreto de lo futuro y la invisibilidad, y enseña artes liberales. Ordena 36 legiones. Otros nombres: Glacialabolas, Glasyabolas, Caacrinolaas, Bassimolar Glasya.

FORCAS

Gran presidente y caballero infernal; figura de hombre vigoroso con una larga barba y cabello blanco, monta un caballo y tiene una aguda lanza. Enseña las virtudes del escepticismo, filosofía y lógica, astronomía, ética, quiromancia, piromancia y retórica; vuelve al hombre invisible, ingenioso y buen conversador. Ordena 20 legiones. Otros nombres: Forras, Foreas, Foras, Furcas.

MALPHAS

Presidente y príncipe del infierno; manda sobre 40 legiones. Se le representa como cierta especie de corneja o cuervo; engaña a los que le ofrecen sacrificios, uno de sus cometidos es el de derribar los muros del enemigo y construir fortalezas inexpugnables, además otorga espíritus familiares, y prepara a los mejores trabajadores. Otros nombres: Malfas, Malfaga.

GAAP

Gran presidente y príncipe infernal, que aparece cuando el sol está en los signos meridionales, precedido por cuatro poderosos reyes; de figura humana, es el patrón de los amores y de los odios absolutos, pero nunca de la tibieza o la conciliación, que considera afrentosas; enseña filosofía y artes liberales, hace insensibles a los hombres, goza de gran prestigio entre los necrománticos y protege las obras más tenebrosas de la magia. Es uno de los demonios que menos teme a Dios; ordena 70 (60, según otros) legiones. Tiene su imperio sobre los demonios sometidos al rey Amoymon. Otros nombres: Gaab, Tap.

CAYM

Demonio alemán, gran príncipe de los infiernos que manda 30 legiones. Cuando toma forma humana, responde a las preguntas dentro de un brasero encendido y empuñando un sable; se presenta en figura de un mirlo cuando se le invoca, o bien como un hombre elegantemente ataviado, con cabeza y alas de mirlo; posee la particularidad de imitar el canto de los pájaros, el mugido del buey, el aullido del perro, el bramido de las olas, etcétera, estando todavía estudiando el lenguaje de los animales. Practica la dialéctica para confundir a los lógicos, conoce el futuro, y alguna vez perteneció a la Orden de los Ángeles. Otros nombres: Caím.

Volac

Presidente superior de los infiernos; figura de niño con alas de ángel, montado en un dragón con dos cabezas. Conoce la morada de los planetas y el lugar donde se retiran las serpientes; ordena 30 legiones.

Oze

Presidente infernal, con aspecto de hombre o de leopardo; a sus adeptos les inspira en las artes liberales. Responde a todas las preguntas y cuestiones de carácter divino y abstracto, metamorfosea al ser humano y le hace delirar soñando grandezas; la dominación mágica suya dura sólo una hora cada día. Otros nombres: Ose.

Amy

Uno de los más poderosos príncipes infernales; aparece en el averno rodeado de llamas, no obstante, para hacerlo en la Tierra, se presenta con forma humana, y enseña los secretos de la astrología y las artes liberales. Proporciona buenos criados y ayuda a encontrar tesoros ocultos, es amigo de artistas, otorga a sus favoritos la habilidad para congraciarse con sus subalternos. Manda 36 legiones, a cuyas órdenes hay ángeles caídos y potencias. Es uno de los pocos jerarcas que aún conserva nostalgias del cielo y aspira a volver allí, dentro de 200 000 años, para ocupar el séptimo trono.

Haagenti

Se aparece bajo la forma de un terrible dragón o como un espantoso toro con alas de grifo, enseña a los magos los secretos del hermetismo y la goecia, puede transformar el metal común en finísimo oro, así como también el agua en un vino exquisito: es el patrono de los bodegueros; el pacto con él es casi irremediable, pues los exorcismos no tienen fuerza alguna sobre su poder. Manda 36 legiones (33, según otras fuentes). Otros nombres: Hagenti.

CABALLEROS DE LA ORDEN DE LA MOSCA

LUCIFER

(Del latín *lux* o *lucis*, "luz", y *ferre*, "Llevar"; del griego *phosphoros*, "Portador de luz"). Espíritu Elemental del Aire. Diablo romano, portador del conocimiento, del aire, de la estrella matutina, del este; gran ministro de (in)justicia y juez supremo. Ejerce su señorío en Asia y Europa; tiene el aspecto de un bellísimo muchacho con rostro triste, pero a veces, cuando se encoleriza, su cara dispersa llamaradas. Aunque es identificado con Satanás, los demonólogos lo consideran como uno más entre los príncipes del averno, y sostienen que trata de tentar mediante la soberbia y la altivez, en tanto que Satanás pone en juego la lujuria; según otras opiniones, Lucifer es el emperador del infierno. Se le evoca los lunes y en el centro del círculo de la invocación se escribe su nombre; preside muchas veces los aquelarres, evocándolo el primero del mes; alguna vez fue del Orden de los Serafines. Otros nombres: Fósforos, Lucibel, Luzbel.

BIFRONS

(Nombre que significa "Dos caras"). Demonio que toma la forma de monstruo, conoce la influencia de los planetas, las virtudes de las hierbas y las plantas, más las piedras preciosas; tiene el capricho de trasladar los muertos de un lado a otro, por lo que suele vérsele en los cementerios portando una antorcha. Ordena 26 legiones. Otros nombres: Bifrus, Bifrous, Bifronte, Bifrorus, Bifrost, Asbru.

CAMOS

(Vocablo moabita *kamosh*, "El que subyuga"). Ídolo de los cananeos, deidad del sol y del fuego. Miembro del Consejo de Príncipes del Infierno, demonio de la lisonja, es patrono de todo tipo de arribistas; se cree que es igual a Camo, dios de los griegos y romanos, señor de los juegos y los bailes. Otros nombres: Chamos, Kemoch, Camio, Chemosh, Kamosch.

LEVIATHÁN

(Nombre cuyo significado es "El gran pez" o "Serpiente retorcida"). Espíritu Elemental del Agua, monstruo femenino bíblico. Príncipe del oeste, gran almirante y caballero de la Orden de la Mosca, habita en el agua; gran embustero, tienta a los hombres por la herejía y demás pecados contra la fe. Es un poderoso íncubo, se especializa en poseer a famosas mujeres y es muy difícil de expulsar; tiene el aspecto de una serpiente o un cocodrilo monstruoso, o a veces se asemejaba a una ballena; poseía siete cabezas. Es el secretario de la armada infernal. Cuando se lo identifica como mujer, representa al dragón del Caos.

LEONARDO

Gran maestre del aquelarre, caballero de la Orden de la Mosca, y jefe de los demonios subalternos; preside bajo la forma de un macho cabrío con tres cuernos, orejas de zorro, cabellos tiesos, ojos redondos y llameantes y un rostro negro bajo el rabo. Inspector de la magia negra, es adorado por brujos y hechiceras; a veces adopta la apariencia de un galgo o un gran pájaro negro. De carácter taciturno y melancólico, se exhibe en las asambleas con altiva gravedad; se lo identifica desde siempre con Baphomet.

ALTOS CARGOS DEL MINISTERIO Y DE LA CORTE

PRÍNCIPES:

EURÍNOMO

Dios griego adorado en Delfos, identificado con los gouls orientales, es el prototipo de los vampiros; es el príncipe de la muerte, gran Cruz de la Orden de la Mosca. Tiene grandes y largos dientes, un cuerpo espantoso de color azul negruzco y todo lleno de llagas y heridas, y recubierto por una piel de zorra; se alimenta de carroñas de animales o de cuerpos muertos. Los brujos le evocaban para sus obras de muerte y destrucción. Otros nombres: Eurinomio, Eurónimo, Euronimus, Eurynomos, Eurinome.

Moloch

(Nombre derivado del vocablo *Malek*, "El rey"). Dios de Cartago (Fenicia). Príncipe del país de las lágrimas; gran Cruz de la Orden de la Mosca, tenía cabeza de becerro con una corona real, cuerpo humano de bronce y los brazos extendidos para recibir las víctimas humanas, en especial niños pequeños. Es un demonio muy cruel y monstruoso, bañado en los llantos de las madres y en la sangre de los niños; a menudo se lo identificaba con Milcom. Otros nombres: Baal-Hamón, Molech.

Plutón

Dios griego del infierno, hijo de Saturno y Rea, esposo de Proserpina; en demonología, príncipe del fuego y rey infernal, gobernador general de los países inflamados y superintendente de los trabajos forzados a que estaban sometidos los condenados. Otros nombres: Hades, Adés, Sorano.

Stolas

Gran príncipe, que aparece bajo la forma de un búho coronado, con largas patas; a veces asume el aspecto humano y enseña los secretos de la astronomía, las propiedades de las plantas venenosas y el valor de las piedras preciosas. Manda 26 legiones.

Mefistófeles

(Su nombre significa, en griego, "El que no ama la luz"; y en hebreo, *mephir*, "destructor", y *tophel*, "embustero"). Es uno de los siete grandes príncipes del infierno, bajo el planeta Júpiter, cuyo regente es Zadkiel; uno de los siete demonios de los planetas que se oponía al dios Marduk, señor de la luz, que regía el planeta Júpiter. Es el guardián del *Libro de los muertos*. Otros nombres: Mephistophiel, Mephostophiles, Mophostophilus, Miphostóphiles.

MARBUEL

(Nombre hebreo que se interpreta como "El que domina"). Uno de los siete grandes príncipes, que interviene en los tesoros y en las ciencias ocultas, y que dice de sí mismo: "Yo soy aquel espíritu que es servicial, aparece en figura de niño de diez años, en todo tiempo es provechoso invocarme y desaparezco como una flecha". Otros nombres: Marbael

ANABRIO

Uno de los siete príncipes infernales, que, transformado en perro negro o blanco con orejas largas de cuatro razas, se presenta ante sus invocadores.

MAESTRES:

BAALBERITH (GRAN PONTÍFICE)

(Del hebreo *Ba'al*, "Señor", y *Beritos*, ciudad de Líbano —Beirut—; su nombre significó "Señor del pacto"). Dios adorado mayormente en la región de Siquem, se le invocaba en los juramentos y al efectuar tratados y alianzas; es el secretario general y conservador de archivos del infierno, además, dueño y señor de la alianza. Durante los siglos XV al XVII, fue el demonio favorito por los brujos, a juzgar por la cantidad de conjuros y fórmulas imprecatorias en/con su nombre; se lo describe como un pontífice sentado entre príncipes en el averno. Infunde al hombre pasiones violentas y asesinas; es, en efecto, el demonio de la muerte; además es consultado para el hallazgo de cosas perdidas u ocultas. Es uno de los príncipes del Averno y lo es también de los querubines. Baalberit, Berith, Baalxerith, Balberito, El Berit.

OTROS CARGOS

NERGAL (JEFE DE LA POLICÍA SECRETA)

(Nombre sumerio *Ne. Unu. Gal*, "Dominación de la gran ciudad"; significativo de "Señor de la gran morada"). Presidía el reino de los muertos, lugar lleno de polvo y cubierto de tinieblas; su esposa es Ereskigal, y su ministro Namtaru. Los babilonios consideraban a este dios como prototipo de la destrucción, especialmente por el hierro; en ciertas ocasiones se presentaba como un león. Nergal encarnaba a la divinidad de la peste; en demonología es un diablo de segunda categoría, jefe de la policía infernal y gran espía de Belcebú.

BAAL (GENERAL EN JEFE DE LOS EJÉRCITOS INFERNALES)

(Deriva del vocablo *Ba'al*, "Señor", "Amo", procedente a su vez del nombre Balim, apelativo genérico de seres sobrenaturales que habitaban cada uno en una parcela de tierra y eran responsables de la fertilidad de la misma; luego se reunieron en un solo dios). Divinidad semita. Poseía cuatro ojos, dos en la frente abiertos, y dos en la nuca cerrados, y cuatro alas, dos de ellas desplegadas; recibía sacrificios de niños, que eran abrasados en el horno que formaba el pecho hueco de la estatua del dios. Su consorte era Astarté, y su hijo Jeud, a quien sacrificó. Entre los demonólogos, Baal era duque del infierno, mandaba 66 legiones; se le representaba con tres cabezas: una humana coronada, otra de gato y una tercera de sapo. Su cuerpo es robusto y tiene patas de araña; es el general en jefe de los ejércitos infernales, príncipe de los serafines y el dios de las tempestades. Hace invisibles a los que lo invocan. Bel, Belus, Bal, Belos, Bol.

PROSERPINA (PRINCESA SOBERANA)

Archidiablesa, soberana princesa de los espíritus malignos, esposa de Plutón, es la reina del Imperio Infernal, y también una archiduquesa; se le identifica como la diosa griega Core, divinidad de la vegetación e hija de Deméter. Es llamada la Destructora, Libitina.

Pan (jefe de los íncubos)

(Vocablo griego, *pav*, "todo"). Dios griego de los pastores y de los rebaños, así como también de los bosques y prados y la naturaleza; se le atribuye la mala costumbre de aterrorizar, de noche, a quienes se perdían en las selvas, de donde deriva la palabra pánico. Tenía cuernos y patas de cabra, y su cuerpo aparecía cubierto de un denso vello; los demonólogos lo consideraban como el príncipe o jefe de todos los íncubos, lo representaban como un horrible, maloliente y cornudo cabrío negro que, ante la presencia de una doncella, lanzaba una repugnante espuma; con su flautín hipnotizaba el ganado para poder hurtarlo. Fue el creador del caramillo, que aún es empleado por algunos pastores.

Lilith (reina de los súcubos)

(Vocablo derivado de *lamia*, y significa "Lechuza estridente" o "Espectro de la noche"; del babilonio *lilitu*, a su vez de *lulu* o *lulti*, "lascivia"). Reina de los súcubos, esposa de Asmodeo y madre de demonios y, con humanos, monstruos sin cara (Alu y Galu); también se la ha vinculado con Enlil y Sammael, no obstante, también fue amante o esposa de Adán; de esta unión nacieron los semidemonios Shedim, los Linim y los Ruchin. Es uno de los siete demonios de la Cábala diabólica, diablesa del viernes, opuesta al genio de Venus, se la representa en figura de una mujer desnuda cuyo cuerpo termina en cola de serpiente, y tiene además alas y un cabello largo y ondulante. Representa la impureza, y es la protectora de la magia negra. Se dice que también es la esposa favorita de Satán. Lilu, Lilito, Kobold, Ardat Lili, Astaribo.

Succor-Benoth (jefe de los eunucos)

Dios babilónico, adorado en Samaria; jefe de los eunucos en la corte de Belcebú, favorito de Proserpina. Demonio de los celos, las rejas y la envidia. Succot-Benot, Sucor Benoth.

Milcom (tesorero/pagador)

Divinidad de los amonitas, identificado con Moloch. Es el demonio que cuida los tesoros y paga a todos los empleados y funcionarios públicos del infierno. Otros nombres: Melchom, Melcom.

Mullin (primer ayuda de cámara)

Demonio de orden inferior, camarero mayor de Belcebú y mano derecha de Leonardo.

Nisroc (jefe de la cocina)

(Nombre cuyo significado es "Águila grande"). Divinidad de los asirios, adorada también por los habitantes de Nínive, donde se lo identificaba con Nusku; se lo representaba con cabeza de águila, sus hijos son Adramelek y Sareser. En demonología es un demonio de segundo orden, cocinero jefe de los príncipes infernales; señor de la delicada tentación y los placeres de la mesa, su misión es inducir a las personas a la glotonería. Nisrog, Nisrock, Nesrock, Nisrogh, Nysrock, Nisroch.

Behémoth (senescal y copero)

(Forma plural del vocablo hebreo *behemah*, "bestia"). Demonio pesado y estúpido, maestro de diablos, copero mayor del infierno y símbolo de la fuerza animal, la glotonería y los placeres del vientre; toma a menudo la forma de animales muy corpulentos, como elefantes, ballenas, hipopótamos o bueyes, no obstante, también lo hace con forma de perro, zorro o lobo. Es el bodeguero y escanciador del averno, y el protector de los que viven entre orgías y comilonas. Otros nombres: Behemot, Biemot, Behemoto, Schor-Habbar.

Dagón (panadero)

(Nombre derivado de *dagon*, "trigo"; del hebreo *dag*, "pez"; de un radical acadio d.g, "nublado", "lluvioso"). Divinidad asiria, cuyo culto pasó luego a los pueblos de Canaan, siendo el dios principal de los filisteos. Su figura es la de un monstruo mitad hombre, mitad pez; tenía por compañera a Atergatis, se supone también que es el padre de Baal. En el infierno es el panadero y pastelero, y antiguamente enseñó las técnicas agrícolas. Otros nombres: Adad (Asiria), Dagán, Siton.

Kobal (director de los espectáculos)

Director general de los teatros del infierno y patrón de los comediantes, es un demonio pérfido, que muerde y daña mientras ríe. Kabal, Robals.

Nybbas (paradista)

Carece casi de poder, por lo que se lo tiene por ineficaz, charlatán y chapucero; su misión es la de divertir a otros demonios, y por esta razón es el maestro de los sueños, las visiones y el éxtasis. Otros nombres: Nibbas, Nibras.

Verdelet (maestro de ceremonias)

Demonio de segunda categoría, es el maestro de ceremonias de los diablos gobernantes del averno; preside las asambleas de los brujos franceses y facilita el desplazamiento de los mismos hasta el lugar del aquelarre (palabra de origen vasco). Es un gran seductor de mujeres. Vert-Soli, Maitre-Persil, Sante-Buisson, Amante de Verde.

Azazel (primer alférez de las armadas infernales)

(Del hebreo *azaz*, y *el*; "El poderoso de Dios"). Demonio de segundo orden, portaestandarte de las armadas infernales y custodio del macho cabrío; es uno de los demonios que estuvo a la cabeza de los ángeles (los veladores) que se unieron en la Tierra a las mujeres, representando así al rey de los ángeles caídos, siendo también el príncipe de los sátiros o seirim. Enseñó a los humanos el uso de las armas de guerra. Otros nombres: Azarel, Azael, Asael, Semiasas.

Antechrist (escamoteador y nigromante)

Es el escamoteador y gran nigromante infernal; su misión es la de divertir a los demás demonios. Es, además, un gran charlatán, anticristo.

Mammón (embajador en Gran Bretaña)

(Su nombre se hace derivar del arameo *mamonas*, "dinero", "caudal"). Es el demonio de la avaricia, la riqueza y de la injusticia, protector de los mineros, enseña a abrir subterráneos para sacar los tesoros ocultos, es el embajador del diablo en Inglaterra. Se lo identifica con Pluto. *Deus Divitiarum, Mammona.*

Rimmón (embajador en Rusia)

Demonio de Siria, de segunda categoría; era adorado en Damasco, se le atribuye el poder de curar la lepra, se desempeña como médico del imperio y primer guardián del infierno. Es el embajador de Rusia; es además el príncipe de las tormentas y los rayos. Rimón, Remmon, Remnon.

Belfegor (embajador en Francia)

(Nombre moabita; *Baal*, "Señor"; y *fhegor,* monte de Moab; "grieta", "hendidura"). Ángel caído del orden de los principados. Maestro del armamento y la artillería, es el demonio de los descubrimientos y las invenciones, su culto había adquirido carácter tan obsceno, que el diablo tenía la lengua en forma de pene. Se le representaba siempre con la boca abierta, a menudo toma el aspecto de una joven bella que distribuye riquezas entre sus protegidos. Es, además, el demonio particular de Francia. Otros nombres: Baalphegor, Baalfegor, Belphegor, Baal-Fegor, Baal-Peor.

Thamuz (embajador en España)

(Palabra sumeria *dumu-zi-abzu*, "el hijo auténtico del Apsu"). Demonio de segundo orden, embajador en España e inventor de la artillería y de la Inquisición, que incita al hombre a la tortura; los brujos lo invocan para las obras de odio, destrucción y muerte; además, para la obtención de talismanes para conseguir y retener el amor de alguien; algunos demonólogos le atribuyen la invención de los brazaletes que llevan las mujeres. Sus dominios son las llamas, las rejas y las hogueras; es identificado como el Adonis sirio; era también el dios de la vegetación en Babilonia, de origen sumerio. Tammuz, Tamuz, Thamur, Zamuz, Dumuzi, Adonis.

MARTINET (EMBAJADOR EN SUIZA)

Demonio familiar que acompañaba a los magos y les prohibía emprender nada sin su permiso; era el embajador infernal en Suiza. Martinito.

ADRAMELEK (CANCILLER)

Gran canciller, intendente del guardarropa del soberano de los demonios y presidente del Alto Consejo de los Diablos, además de gran Cruz de la Orden de la Mosca. Es representado bajo los restos de un mulo con busto humano y cola de pavo real. Formaba parte de la custodia del trono divino, junto a Asmodeo. Otros nombres: Adrameleck, Adramelech, Adramelec.

HUTGIN (EMBAJADOR EN TURQUÍA)

Demonio que gustaba visitar a la gente, respondiendo sus preguntas, y hasta haciéndoles algún favor; es el embajador del diablo en Italia. Hutjin.

ALASTOR (EJECUTOR DE LAS ALTAS OBRAS)

Demonio severo y ejecutor supremo de las sentencias del Consejo Infernal, que desempeña las funciones de Némesis; de antiguo se le reconocía como el Verdugo, y se lo asociaba a los remordimientos. Se lo identificaba con Azael o Azrael, y hasta lo han confundido con el ángel exterminador.

ABRAXAS

(Palabra derivada de *abir*, "toro", y *axis*, "eje polar", en referencia a la rotación de la Tierra y al equinoccio de primavera; del egipcio *abrak sax*, "palabra sagrada"). Dios asirio; tiene la figura de hombre con cabeza de gallo, enorme vientre, pies de dragón y un látigo en la mano, o bien, aparece como un rey coronado y con serpientes en lugar de pies. De su nombre deriva la palabra abracadabra; mandaba a todos los genios que presidían los 365 días del año. Otros nombres: Abrasax, Abracax, Abracace.

Balam

Rey y duque del infierno con tres cabezas: una de hombre con ojos ardientes, otra de toro, y una tercera de carnero, y cola de serpiente; a veces aparece en forma de hombre desnudomontado en un gran oso, con un milano en el puño. Enseña el modo de ver sin ser percibido; en la tradición hebrea es el diablo de la avaricia y la ambición, perteneciente al orden de las dominaciones. Ordena 40 legiones. Otros nombres: Balaam, Balan, Balemm.

Chafán

Demonio de segunda categoría, encargado de mantener encendido el fuego del Infierno; fue quien, durante la rebelión de los ángeles, sugirió incendiar el Cielo. Es convocado frecuentemente por los brujos sabbáticos. Otros nombres: Xafan, Xaphan.

Hécate

(Del griego *ékaton*, "cien"; *hecatombes* = cien víctimas). Divinidad grecolatina del mundo inferior; en este sentido, diosa poderosa y temible provista de tres cabezas: perro, caballo y león, y con cuerpo de serpiente, o bien con tres cuerpos, y llevando una lanza, una copa de sacrificios y una antorcha. Enviaba del mundo subterráneo, durante la noche, toda suerte de demonios y fantasmas terribles; enseñaba la hechicería y la adivinación, y se colocaba en las encrucijadas de los caminos, sobre las tumbas y cerca de la sangre de las víctimas asesinadas. Terrible diablesa que debe ser convocada al aire libre (pasajes, calles, callejones), en donde tiene dominio, y a la cual se la imaginan errante durante la noche, rodeada de una jauría, armada de puñal, antorcha y cuerdas, y haciendo ondear su cabellera de serpientes; en los infiernos es la guardiana de los caminos y jefa de la policía de tránsito, por lo que entre los mortales es patrona y protectora de los guardias de tráfico. Posee tres caras: una de caballo, otra de mujer, y la última de perro; se asevera su eficacia para la consecución de una venganza. Otros nombres: Diana, Lucina, Agriope, Sheol, Neftis, Hécuba.

WALL

Gran duque infernal que se presenta como un dromedario enorme y espantoso, o en forma de hombre repugnante, con violentos ademanes y que sólo habla egipcio; inspira amor a las mujeres, conoce los secretos del pasado, del presente y del porvenir. Es del orden de las potencias y le obedecen 36 legiones. Otros nombres: Walt.

DEUMUS

Demonio adorado por los habitantes de Calicut, en Malabar. Posee corona, cuatro cuernos y cuatro colmillos afiladísimos, nariz corva y puntiaguda, patas de gallo, y tiene entre sus garras un alma lista para torturar. Otros nombres: Deumo.

KALI

Terrible diosa india de la destrucción, el tiempo y la muerte, de piel negra y tres ojos relampagueantes inyectados en sangre, que se representaba con cuatro brazos (uno con una espada, otro sosteniendo una cabeza cortada, y los demás incitando a los adoradores) y ornada con collares hechos con cabezas humanas. Es la esposa del dios Shiva y la madre de Ganeza e Indra; su culto sangriento dio origen a la secta de los thougs o thugs, los estranguladores de Calcuta; se le ofrendaban víctimas humanas, su culto originó la práctica de la magia negra y diversas ceremonias sanguinarias. Otros nombres: Cali, Durga, Kali Ma, Bhavani, Satki, Diti La negra.

Lamia

(Nombre derivado de *lamos*, "garganta", "fauces"). Demonio femenino de gran hermosura y carácter sanguinario, que seduce a los hombres para beber su sangre; se la ubicaba en Asia Menor, es muda, pero emite una especie de silbido. Según otras fuentes, se la representa en forma de anciana, que robaba niños para asarlos y comerlos, o con aspecto de mujer con cabeza de dragón en el extremo de los pies, o bien, pies de caballo. Se la asocia con otro demonio llamado Empusa.

Lucífugo Rofocal

Primer ministro del infierno; sólo se aparece de noche, ya que odia la luz. Inflige enfermedades y deformidades, y causa terremotos; su poder se extiende a todos los tesoros de la Tierra. Otros nombres: Lucifuge Rofocale.

Maimón

Jefe de la novena jerarquía de diablos y capitán de los tentadores, insidiosos y tramposos; es el enemigo natural del ángel de la guarda y se lo identifica con la urraca. Otros nombres: Maimó.

Nicksa

Demonio que domina el elemento líquido y promueve los desbordamientos, inundaciones, catástrofes marítimas y cuantos siniestros ocurran, siendo el agua el factor desencadenante; su hábitat son las playas solitarias y las zonas costeras, y su pasión es la envidia. Parece provenir del dios marino danés Nicken, monstruoso ser con cabeza humana que se hacía visible a los que estaban por ahogarse; de éste, también llamado Nickar o Hnickar, surge la vinculación con el dios Odín, quien toma aquel nombre para asustar a los navegantes.

Yan-Gant-y-Tan

Demonio nocturno, que lleva una candela en cada dedo de la mano, y las vuelve con la rapidez de un rayo.

BEYREVRA

Demonio indio, jefe de las almas que flotan por el espacio, convertidas en demonios aéreos. Posee garras poderosas, curvadas y afiladas, con las que alguna vez decapitó a Brahma. Otros nombres: Beirebra.

GANGA-GRAMMA

Demonio hembra temido por los indios, que le ofrendaban machos cabríos; posee cuatro brazos, en una mano sostiene una hortera y en la otra una horquilla de tres puntas. Es una diosa terrible, bajo las ruedas de su carro se arrojaban sus fanáticos. Otros nombres: Ganga-Gamm, Ganga, Kesora.

UKOBACH

Demonio de orden inferior que se muestra siempre con un cuerpo inflamado, su poder es escaso, no obstante, es el encargado de mantener encendido el fuego del infierno, custodiando el aceite de las calderas. Se cree que es el inventor de los fuegos artificiales y las frituras. Otros nombres: Ucobac.

PICOLLO

(Del antiguo prusiano *pickuls*, "diablo"). Demonio reverenciado por los antiguos prusianos que le consagraban la cabeza de un difunto; es el príncipe de los infiernos. Otros nombres: Picollus, Piculus.

RÜBEZHAL

(De *rübe*, "*nabos*", y *zahl*, "que cuenta"). Espíritu de la montaña entre los silesianos, soberano de los montes de los gigantes y príncipe de los gnomos; se presenta con figura de enano, monje, animal o gigante, custodia celosamente los tesoros de la montaña, no obstante es generoso con los pobres. Es un demonio de la fecundidad, con características de sátiro. Otros nombres: Ribenzal, Rubezal.

PAZUZU

Demonio babilonio que se asociaba con la malaria y era la encarnación del viento del sudeste, procedente del desierto; era muy peligroso y vengativo, su dominio sobre las tormentas y el fuego lo hacían sumamente dañino. Provocaba las tempestades, las sequías y, empero, podía actuar sobre los seres humanos; se lo representaba en forma de hombre sonriente, con cara deforme, provisto de alas de águila, afiladas garras en manos y pies y cola de escorpión. Es el hijo de Hanbi y el rey de los espíritus malignos de la atmósfera; su cabeza era utilizada para capturar otros demonios. Otros nombres: Pazuzzi, Zurdo.

HUITZILOPOCHTLI

Nombre mexicano que significa "El colibrí terrible". Dios azteca de los sacrificios humanos y señor de la guerra, del aire y de los oráculos, en cuyos altares se practicaba la antropofagia. Se presenta como un hombre cuya frente y nariz aparecen cruzadas por dobles rayas azules, con un casco de plumas de varios colores, y sentado sobre un trono que tiene como base una esfera azul; en la mano derecha, el dios sostiene una serpiente, mientras que en la otra, cuatro flechas y un escudo con cinco plumas blancas cruzadas.

BAPHOMET

(Nombre derivado de Baphé Métidos, "Bautismo de la sabiduría"). Dios y símbolo gnóstico y templario; era una cabeza de hierro u oro con grandes barbas, o un gran macho cabrío, o bien una figura monstruosa, sentada a la oriental, con atributos mágicos en sus manos, una especie de Buda infernal. Algunos lo identifican con la sexualidad grosera y repugnante, con el dios sin nombre del sabbat. Otros nombres: Andrógino, Bafomet, Hircus Nocturnus, Baphomet de Mendes, Bafometo, el de Mendes.

HELA

(Del antiguo alto alemán *hella*, "mundo inferior, infierno"). Diosa nórdica de la muerte, hija de Loki y Augurboda, hermana de Midgard y Fenris; residía en el país de las tinieblas, en las que poseía numerosas mansiones. Es descrita como una mujer de horrible faz, una de cuyas mitades era blanca y la otra negra, su trono estaba construido con huesos, su cetro era una tibia, y sus compañeros, serpientes. Pretende dominar sobre todos los que han muerto en tierra fuera de situaciones de guerra. Otros nombres: Hel.

RAHU

Demonio hindú de los eclipses, viaja en un carro tirado por ocho caballos negros y persigue con la boca abierta al Sol y a la Luna; se lo representa con los cabellos formando llamas y un taparrabo de tigre, nueve cabezas simbolizan los nueve planetas de los que es señor. Su nombre significa "El aferrador".

SELKET

Su nombre significa "la que hace respirar las gargantas", era la diosa egipcia protectora de los muertos; tiene como animal simbólico al escorpión. Era, también, la patrona de una hermandad de magos curanderos; además de ser una divinidad funeraria, tenía funciones guerreras. Otros nombres: Selkis, Selket-hetu.

AHRIMÁN

Nombre derivado del Zend *avesta*, "malo", y *maynius*, "espíritu". Demonio persa, apareció en las primeras tinieblas cuando surgió la luz, es la personificación del mal, y líder de los daevas (devs o demonios), estos entes tenían sexo y se mezclaron con los hombres, pero sus cuerpos fueron destruidos y desde entonces toman formas animales. De Ahrimán provienen toda clase de animales dañinos; hijo de la vacilación y la duda, señor de la mentira, las tinieblas, la muerte y el engaño. Otros nombres: Afrasiab, Arimanius, Angra Mainya, Ahrimano, Angra-Manyu,

Angromanyus, Arimán, Aghro-Maynins, Angra-Mainyu, Arimano, Arimón.

BES

Dios fálico egipcio, simboliza la lujuria y la concupiscencia; se le identificaba frecuentemente con Seth. Se representaba con figura humana, de enano horrible y ventrudo, cubierto con una piel de leopardo, incluyendo su cola, dos cuernos de chivo, pómulos angulosos, barba rala y una lengua saliente. A pesar de su aspecto espantoso aunque jovial, se decía que era buen amigo de los hombres. Otros nombres: Best, Bisú.

TEZCATLIPOCA

Dios azteca del infierno, conocido como "El alma del mundo"; hermano de Quetzalcóatl, se le ofrecía un sacrificio anual. Es el señor del espejo humeante.

EL INFIERNO

Desde época muy antigua se concibió al Universo como una esfera dividida en tres planos físicos, cada uno representaba la morada de los dioses, los hombres y los demonios: cielo, tierra y averno respectivamente. El averno o infierno era el lugar donde habitaban Satán, los diablos y los demonios, y era, por descripción mayoritaria, una región inhóspita y de oscuridad eterna, geológicamente caracterizada por desiertos inmensurables y profundísimas cuevas.

El infierno (del latín *infernum*, "inferior") o averno (del latín *avernus*, "infierno") fue creado por Dios desde antes que el mundo físico existiera... "Antes no hubo cosas temporales, sino cosas eternas"(*Inanzi a me non furon'cose create, se non eterne... Dante*); no obstante, algunos dicen que surgió como consecuencia natural e inmediata del pecado. Está situado en el centro de la tierra, según la creencia general, su fuego es cien veces más caliente y sus llamas más abrasadoras, y por lo habitual se dice que no es uno, sino cuatro en total: infierno, purgatorio y limbos (dos: limbo de los justos o seno de Abraham y limbo de los niños).

Una descripción de sir Owein acerca del lugar, detalla que "es una extensa llanura, lugar lleno de dolores y miserias. Estaba cubierto de desdichados de ambos sexos y de toda edad, desnudos y tendidos boca abajo, sujetos al suelo con clavos de hierro candente, horriblemente torturados; los demonios corrían por sus espaldas y los martirizaban a latigazos. En otra llanura en que los condenados yacían de espaldas, dragones de fuego estaban sentados en sus pechos, en los que hundían sus dientes ígneos; otros tenían alrededor del cuello, brazos y piernas, víboras ardientes que metían los dardos de sus horribles bocas en sus corazones. Algunos tenían en el pecho sapos enormes y hediondos que con sus gargantas disformes hozaban en sus carnes, buscando el corazón. En otro lugar, los condenados estaban colgados en ganchos de hierro enrojecido, en medio de humaredas de azufre o atados a ruedas de fuego, o eran rociados sin cesar con metales derretidos".

A través de tratados demonológicos antiguos, se arguye que el infierno está dividido en siete círculos:

Gehenna, para los musulmanes;

Ladha, para los judíos;

Holama, para los cristianos;

Suir, para los sabios;

Sakar, para los magos;

Djahem, para los idólatras;

Harvigar, para los ateos.

Dentro de estos siete círculos hay otros siete círculos concéntricos, destinados a los pecados de los sentidos y de las partes corporales:

Sichin, el de la vista;

Alhathma, el del oído;

Ladhi, el de la lengua;

Sacar, el de las manos;

Asair, el del vientre;

Alchahim, el del sexo;

Chahanam, el de los pies.

Además, tiene siete puertas de acceso, guardadas cada una por diecinueve ángeles; los condenados están entre las llamas y el azufre, sujetos a grillos y cadenas, rodeados de serpientes, ranas y cornejas.

El lugar se halla distribuido en dos partes: Una está destinada a castigar los pecados externos o de acción; la otra, los internos o de pensamiento. En una parte se encuentran los ateos y los incrédulos, en la otra los politeístas y los hipócritas.

Las penas del infierno se designan con palabras latinas, y son:

Pix, pez hirviendo;

Nix, nieve helada;

Nox, noche oscura;

Vermis, repugnantes gusanos;

Flagra, fuego ardiente;

Vincula, pesadas cadenas;

Pus, supuración asquerosa;

Pudor, innoble vergüenza;

Horror, horror sin fin.

La mitología clásica muestra al averno como un inmenso globo distante del cielo tres veces lo que el centro de la Tierra del polo, rodeado de tres bóvedas de fuego devorador; está circundado por cinco ríos antiguos:

Stix / Estigia,

Aqueronte / Aquerón,

Cocyto / Cocitos,

Flegetón / Pirifligetón,

Leteo.

En el portal están la muerte y el pecado y comunica con el mundo por un puente construido cuando Adán pecó. Dentro, las furias arrastran a los precitos del hielo al fuego y del fuego al hielo...

POSESIONES Y EXORCISMOS

El temor a quedar poseído por un demonio es tan antiguo como la humanidad; ya en los tiempos de los sumerios, asirios y babilonios se describían procedimientos para proteger a las personas de la penetración de los demonios en el cuerpo, y también se detallaban los métodos para expulsar a los seres malignos, una vez que habían ingresado en el organismo.

La posesión diabólica representa la manifestación extraordinaria más grave y terrible del dominio que Satán ejerce directamente sobre el alma humana; los demoniacos o energúmenos son aquellos en quienes escoge el diablo tener su morada y a los cuales atormenta. Se dice haber visto poseídos a los cuales los diablos arrancaban las uñas de los pies, doblarse por la espalda hacia atrás, arrastrarse sobre el vientre; mujeres marchar con la cabeza abajo y los pies en alto, a otras correr por las calles, desmelenadas, desnudas y lanzando agudos gritos.

El hombre puede ser poseído sin tener culpa. Cinco causas suelen señalarse para la posesión:

- Por mayor mérito propio.
- Por leve delito de otro.
- Por pecado venial propio.

- Por grave pecado ajeno.
- Por gran maldad propia.

La acción que el demonio puede ejercer es un influjo genérico sobre la materia y entonces se padece la infestación diabólica local, o bien una posesión del ser humano, en cuyo caso se tiene la infestación diabólica personal, que se divide en *posesión* y *obsesión*.

La posesión se sufre cuando el demonio invade y domina el cuerpo humano, cuando esto ocurre el hombre adquiere la posibilidad de realizar acciones que denotan una fuerza descomunal, manifiesta una sorprendente agilidad, puede levantar objetos muy pesados, romper enormes cadenas; el demonio puede además levantar a la persona y mantenerla suspendida en el aire; las partes del cuerpo pueden ser accionadas en los modos más extraños e inusitados, se pueden tener contorsiones que no respetan las normales facultades de articulación. El lenguaje es falso, blasfemo e indecente; estas crisis son violentas pero de poca duración, y al final el afectado no recuerda sus actos anteriores y siempre le queda un debilitamiento físico o agotamiento difícil de curar.

En la obsesión, la presencia demoniaca se adentra más allá del campo físico para ejercer un influjo sobre las actividades espirituales, llegando indirectamente al intelecto y a la voluntad. Es más difícil de descubrir que la posesión, porque se infiltra hasta las esferas más profundas del ser humano.

En la Edad Media se confeccionó una lista de señales que habían de hallarse presentes para tener la certeza de que la persona estaba poseída, éstas eran:

- La posibilidad de hablar o entender idiomas que la persona no conocía (xenoglosia).

- La facultad de leer los pensamientos y de poder adivinar acontecimientos futuros.

• Escupir toda clase de objetos que los espíritus hubieran obligado a tragar a las personas.

Las facciones de los energúmenos son repugnantes. Cuando hablan sacan la lengua, echan maldiciones, emiten voces imitando animales, tienen la boca cubierta de espuma, los labios azulados y la mirada iracunda; también vomitan una especie de "goma" verde, cuyo origen se desconoce. Le tienen terror a los objetos sagrados, cuando ven alguno se convulsionan, se retuercen, sienten total aversión a todo lo santo. Sus cuerpos se hinchan desmesuradamente, sus cabezas dan vueltas de 360 grados sin sufrir alguna fractura, permanecen coléricos, atacados de un delirio de furor. No oran jamás; los nombres de Jesús, María, y el Espíritu Santo, pronunciados por los presentes, les hacen agitarse y temblar llenos de temor.

Los casos de endemoniados son, en este sentido, tan impactantes y tan obviamente anormales, ilógicos y ocultos que su realidad polariza la atención contemporánea.

Algunos de los espíritus diabólicos "posesores" más mencionados son: Zabulón, Belusyá, Belsam, Nephtalim, Faetón, Babujal, Aminadab, Putifar, Lissi.

Para sanar o liberar a una persona de la influencia del demonio se recurre al favor de Dios mediante el ritual del exorcismo, que es el acto de ordenar al demonio o espíritus malignos que salgan de una persona, lugar o situación ordenándole por el santo nombre de Dios el Padre, Hijo y Espíritu Santo.

Los exorcismos son conjuros, es decir, órdenes dirigidas en nombre de Dios al demonio, a fin de que desista de todo influjo maléfico producido sobre personas o cosas; este conjunto de plegarias, ceremonias y ritos es usado por la iglesia para expulsar a los demonios.

En el derecho canónico constituyen exorcismos todos los conjuros que hace el ministro encargado, en nombre de la Iglesia, contra las fuerzas malignas. Los exorcismos pueden ser de dos tipos: solemnes o simples; es solemne cuando sólo puede ser hecho por aquellos sacerdotes que tienen la licencia del obispo diocesano. El simple puede ser hecho por todos los sacerdotes sin necesidad de autorización.

El exorcismo solemne se refiere solamente a personas poseídas mientras que el simple es aplicado a las infestaciones de personas, cosas o lugares. Ni la posesión ni el exorcismo están libres de graves peligros, el exorcista corre riesgo del contagio psíquico; los ritos oficiales descritos por el *Rituale Romanum* subrayan la necesidad de un maduro sentido de responsabilidad por parte del exorcista, así como un estricto apego al seguir la práctica oficial. Como base del exorcismo se exige no ceder jamás a celebrar pactos con el diablo; sino ordenarle como a una criatura, sometida por lo tanto a la voluntad de Dios, y a la que hay que dirigirse siempre en tono autoritario.

Como ocurre a menudo, Satán será obligado por el exorcista a decir la verdad, pero está claro que siempre intentará engañar y atacará en los puntos débiles, demostrará saber cosas que la persona poseída no podría conocer; el demonio llegará a desafiar al exorcista y a acusarle de estar impelido por el orgullo, hasta llegar a auténticos asaltos físicos.

Los espíritus malignos, una vez dentro de una persona, abandonan su cuerpo con mucha dificultad y esto demuestra cuán gravoso resulta el cometido del exorcista. Los espíritus unen siempre la salida a signos particulares para manifestar sus sentimientos de crueldad hacia el hombre y de odio a las cosas sagradas, o para espantar a los presentes o para hacer ostentación de su poder; entre las más comunes están la confesión de los propios demonios, un vómito muy especial, la salida por la boca de algunos animalejos, chirridos terribles, un olor nauseabundo, la aparente muerte del endemoniado.

Existen además exorcismos privados, a los que muchos recurren y en los que cualquiera puede exorcizar sin recurrir a las fórmulas del *Rituale Romanum*. Si la Iglesia opone el exorcismo a la acción del diablo, del mismo modo el vulgo usa un rito mágico, en el curso del cual se trata de expulsar el espíritu maligno del cuerpo del endemoniado; la acción de estos exorcismos privados se lleva a cabo ya sea recitando un conjuro, ya sea con gestos de las manos o con el empleo de determinados objetos, entre los que se encuentran:

Agua bendita: Es muy temida por el diablo, porque sobre ella la Iglesia invoca la capacidad de alejar a Satán; reemplaza al agua lustral.

Velas benditas: Tienen el poder de alejar a los espíritus malignos de los lugares en que son encendidas. Agua de San Ignacio, bendecida por los jesuitas.

Agnus dei: Medallones de cera con la figura del cordero pascual, bendecido con la invocación de librar del demonio, y que se llevan encima o están colgados del lecho.

Son necesarios, además incensarios, cruces, rosarios y libros de ritos exorcistas.

Además de estos conjuros, existen otros nacidos de la fantasía popular, a los que se atribuye el poder de alejar al diablo de un cuerpo o de no dejarle entrar; por ejemplo:

Triángulo de los demonios: Se dibuja sobre un pedazo de cuero mojado en sangre humana.

Cuadro mágico: Se dibuja sobre pergamino virgen y se lleva colgado del cuello.

Objetos puntiagudos: Horquillas del pelo, cuernos, tijeras, y en general todos los objetos con punta tienen el poder de anular toda influencia demoniaca.

Mención aparte, por su carácter mágico y por la complejidad de su fabricación, merecen los amuletos, los talismanes y los pentáculos.

El amuleto es un objeto que preserva de la posesión y es suministrado por la naturaleza (por ejemplo, un pelo de elefante, una pata de conejo, un escarabajo).

El talismán y el pentáculo tienen por el contrario un carácter determinado por fluidos e influjos astrales y están confeccionados en materiales especiales. Los talismanes son dibujados sobre pergamino virgen, en miércoles y cuando la luna se encuentra en un signo de aire (Géminis-Libra-Acuario) y se llevan encima lo más cerca posible de la piel. Los pentáculos deben ser grabados sobre una placa de metal (plomo, cobre, estaño, oro, plata) que va colgada al cuello y que nunca debe ser vendida ni prestada.

Además de estos sistemas empíricos, los exorcistas populares tienen otros y variados métodos para triunfar en su misión y también ellos, como los de la Iglesia, recurren a conjuros durante sus ritos.

En el libro sobre exorcismos escrito por Claude Veulliot Soulié y Gastón Delibes, se encuentran algunos pasos a seguir para exorcizar un espíritu:

- Ayunar tres días consecutivos.

- Mandar a decir algunas misas y orar mucho.

- Llamar a cuatro o cinco sacerdotes o monjes devotos.

- Proveerse de una vela bendita del Día de la Candelaria, una imagen de Nuestro Señor, agua bendita y un incensario.

- Recitar salmos penitenciales y el Evangelio de San Juan.

- En el lugar donde se encuentra el espíritu pronunciar, arrodillado y con voz humilde, aunque fervorosa, la siguiente sentencia:

"Señor mío, Jesucristo, que estáis en todos los secretos; que siempre concedéis a estos míseros pecadores las cosas que por vuestra divina bondad crees serle provechosas, y que habéis permitido que un espíritu aparezca en estos lugares, suplicamos humildemente a vuestra benigna misericordia y poder infinito, por lo que padecisteis al expirar en la cruz, para salvar al pecador, por vuestra preciosa sangre, que tengáis a bien mandarle que sin herir ni asustar a ninguno de los presentes manifieste a vuestros fieles servidores quién es, por qué ha venido y qué pide, a fin de que con más razón podáis vos ser venerado por vuestros fieles súbditos. En nombre del Padre, del Hijo y del Espíritu Santo, amén".

ARTES DIABÓLICAS

MAGIA

La magia es un arte antiquísimo, mediante el cual se realizan hechos fuera de lo normal, generalmente con ayuda de las fuerzas de la naturaleza, de los espíritus, o bien de las potencias infernales.

Según la tradición, uno de los cuatro tipos de magia es la negra o goecia.

Magia negra: Este tipo de magia se ejerce con el fin de dañar a una persona, o para satisfacer vicios y pasiones, operando con la ayuda de los demonios, la cual se obtiene mediante el comercio con ellos. La goecia es la antítesis de la teurgia (magia blanca o divina), todo cuanto se hace, practica, compromete o resulta de ella, tiene su contraposición, paradójicamente paralela, en aquélla. La magia negra es practicada por los taumaturgos que se entregan al mal; ejecutada por los descendientes de Caín, se basa en el daño al prójimo y por lo tanto enseña a relacionarse con fuerzas diabólicas que les permiten operar en la ignominia.

Una tradición relata que Dios mandó a un grupo de ángeles para supervisar las cosas de la Tierra; sin embargo, estos seres, en número de 200 y bajo las órdenes de Azazel, se dejaron seducir por la belleza de las mujeres y se deslizaron a escondidas por el monte Herman donde se unieron con las hijas de Loth, engendrando luego gigantes que se dedicarían a tiranizar al género humano. Estos ángeles revelaron a sus amantes todos los secretos del cielo, y le dieron a conocer el pecado. Como consecuencia de esto, Dios ordena al ángel Rafael arrojar a Azazel y sus compañeros a una caverna y encaminar a la verdad las revelaciones mágico diabólicas; así, para reparar el mal causado por la enseñanza a la humanidad de la magia negra y la brujería, inculcó a servirse del conocimiento, hasta entonces prohibido, para poder alcanzar la verdadera luz.

SATANISMO

Se llama así a la práctica de los brujos hechiceros o magos negros. Cuando la Inquisición estaba actuando con energía, los rebeldes apelaron a las potencias infernales en busca de protección; el satanismo resultó así efecto del terror inquisitorial, los sospechosos invocaban a su contrarios, a su anticristo, recurrían a contrasacramentos; comenzaron a perpetrarse sacrilegios, profanaciones.

En las ceremonias satánicas, una mujer, generalmente prostituta, se tendía desnuda sobre el altar y el celebrante, sobre su cuerpo, consagraba inmundicias humanas; los asistentes al rito se desnudaban y se entregaban a prácticas sadomasoquistas y convertían la reunión en una estremecedora orgía.

Una de las más extendidas prácticas satánicas eran las misas negras, ceremonias demoniacas donde se cometían toda clase de abusos y crímenes contra niños, y en las cuales se profanaba y ridiculizaba el ritual de los oficios divinos y se invertía la liturgia católica.

Se auspiciaba en lugares escondidos y secretos y no era con carácter de culto al diablo.

SABBAT

Tiene sus orígenes en las fiestas sabacias o misterios sabáticos, dedicados al dios frigio Sabacio, equivalente en Grecia y Roma a Dionisos y Baco respectivamente, y que consistían en degeneraciones y orgías desenfrenadas.

En la noche se desarrolla el sabbat o gran sabbat, que solía llevarse a cabo cerca de lugares desiertos, en los bosques o junto a un lago, y en el que participaban los brujos de cada país. Cuando, por el contrario, se tenían citas de cada una de las congregaciones o de pequeñas aldeas, la reunión se llamaba esbat o pequeño sabbat y podía tener lugar en un edificio o al aire libre.

Tanto en el sabbat como en el esbat, además de danzas, rituales y banquetes, se trataban cuestiones organizativas, relaciones de encantamientos y maleficios, intercambio de secretos y experiencias.

El sabbat se encuentra relacionado con el aquelarre, en sus ritos y finalidades, pero el primero es de mayor importancia y en ocasión especial.

AQUELARRE

(Del vasco *aquer*, "cabrío", y *larre*, "prado": "prado del macho cabrío".) Son las reuniones de brujos y brujas con el fin de venerar a Satán, comunicarse sus fechorías, recibir del diablo nuevas instrucciones y entregarse a excesos lujuriosos.

Las más extensas descripciones de estas ceremonias corresponden a los siglos XVI y XVII. Los asistentes al aquelarre se trasladaban montados sobre una escoba o en animales; llegada la hora del encuentro, reconocible por determinados "signos" que el demonio enviaba a sus fieles, se reunían en el lugar previamente elegido.

Se decía que el diablo los esperaba sentado sobre un altar negro, bajo la figura de cabrío o de hombre con un par de cuernos divididos por un hachón encendido; otras veces estaba transformado en un lebrel, en un toro de largos cuernos, un tronco, un hombre bello, negro o rojo, o en un carnero blanco que al término de la ceremonia se desvanecía entre las llamas dejando una ceniza preciosa de la que los brujos obtendrían filtros o polvos para sortilegios.

En sustitución de Satán, no siempre disponible, dirigía la fiesta el gran negro o maestro, también llamado maese Leonardo; a la derecha del diablo, en un trono de plata, se sentaba la reina del sabbat, la bruja más bella, directora oculta de la ceremonia. Una vez realizado el examen de los signos distintivos de los concurrentes, se pasaba al homenaje al diablo. Era entonado el canto oficial en el que se renegaba de Dios, de los santos y de la Virgen.

Los nuevos adeptos firmaban el *Libro negro de la muerte* y recibían los estigmas diabólicos; después se celebraba la misa negra, parodia de la misa cristiana, en la que la sacerdotisa consagraba ostias negras sobre el cuerpo desnudo de una mujer, destinada al altar para la ocasión, y rodeada de cruces invertidas, candelabros y adornos negros.

En lugar de la eucaristía se desarrollaba un suntuoso banquete que presagiaba la frenética danza final; cada uno se sentaba de acuerdo con un orden jerárquico, se maldecía el alimento (en honor a Satán) y se pasaba al banquete. Después llegaba el turno de la danza, en un ritmo apremiante y trastornado... Todo terminaba en el éxtasis orgiástico.

Algunas veces se hacían aquelarres diarios, otras, lo referían a una vez por semana o lapsos más prolongados. A menudo se oficiaban las misas del diablo luego del aquelarre, que no son las misas negras, pues se pensaba que las primeras son oficiadas por el demonio mismo.

MISA NEGRA

Se desarrolló casi simultáneamente al sabbat, incluyendo algunos ritos análogos: la ostia negra, los líquidos repelentes simulando agua bendita; no era necesario adorar al cabrío, pero sí que los elementos sacros fueran deshonrados y sustituidos por accesorios innobles para que el rito fuese completo. La misa negra parodia a la cristiana, con rituales celebrados al revés.

El ceremonial imponía que la mujer que había ordenado la misa se extendiera desnuda sobre el altar: Su cuerpo debía estar en cruz —con los brazos abiertos— ; a veces, tenía en cada mano un cirio negro. El celebrante subía al altar luego de haber sido sacrificado un niño, se recogía la sangre y el sacerdote comulgaba con la mitad de la ostia empapada en el cáliz, mientras que la otra mitad era insertada en el sexo de la mujer y después bañada en sangre; la ceremonia terminaba en una gran orgía.

Análoga a la misa negra era la famosa misa de San Secaire. En ésta, el sacerdote debía buscar una iglesia en ruinas, o al menos desconsagrada; es preferible que esté habitada por murciélagos en las ruinas del campanario y en la nave, y bajo el altar debe vivir un sapo, instrumento sacramental de las brujas.

El sacerdote se traslada a la iglesia a las 11 de la noche y regula la duración de la misa, haciendo que finalice al expirar la medianoche; le asiste una mujer, generalmente su concubina. Las plegarias son recitadas al revés y los elementos de ofrenda son una ostia negra triangular y un cáliz lleno de agua, la misma debe ser recogida de un lugar profano y a continuación vertida en un recipiente en el que haya sido ahogado un niño no bautizado, cada vez que se tenga que hacer la señal de la cruz, se usará la mano izquierda en vez de la derecha.

Esta misa era una ceremonia con intenciones homicidas; este tipo de satanismo desapareció casi por completo en el siglo XV. Cuando una secta de brujos era descubierta, éstos cubrían o emparedaban secretamente sus objetos rituales y marcaban con su sello o símbolo todo el interior del cuarto y el edificio.

PACTO SATÁNICO

El comercio con el diablo consiste en la *invocación*, el *conjuro* y el *pacto*. Éste es un contrato entre el hombre y el demonio y consiste en que el diablo se compromete a venir en ayuda de los hombres y proporcionarle a éstos el éxito a sus obras, siempre y cuando ellos, en determinadas condiciones, pronuncien palabras o fórmulas específicas, o lleven a cabo ceremonias concretas.

Por lo general, el convenio solía durar toda la vida; se firmaba con sangre, la cual a su vez era considerada como ofrenda al diablo. Se decía, además, que los pactantes perdían luego su sombra y su figura no se reflejaba en los espejos.

Los teólogos distinguían dos clases de pacto:

Professio tacita (pacto privado), que se realizaba por intermedio de una bruja y en el que el interesado se comprometía a honrar a Satán.

Professio expresa (pacto público o solemne), celebrado durante el aquelarre; o bien, un pacto con Satán, firmado con sangre. Entre las implicaciones más destacables de estos actos, cabe mencionar:

- El candidato niega a Dios, y los sacramentos.
- Recibía un segundo bautismo con un nuevo nombre secreto.
- Juraba obediencia eterna al diablo, ofrendándole un trozo de su ropa.
- Se incluía su nombre en el Libro de la Muerte.
- Era marcado con la Señal del Diablo, zona del cuerpo insensible al dolor.
- Algunas veces en el pacto se convenía en que el diablo pactante pusiera a disposición de la otra parte un demonio familiar, siendo para el hombre como un criado fiel y puntual; estos demonios recibían diversos nombres, solían ser muy pequeños, y podían asegurar a quienes los poseían la felicidad, el poder y la riqueza.

EL ANTICRISTO

"Una versión legendaria dice que en el centro de la Tierra existe un mundo mucho más grande y más hermoso que éste. En él viven unos hombres de gran estatura y unas mujeres crueles que no queriendo amamantar a sus hijos, los arrojan a un monte, donde se alimentan de hierbas. El Anticristo nacerá de esta progenie. Saldrá al mundo por el cráter de un volcán que hay en las orillas del Tajo, y se criará alimentándose de los peces del río... El Anticristo pertenecerá, pues, a la raza de los gigantes, hijos de los íncubos. Otra tradición lo hace hijo de una monja y del diablo".

El nombre del Anticristo se menciona en la primera epístola del apóstol San Juan. Allí dice que el mismo llegaría antes de la **parusía** (segunda venida de Jesucristo), encarnado en una o varias personas; su misión sería difamar al hijo de Dios, oponerse a las normas cristianas y arrebatar mediante esas estratagemas el dominio y liderazgo que pueda ejercer el Salvador.

Durante la Edad Media se pensó que el fin que perseguían los demonios, al copular con las brujas, era la de traer al mundo al monstruo de monstruos, el ser que se manifestaría contra las acciones humanas, a Satán encarnado: en fin, sería la procreación del Anticristo.

Siendo el hijo del diablo, estará asociado precisamente al mundo demoníaco; negará a Dios y a Jesucristo, su objetivo será transformarse en símbolo de la perdición, hombre de la iniquidad que se opondrá a toda obra divina, con el fin de autoproclamarse dios y sentarse en el templo de aquél.

La venida del inicuo irá acompañada del poder de Satán, de todo género de milagros, señales y prodigios engañosos, de seducciones y falacias para los destinados a la perdición por no haber recibido el amor de la verdad que los salvaría. Perseguirá cruelmente a la Iglesia y a sus fieles; su advenimiento señalará el fin del mundo.

Vi como salía del mar una bestia,
que tenía 10 cuernos y 7 cabezas,
y sobre los cuernos 10 diademas,
y sobre las cabezas nombres de blasfemia.
Era la bestia semejante a una pantera,
y sus pies eran como de oso,
y su boca como la de un león.
Diole el dragón su poder, su trono
y una autoridad muy grande.
Vi a la primera de las cabezas como herida de muerte,
pero su llaga mortal fue curada.
Toda la Tierra seguía admirada a la bestia.
Adoraron al dragón, porque había dado el poder a la bestia,
y adoraron a la bestia, diciendo: ¿Quién como la bestia?
¿Quién podrá guerrear con ella?
Diosele asimismo una boca,
que profiere palabras llenas de arrogancia y
de blasfemia,
y fuele concedida autoridad para hacerlo durante
42 meses.
Fuele otorgado hacer la guerra a los santos y vencerlos.
Y le fue concedida autoridad sobre toda tribu,
y lengua, y nación.
La adoraron todos los moradores de la Tierra...

La primera bestia, que sube del mar, es el Anticristo, señor del mundo hostil a Dios. El mar sería, según las cartas de los padres de la Iglesia, la representación del mar eterno, de gran poder e importancia. En cuanto a la bestia bermeja, llena de nombres de blasfemia y que tiene siete cabezas y diez cuernos, es la figuración de un poder político con todas las características de adversario del poder de Dios y su persona. El color rojo y las siete cabezas son pormenores tomados de las tradiciones rabínicas: El rojo es el color del Tifón egipcio, mientras que las siete cabezas, que simbolizan el máximo despliegue de fuerzas por parte de las potencias hostiles a Dios, se relacionan a la Pista Sofía de los gnósticos; se trata, en fin, del basilisco.

Se relaciona a la primera bestia con el Imperio Romano, las siete cabezas son siete reyes con sendos tronos, "... De los cuales cinco cayeron, el uno existe y el otro no ha llegado todavía."; como este relato fue escrito en época del imperio de Dominiciano, los reyes son: Calígula, Claudio, Nerón, Vespaciano, Tito, Dominiciano y Nerva. Los diez cuernos son diez reyes que no han recibido aún la realeza, pero con la bestia recibirán la autoridad de reyes por una hora. Los nombres sobre las cabezas de la bestia son los atributos divinos que ella se proclama, tales como Augusto, Divino, Hijo de Dios, Señor y Dios, Salvador. Vista en conjunto, se asemeja a las cuatro bestias de Daniel, y al león, al oso, al leopardo y al monstruo de los diez cuernos.

El dragón es un animal mitológico y representa las fuerzas enemigas de Dios, es por lo tanto la personificación de Satán. Dado que la bestia obedece al dragón y a él le debe todo su poder, se trata de un ser de naturaleza diabólica. El increíble poder de que dispone la bestia y el prodigio de que ha sido objeto, producen estupor en el mundo entero. Todos ven en esta figura política de grandeza y fuerza inauditas no un fenómeno natural, sino un verdadero portento de Dios, y acaban por adorar al ser a quien todo esto se debe, el dragón.

La primera de sus cabezas tiene una herida de muerte, pero su llaga fue curada; esta herida de espada mata a la primera cabeza, pero con el auxilio del dragón, ésta logra revivir.

Los pobladores de la Tierra dan a la bestia un culto similar al de Dios, con semejante adoración al decir: "¿Quién como la bestia? ¿Quién podrá vencerla?"; sus dominios son ilimitados, de proporciones mundiales, sus poderes llegan más allá de sus extensiones de reinado. La bestia recibió del dragón una boca que profiere blasfemias y palabras arrogantes; las blasfemias no son otra cosa que prerrogativas divinas que se arroga y honores divinos que para sí reclama. Le fue otorgado un poder absoluto sobre la Tierra, y también hacer la guerra contra los santos y vencerlos, es decir, perseguir a los fieles cristianos y destruirlos; no tolera en sus dominios la presencia de quien se niega a entregarle cuerpo y alma. Para el hombre sólo existen dos posibilidades a elección: la bestia o la muerte.

Vi otra bestia que subía de la Tierra
y tenía 2 cuernos semejantes a los de un cordero,
pero hablaba como un dragón.
Ejerció toda la autoridad de la primera bestia
en presencia de ella e hizo que la Tierra
y todos los moradores de ella
adorasen a la primera bestia,
cuya llaga mortal había sido curada.
Hizo grandes señales,
hasta hacer bajar fuego del Cielo a la Tierra
delante de los hombres.
Extravió a los moradores de la Tierra con las señales
que le fue dado ejecutar delante de la bestia,
diciendo a los moradores de la Tierra
que hiciesen una imagen de la bestia en su honor,
que tiene una herida de espada y que ha revivido.
Fuele dado infundir espíritu en la imagen de la bestia
para que hablase la imagen e hiciese morir
a cuantos no se postrasen ante la imagen de la bestia,
e hizo que a todos, pequeños y grandes, ricos y pobres,
libres y siervos, se les imprimiese una marca en la mano
derecha y en la frente, y que nadie pudiese
comprar o vender
sino el que tuviera la marca, el nombre de la bestia
o el número de su nombre.

La segunda bestia, que sube de la Tierra, es el profeta de la primera bestia; ésta no sube del mar y está totalmente al servicio de la potencia política, con cuyo poder puede contar sin restricciones. Su misión consiste en propagar el culto a la primera bestia, a la que rodea de una aureola de religiosidad, tratando de consolidar así el poder de aquella y hacerlo definitivo, es como su profeta. Reclama culto religioso para el poder político, que pretende erigirse en ser divino. Ordena hacer una imagen, al igual que los cultos paganos, en honor a la bestia, y manda a que todos lleven impresa en la frente o en la mano una señal que los acredite como partidarios de ella.

Una especie de Anticristo, la bestia del abismo, subirá desde el averno para aniquilar a los testigos de Dios que profetizaban guerras y dificultades durante 1 260 años; cuidará de la persona del Anticristo contra sus enemigos o eventuales agresores.

Los textos rabínicos dieron al Anticristo el nombre de Armilio o Rómulo, y lo hicieron gigante, hijo de una virgen de piedra. Para los musulmanes, el Anticristo o falso mesías se llamará Daggiad; poseerá un solo ojo y una sola ceja y montará sobre un asno.

Al fin de los tiempos, la gloria divina derrotará al Anticristo, los jinetes del Apocalipsis (los azotes de la humanidad: peste, hambre, guerra y muerte) acabarán por destruirlo en el harmagedón, o monte megido, sinónimo del fin del mundo; sus restos serán arrojados al mar de fuego, junto con el falso profeta y el diablo.

Aquí está la sabiduría.
El que tenga inteligencia
calcule el número de la bestia,
porque es número de hombre.
Su número es seiscientos sesenta y seis.

Los judíos y los griegos carecían de signos numéricos especiales, y para representar las cifras empleaban las letras del alfabeto como tales, dando a cada una de ellas un valor numérico determinado. Si se suman los valores de las letras de un nombre, se obtiene el número del mismo. Este procedimiento se llama gematría; como consecuencia de esto, con el correr de los años se llegó a tener gran cantidad de interpretaciones del número 666.

De entre todas, la que en la actualidad cuenta con mayor adhesión es la que ve en la enigmática cifra el nombre del emperador Nerón. Si, partiendo del valor que las letras tienen en el alfabeto hebreo, se computan las que forman el nombre Nerón César, se obtiene la cifra 666.

Si el Anticristo se ha de identificar con el *Nero redivivus* (Nerón redivivo), bien se puede considerar esta interpretación del número 666 como la mejor de cuantas se han propuesto, pero el misterio del nombre como de los diez cuernos sigue vigente.

Capítulo IV

Los poderes paranormales

Magnetismo

Para poder tener un mejor entendimiento del magnetismo, es preciso establecer la diferencia entre éste y la hipnosis.

El magnetismo, según la definición de Littré, es un procedimiento mediante el cual se puede llegar a provocar en el cuerpo humano una serie de manifestaciones equiparables a las que tiene un imán.

Cuando una persona se somete al magnetismo, puede caer en estado de sueño e incluso provocar el sonambulismo, por lo cual es, en ocasiones, confundido con el hipnotismo. Sin embargo, la diferencia radica en que mientras el magnetizado continúa razonando por sí mismo, el hipnotizado no tiene voluntad propia.

El magnetismo animal, mesmerismo

Friedrich Franz Anton Mesmer (1733-1815), nació en Alemania. Considerado como precursor de la hipnosis moderna, tomó las bases de la hipnosis ya conocida desde los tiempos más remotos y le dio gran notoriedad, al traer nuevamente a la luz la teoría del "magnetismo animal" pronunciada por Paracelso (1493-1541).

Franz Mesmer, como se le conoce comúnmente, formuló esta teoría, la cual describía como un principio que actúa sobre los nervios. Sostuvo que en todo cuerpo viviente existe un fluido magnético en el cual circula una fuerza especial animando tanto al mundo orgánico como al inorgánico. Decía que las personas dotadas de un poderoso espíritu vital pueden ayudar a los necesitados, utilizando la imposición de sus manos a fin de que las ondas emanen de la punta de los dedos. Ese espíritu vital lo llamó magnetismo animal. Mesmer fue miembro de la Fraterlucis y creó en 1872, en Francia, un rito denominado de la Armonía Universal.

Para iniciar la curación mediante el magnetismo, Mesmer colocaba al sujeto dentro de un cuarto apenas iluminado. Situaba el paciente sentado cómodamente frente a él y tomaba sus manos, estableciendo durante unos minutos un contacto de las yemas de los dedos pulgares. Después, llevaba sus manos al pecho de los enfermos y las descendía lentamente hasta el abdomen, región donde se detenía buscando con una imposición manual prolongada el enviar una fuerte corriente magnética a los ganglios nerviosos del plexo solar.

Mesmer comenzó a tener tanto éxito con sus curaciones que para poder atender a toda la gente que lo consultaba, ideó lo que se conoce como "la cubeta de Mesmer". La cual consistía en una tina de madera de más o menos 30 cm de profundidad y elevada del suelo unos 10 cm. Dentro de ella se contenía agua magnetizada, cargada de limaduras de hierro y colocaba varias botellas de cuello ancho orientadas con la boca hacia el centro del aparato y su posición era oblicua, medio sumergidas. De cada botella sobresalía una barra de hierro que el paciente se aplicaba sobre la parte enferma.

Durante la sesión se escuchaban unos cánticos acompañados de un clavecín, dando a la ceremonia un fondo sonoro propicio para el magnetismo. Mesmer se presentaba vestido con una túnica de seda color morado, mientras que caminaba lentamente, se situaba en el centro de los pacientes y los miraba uno a uno, lenta y profundamente sujetando una varilla de hierro; en ese momento la mayoría de los enfermos caían en un trance y Mesmer se retiraba lentamente.

Este mismo procedimiento lo utilizó para curar en la corte de Luis XVI. Alarmada, la Facultad de Medicina envió una comisión de investigadores, en la que se encontraban hombres de gran renombre como Benjamín Franklin, embajador de Estados Unidos y el doctor Guillotín, transformador de la "guillotina". Él defendió enfáticamente el magnetismo animal, sin embargo Mesmer, loco o precursor fue desterrado de Francia.

HIPNOSIS

La hipnosis es un estado semejante al sueño, caracterizado por una gran sugestión del sujeto, inducida por el hipnotizador, y aunque hablamos de sueño, en realidad la hipnosis es lo más alejado del sueño, puesto que la persona que está hipnotizada está más despierta y receptiva que en otros estados de la conciencia. La hipnosis es un estado alterado, similar al que experimentan los mediums y requiere de una relajación profunda. Cada individuo tiene su propio grado de susceptibilidad ante la hipnosis.

Debido a que la hipnosis es un proceso natural en el ser humano, algunos estudiosos creen que se practicaba intencionalmente en diversas culturas de la Antigüedad, principalmente para sanar. Prueba de esto es que actualmente, aún se puede apreciar esta técnica —tal vez bajo otro nombre— en culturas que no se han integrado a nuestra civilización.

Desde las primeras dinastías del antiguo Egipto ya se practicaba el sueño hipnótico, que era uno de los procedimientos curativos más en boga. En papiros se hace mención detallada de las fases operatorias empleadas por los hipnotizadores de la época, uniendo conocimientos de astronomía y hermetismo.

Ejemplo de hipnosis en un espectáculo del siglo XIX

Grecia y Roma recurrían a la hipnosis y a la magia para consultar al oráculo sobre el futuro. También era utilizada para curación. Se hacía imposición de manos sobre la frente del sujeto y se realizaban pases magnéticos

James Braid (1795-1864), cirujano escocés, fue quien abordó el mesmerismo de manera seria y científica. En 1841 asistió a demostraciones públicas de "magnetismo" hechas por el frenólogo y magnetizador La Fontaine, popular en Europa en esa época. Acudió pensando que era un charlatán y su propósito al ir era el de desenmascararlo. Pero lejos de eso, se encontró con un sistema que él desconocía y captó su interés. Comenzó a realizar sus propios experimentos. En 1843, Braid, identificó un estado psicológico que podía alcanzar si fijaba la vista en una luz situada justo arriba del nivel ocular. Las personas sometidas a este experimento entraban en un estado de sujeción que Braid consideraba una especie de "sueño nervioso o mesmérico". Y de esta manera creó el término hipnosis, a partir de Hipnos,[1] el dios griego del

[1] En la mitología griega Hipnos era un joven dios (el dios del sueño) hijo de Erebo y de la noche; hermano de Thanatos (la muerte). El símbolo representativo de este dios eran los narcóticos o drogas y en varias imágenes griegas aparece con una flor de amapola en una mano tratando de extraer un poco de su esencia oliéndola finamente.

sueño. Sin embargo, se vio precisado a reconocer que hay diferencias indiscutibles entre el estado hipnótico y el sueño ordinario, pues la experiencia le demostró que muchos de los fenómenos más espectaculares del estado hipnótico, tales como la analgesia y la catalepsia, podían ser obtenidos en sujetos que conservaban los ojos abiertos y la apariencia de estar despiertos.

Braid utilizó la sugestión para la precipitación de ciertos fenómenos de comportamiento y tiene el mérito de haber puesto en claro que la sugestión es un mero desencadenante de los fenómenos hipnóticos y no la explicación total de los mismos.

No obstante, la importancia de sus descubrimientos y aportaciones en esta materia, tuvieron que pasar muchas décadas hasta que las notables conclusiones de Braid pudieran ser debidamente apreciadas.

Mientras tanto, en Francia, la reputación del magnetismo animal se iba saneando gradualmente de la espectacularidad que le había dado Mesmer y sus seguidores. Aparecieron algunos trabajos serios sobre este tema como los de Velpeau, Guerineau, Azam, Demarquay, Giraud-Teutlon, etc.

Pero, simultáneamente, había muchos charlatanes que recurrían a prácticas extravagantes, prometían resultados fantásticos o confundían el mesmerismo con las demostraciones de poderes ocultos, todo lo cual contribuía al descrédito del mesmerismo.

En 1843 Braid publicó *Neuropsicology or the Rationale of Nervous Sleep*, en un principio fue ignorado, pero luego llegó a ejercer una muy considerable influencia entre los seguidores del hipnotismo.

Joseph Wiertz, pintor belga, seducido por el misterio de la muerte (el cual se refleja en su obra) en 1865, hizo un experimento extraordinario. Pidió permiso para ocultarse junto con un hipnotizador y un amigo, debajo del patíbulo de una guillotina durante una ejecución. Ya próxima la ejecución Wiertz fue hipnotizado y se le ordenó se identificara con la mente del condenado.

Al escuchar los preparativos de la ejecución Wiertz comenzó a angustiarse y suplicaba que lo despertaran, pero era tarde pues la cuchilla cayó. El hipnotizador continuó preguntando cómo se sentía. Mientras se retorcía y convulsionaba decía que la cabeza aún podía pensar y sentir mas sin entender lo que le acontecía, poco a poco fue calmándose y relató la sensación del hombre muerto. Decía que la Tierra se alejaba de él poco a poco y se llenaba de una paz infinita. ¡Qué felicidad, dormiré, descansaré! Éstas fueron las ultimas impresiones cuando el guardia se acercó a la cabeza del condenado a testificar que ya no había señales de vida.

Con la llegada de los anestésicos en la cirugía, alrededor de 1840, la hipnosis quedó relegada a segundo término, hasta que Jean-Martin Charcot y Sigmund Freud la sacan a la luz nuevamente, hacia finales del siglo XIX.

Se comenzó a utilizar la hipnosis como espectáculo, creando efectos asombrosos, uno de ellos consistía en lograr la rigidez del cuerpo de un voluntario, al cual se podía acostar, con el único apoyo de los pies y la cabeza. En el presente los espectáculos que ofrecen algunos hipnotizadores verdaderamente divierten al público y son dignos de asombro.

La hipnosis comprende tres fases: somnolencia, hipotaxia y automatismo o sonambulismo hipnótico. El trance es logrado por el hipnotizador, utilizando ya sea su mirada profunda, la presión de la muñeca, palabras, gestos o inclusive un objeto brillante al que hace oscilar en forma de péndulo. Una vez que el sujeto se encuentre en trance, el hipnotizador podrá manipular a la parte subconsciente para hacer cumplir una orden específica. La hipnosis es una operación delicada, pues las dos partes tienen que estar con la mayor disposición y concentración posible para realizar la transición hipnótica.

LA HIPNOSIS EN LA MEDICINA

Actualmente, aún se utiliza la hipnosis en la medicina para aliviar el dolor o el estrés, para lograr el acceso a aquella parte del cerebro del inconsciente y de la memoria. La sugestión hipnótica es utilizada en muchas partes del mundo para reforzar la voluntad de personas, para superar fobias o dejar de fumar, entre otros.

El concepto y método de la hipnosis clásica ha evolucionando y cambiado por otros enfoques posteriores, vinculados fundamentalmente a la práctica médica y psicológica. De esta manera, Alfonso Caycedo, hacia los años 60 y 70 del siglo XIX, creó la "sofrología", un tipo de hipnosis que ha ayudado a cientos de miles de parturientas y a miles de odontólogos a realizar su trabajo sin anestesia.

Milton H. Erickson es el padre de la hipnosis clínica moderna. Erickson creó la técnica llamada hipnosis ericksoniana o "método Milton". Fundamentalmente, el método Milton consiste en el uso de la palabra con la finalidad de crear confusión mientras se establece una sugestión indirecta. Erickson utilizaba metáforas y cuentos como herramientas esenciales del trance.

Erickson parte de la premisa de que las personas establecen su relación con el mundo a través de mapas internos y no a partir de su experiencia sensorial. Es decir, cada individuo tiene una idea interna del mundo, que no corresponde con lo que nos llega a través de los sentidos. De esta forma, traducimos la realidad a nuestro mapa interno, utilizando nuestro propio lenguaje, que no necesariamente coincide con el de nuestros interlocutores.

El método Milton consiste en entrar por medio de la hipnosis en el mundo del cliente, utilizando su mapa del mundo y su lenguaje, con la finalidad de permitirle poner en marcha sus propios recursos.

En algunos países como Estados Unidos e Israel, el departamento de policía suele recurrir al hipnotismo, para hacer recordar a las víctimas sucesos de su agresión y de esta manera encontrar al culpable.

En el campo del ocultismo, algunos adeptos creen que mediante el trance hipnótico una persona puede recordar hechos como raptos por extraterrestres, donde narran sucesos increíbles. Tal fue el caso de Betty y Barney Hill, quienes después de ver un ovni, perdieron dos horas de su vida, y pidieron que se les hipnotizara. Hasta el momento no se tienen indicios de que estas personas (que por desgracia son cientos alrededor del mundo) hayan tenido algún contacto real con seres de otro planeta.

REENCARNACIÓN E HIPNOSIS

Reencarnación, la creencia de que los seres humanos nacen una y otra vez ha sido investigada a través de la hipnosis. En ocasiones algunos individuos dicen tener recuerdos de vidas pasadas, es decir, sin necesidad de trance hipnótico. Tal fue el caso de Warnasiri Adikari, en el hoy Sri Lanka, en 1962, a los cuatro años de edad, comenzó hablar de sucesos de su vida anterior, sus recuerdos eran tan precisos que investigadores de todo el mundo lo analizaron. Pero existen otros casos en que los recuerdos no se dan de manera espontánea y es cuando el hipnotismo se hace presente.

La regresión hipnótica alcanzó la popularidad en 1980, un famoso caso que conjuntó tanto los recuerdos espontáneos como los inducidos por hipnosis fue el de Jenny Cockell, quien publicó esta experiencia en *Yesterday's Children*. Jenny recordó que en su vida anterior se llamaba Mary, que vivió en Irlanda, y falleció en 1930. Identificó el pueblo donde había vivido y a sus hijos, aun cuando los nombres no eran los correctos, uno de sus hijos quedó impresionado con Jenny que recordó cuando atrapó una liebre a los seis años.

Una explicación de los recuerdos mediante la hipnosis es la criptomnesia, o recuerdo oculto. Donde se explica que una persona puede recordar los detalles de un libro o película sin estar conscientes de esto, lo anterior no se puede aplicar a niños menores que aún no saben leer. Otras teorías imputan los recuerdos de vidas pasadas a posesión de espíritus, por desórdenes psicológicos, por percepción extrasensorial o bien el mismo poder del hipnotizador o por fragmentos de memoria heredada.

Es importante hace resaltar que durante el trance hipnótico, el hipnotizador no sólo puede ayudar a mejorar la voluntad y la memoria, sino también a suplantarlas, es por esto que es muy importante que quien lo practique sea realmente un profesional.

PERCEPCIÓN EXTRASENSORIAL Y FENÓMENOS PSÍQUICOS

Los científicos de Occidente comparan al ser humano con una gran máquina electroquímica que recibe información a través de los sentidos. Los investigadores le agregaron otro medio: percepción extrasensorial.

Ahora bien, debido a que hay varios tipos de facultades paranormales y muchas formas de expresar esa comunicación fuera del ámbito de los sentidos físicos, los especialistas han dividido la "percepción extrasensorial" en diversas categorías, para un mejor manejo de los términos y entendimiento de los mismos.

Desde una clasificación muy general, la percepción extrasensorial se refiere a la capacidad de recibir o enviar información a través de un medio ajeno a los cinco sentidos. Es decir, la facultad de contactar con alguien o algo sin utilizar, ya sea la vista, el oído, el olfato, el tacto o el gusto. En palabras del célebre Edgar Cayce "es un atributo que todos podemos cultivar y practicar, porque cada individuo la tiene de forma innata, y está latente en nuestra alma".

DIVISIONES DE LA PERCEPCIÓN EXTRASENSORIAL

1. Telepatía, es la capacidad de poner nuestra mente en sintonía con la de otra persona.

2. Clarividencia, es la aptitud de acceder a un conocimiento que ninguno de los presentes posee. De esta manera, una persona toma un juego de naipes, los baraja y trata de nombrarlos, sin verlos. Si el resultado no es 100 por ciento exacto, por lo menos deberá de estar muy arriba de lo que la probabilidad define. Por otra parte, si le pedimos a alguien que mire la carta y que se concentre en ella antes de que la adivinemos, entonces se trata de un acto de telepatía.

3. Precognición, es la capacidad de ver los eventos con anticipación, de hacer predicciones, o advertir sobre eventos venideros. Un ejemplo de esto es el llamado *deja-vu*. Todos hemos experimentado, en algún momento de nuestras vidas, la sensación de haber vivido en algún momento de nuestro pasado, lo que en ese momento estás atravesando. Un ejemplo muy conocido del *deja-vu* es aquel que experimentamos al entrar a una habitación por primera vez y sentimos que ya la conocíamos, si bien una de las explicaciones es que en ocasiones experimentamos sueños premonitorios, pero que olvidamos y vuelven a nosotros en forma de *deja-vu*.

4. Retrocognición. Se refiere a la facultad de ver los eventos pasados.

Estas son algunas facultades de la percepción extrasensorial. Para Edgar Cayce las facultades psíquicas constituyen cualidades del alma; luego son inherentes a la naturaleza humana y cada persona las tiene. Ya que "lo psíquico proviene del alma", podemos, con bastante facilidad, tener experiencias paranormales recurriendo a diversos métodos o a estímulos externos.

Si bien para muchas personas los fenómenos psíquicos son extraños, insólitos, incluso temibles. Para Edgar Cayce son muy naturales, a menudo tan sencillos como una inspiración o un presentimiento. Además, no se precisa que la información "psíquica" sea totalmente exacta. Atribuyéndole el mismo crédito que a nuestros buenos amigos o a nuestros sentidos corporales, podemos utilizarla para adquirir nuevas nociones, ampliar nuestro entendimiento y tomar decisiones.

Aceptemos como natural nuestro sexto sentido, concienticemos su valor. Veamos en ello un atributo normal de nuestra persona y busquemos en ello un fiel aliado en la vida.

Conscientes de su valor, aceptemos nuestro sexto sentido, la intuición. Considerémoslo un atributo normal de nuestro ser y logremos que se convierta en un fiel aliado en la vida, en una inestimable herramienta al servicio del bien.

EDGAR CAYCE

El más afamado curandero psíquico del siglo XX, Edgar Cayce nació en Hopkinsville, Kentucky, Estados Unidos en 1877. Desde muy joven sorprendió a sus padres por su capacidad de ver el aura humana. Él mismo fomentó la historia de que un día se apareció ante él un ser angelical y radiante, le pregunto qué era lo que más deseaba. Cayce respondió que deseaba tener la facultad de curar a los enfermos y en particular a los niños.

Edgar Cayce

A la edad de 21 años sufrió una seria afección de la garganta y tuvo necesidad de consultar al hipnotizador Al Layne para que le ayudara a sanar. Cayce fue puesto en trance por Layne y éste le pidió que se diagnosticara y, posteriormente, que se curara. Cayce hizo lo indicado y su afección de la garganta desapareció. Muy pronto cientos de personas comenzaron a solicitarle ayuda.

La técnica utilizada por Cayce era muy sencilla, él prefería no ver a sus pacientes, así que anotaba sus nombres y direcciones, él mismo se hipnotizaba, ya en estado de trance podía dar respuesta a cualquier tipo de pregunta, además de poder diagnosticar enfermedades con exactitud y recomendar tratamientos precisos. Los discursos e informes obtenidos fueron conocidos como "lecturas".

Cayce no tenía conocimientos de medicina, pero durante sus sueños autohipnóticos podía nombrar detalladamente cualquier parte del cuerpo humano, así como recetar medicinas, que en algunos casos ya no existían o eran muy raras, sin embargo, el tratamiento indicado resultaba muy certero.

Pronto fue conocido como el "profeta durmiente", sus prácticas se extendieron mas allá de la curación, en 1911 durante sus trances, solía mencionar el karma, afirmando que nuestra vida pasada contribuye definitivamente a nuestra enfermedad reciente. Impartió conferencias sobre los continentes extintos Atlántida y Lemuria y sobre sus propias vidas anteriores.

En una ocasión se le preguntó de dónde sacaba el conocimiento, a lo que él respondió: que una fuente podría ser la inconciencia o subconciencia de él mismo y la otra de la memoria universal de la naturaleza, lo que Jung llamó "inconsciente colectivo".

Profetizó que Cristo volvería en el año de 1998 y que en ese mismo año la humanidad experimentaría serios cambios físicos, devastadores.

Tras la publicación de su biografía en 1943, Cayce recibió más peticiones de ayuda y aumentó sus conferencias, hasta llegar a seis por día. Se considera que sus lecturas ascienden a más de 14 300, relativas a 10 000 temas diferentes.

Falleció en agosto de 1944, a la edad de 67 años. Si bien la comunidad médica en su conjunto no respalda las curas realizadas por Cayce, cientos de médicos de forma personal estudian sus escritos.

Cayce practicó casi todas las variantes de la percepción extrasensorial, por ejemplo, la telepatía. Mientras vivía en el estado de Kentucky, Cayce realizó una lectura para un abogado neoyorquino. Éste le solicitó que describiera sus actividades en Nueva York en ese mismo momento. Lo vio fumar un cigarro, le oyó silbar cierta melodía y asistió a su entrevista con un cliente; luego, lo vio leer tres cartas y hablar por teléfono con alguien cuyo nombre inclusive mencionó. Estos actos fueron verificados más tarde. Gracias a sus facultades extrasensoriales, a Cayce le fue posible describir todo lo que el hombre hacía en Nueva York.

Entre otros de sus dones estaba la precognición. Más de once años antes del descubrimiento, en 1947, de los manuscritos del Mar Muerto, las lecturas mencionaron a una secta judía que los eruditos conocían muy poco en aquel entonces: los esenios. Cayce dio amplios detalles sobre su manera de vivir y de trabajar. Entre otras cosas, señaló que tanto los hombres como las mujeres eran admitidos en su comunidad. Esto iba en contra de las convicciones de los expertos, quienes creían que los esenios formaban una orden monástica compuesta únicamente de hombres. No obstante, excavaciones arqueológicas efectuadas en Qumran, cerca del sitio donde se habían encontrado los manuscritos del Mar Muerto, evidenciaron en 1951, seis años después de la muerte de Cayce, que hombres y mujeres integraban la sociedad esenia.

Cuando le solicitaban lecturas para niños, Cayce revelaba sus talentos ocultos, anticipaba su manera de ser o de actuar como adultos y, en ocasiones podía vislumbrar algunas decisiones que tomaría en su vida privada o profesional. En 1929, Cayce presagió con seis meses de antelación el fracaso de la bolsa de valores de Nueva York. También anunció la declaración de la Segunda Guerra Mundial; y sabía que fallecería mientras sus hijos todavía estuvieran combatiendo en el extranjero.

Si bien algunos han calificado a Cayce de "profeta", él nunca tuvo esta pretensión. Hizo muy pocas predicciones concernientes a los eventos mundiales, esencialmente porque tales pronósticos se supeditan a innumerables factores e influencias externas.

TELEPATÍA

La palabra telepatía proviene de *tele*, lejos y *pathein*, experimentar. En el año de 1882 fue utilizada por primera vez por Frederic Myer, para describir la "habilidad de una mente, para impresionar o ser impresionada por otra mente, mediante un canal distinto al de los sentidos" (Gurney, *Fantasmas de los vivientes*).

GENERALIDADES

El término telepatía frecuentemente es utilizado como la comunicación directa entre mentes a gran distancia. La definición inglesa, de esta variante de la percepción extrasensorial, explica que la telepatía consiste solamente en la exclusión de los canales reconocidos de la sensación, sin importar la distancia. Esto significa que en algunos casos prescindiendo de los signos comunes por los cuales manifestamos las ideas, tales como el habla, la escritura, los ademanes físicos, y gesticular, entre otros. Así entendida, la telepatía se divide en dos clases y hechos.

COMUNICACIÓN INTENCIONAL

Por comunicación intencional se entiende cuando una persona (agente), por la concentración de su mente sobre algún objeto, hace un esfuerzo por transferir una idea a otra persona (el receptor) que puede o no tener conocimiento del intento, y que por ende, puede o no hacer el intento para recibirlo. Los experimentos efectuados con mayor éxito son los practicados con personas en estado hipnótico, de esta manera se ha logrado transmitir sensaciones tales como el gusto, sonidos, imágenes y dolor: la adivinación de números en cartas, colores, diagramas, etcétera, pensados por el agente.

Comunicaciones espontáneas

Se entiende por comunicación espontánea cuando el agente no tiene intención de manifestarse al receptor. Aquí se encuentran especialmente el anuncio de peligro, enfermedad, o muerte de alguna persona allegada y la aparición de su fantasma, en particular en el momento de su muerte. Este fenómeno puede estar relacionado con algo físico, como un ruido, la caída de un objeto. En otras ocasiones pueden confundirse con sentimientos de agitación e inquietud. La principal dificultad de la comunicación espontánea es determinar si son meras coincidencias debido a factores subjetivos, tales como asociaciones de hábitos, memoria, expectativa, o una casualidad real.

Dificultades que enfrenta la telepatía

Hoy, la telepatía no está universalmente aceptada como un hecho real. Pero si partiéramos de la premisa de que lo es, ¿cuál sería su explicación?

Han sido propuestas diversas teorías para aclarar cómo funciona y se origina la telepatía. Algunas aseguran que es una cualidad natural del ser humano, otras le atribuyen al fenómeno la intervención de espíritus buenos o malos. Sin embargo, el principio más aceptado por filósofos y teólogos, es que el hecho debe ser visto como natural por lo menos hasta que se pruebe lo contrario.

Es importante hacer notar que aun cuando la telepatía no haya sido explicada científicamente, esto signifique que sea inexplicable. Entre los intentos psicológicos sustentados en las bases de Myers y Cooks se encuentra la suposición de la existencia de una mente subconsciente o yo subliminal dotada con todos los poderes requeridos para explicar todos estos hechos. Otra explicación es simplemente apelar a las facultades súper normales que son meramente psicológicas. Algunos especialistas han tratado de explicarlo desde puntos de vista fisiológicos y físicos, en éstos se habla de la existencia de un fluido neurótico, vibraciones cerebrales o una forma especial de energía transmitida de cerebro a cerebro a través de medio desconocido. Pero ninguna de estas teorías son satisfactorias.

En resumen, si bien muchas personas han experimentado la telepatía intencional o espontánea alguna vez en la vida, no hay una explicación aceptable para este fenómeno.

Capítulo V

Esoterismo, tradición, simbología e iniciación

La alquimia

La alquimia, al lado de la astrología, de las innumerables mancias y de la magia, ocupa un lugar importantísimo en la artes ocultas. En su muy simple definición, la alquimia es el arte de convertir los metales en oro. Sin embargo, la alquimia nos da un buen punto de partida para develar las nociones ocultistas de la ciencia; según el diccionario de la Academia Francesa es una ciencia oculta en la que se utilizan procedimientos químicos y fórmulas de un supuesto arte sagrado.

Si bien la alquimia merece un estudio profundo de sus diversas concepciones, nos enfocaremos a sus dos vertientes fundamentales: la alquimia como ciencia y la alquimia mística.

La alquimia como ciencia es considerada la abuela de la química, donde se observan fórmulas y teorías de estudiosos en pos de conseguir el secreto de la transmutación de los elementos. La alquimia mística se refiere a que el simbolismo alquímico no se aplica a la materia, sino a las operaciones espirituales. Wirth, en sus estudios del simbolismo hermético, menciona la alquimia como una escuela de perfeccionamiento moral, donde los metales no son físicos, sino morales.

Historia de la alquimia

Aun cuando leyendas orientales afirman que los chinos ya practicaban la alquimia desde el año 4500 a.C., estudios serios mencionan que los taoístas en el año 550 a.C. buscaban la piedra filosofal y el elíxir de larga vida. El origen de la alquimia occidental es Alejandría. La alquimia nace de una compleja amalgama de prácticas y teorías caldeas, judías, egipcias y griegas. Desde finales del siglo III hasta principios del V, gozó de un gran éxito. Los principales representantes de esta época fueron Zósimo, Sinesio, Olimpidoro, así como María la Judía.

De María Judía se sabe poco, lo mismo que de la mayoría de los alquimistas, quienes guardaron celosamente no sólo su identidad, sino también sus conocimientos. Los antiguos alquimistas creían que María o Míriam, era la hermana de Moisés, sin embargo, no existe ninguna prueba de esto, probablemente fue contemporánea de Demócrito, en la Alejandría del siglo II. De cualquier forma María fue un genio inventando utensilios y equipos para el laboratorio, utilizándolos de una forma por demás original. Se le atribuye como principal contribución un aparato llamado kerotakis, el cual servía para calentar sustancias utilizadas en la alquimia y recoger sus vapores. Otros de los inventos creados por esta extraordinaria mujer es una especie de baño, que es el mismo tipo de hervidor doble que se encuentra en nuestros días en cualquier cocina, el bien conocido "baño María".

El kerotakis era un recipiente hermético con una lámina de cobre suspendida en su parte superior. Cuando los practicantes calentaban diversas sustancias como algunos compuestos de azufre, arsénico y mercurio, los vapores se concentraban en esta lámina de cobre, que cambiaba de color y daba la impresión de que adquiría el espíritu del oro. Para que el proceso tuviera éxito, todas las uniones debían estar ajustadas al vacío. El uso de este recipiente dio origen a la expresión "cerrado herméticamente".

María y sus seguidores creían que el proceso que se llevaba a cabo dentro del kerotakis era similar al que se llevaba en las entrañas de la Tierra para la creación del oro. El compuesto que utilizaban más comúnmente para la calcinación era el rejalgar, un mineral de color rojo anaranjado con sulfuro de arsénico, que es muy común en las minas de oro. Comparaban al fuego de su crisol con las llamas de Hades, que purifica todas las sustancias que se le entregan. Durante el proceso de alquimia, el rejalgar era efectivamente "asesinado" dejando solamente un resto negruzco que los alquimistas llamaron el "cadáver". Mientras tanto el azufre quedaba liberado, igual que una alma incorpórea se eleva a las alturas.

Si bien los escritos originales de María no sobrevivieron, sus enseñanzas fueron ampliamente difundidas. Existió otra mujer alquimista, quien se autonombró Cleopatra. Uno de los escritos más importantes de Cleopatra fue una página de diagramas simbólicos. En una de sus imágenes se mostraba una serpiente tragándose su propia cola y formando un anillo, llamada Ouróboros. "El Uno es el todo" se veía escrito en el centro de este círculo. Durante mucho tiempo los alquimistas no tuvieron una mejor representación, ya que ésta mostraba gráficamente todas sus creencias: la serpiente en forma de círculo representaba la unidad cósmica, en la que el

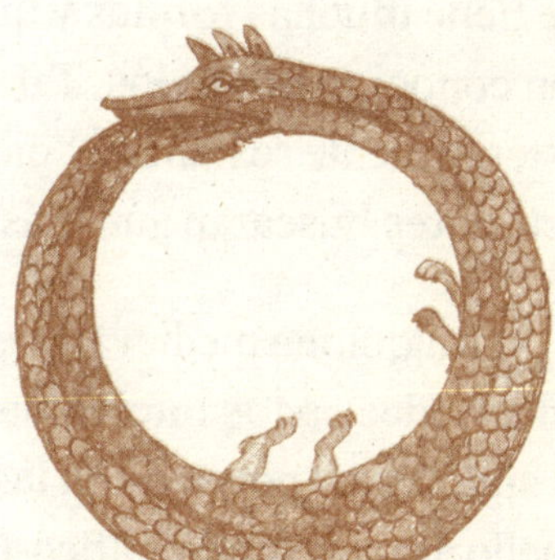

mundo superior hermanaba al mundo inferior y toda la materia era intercambiable. Algunas otras tradiciones ven representada en la serpiente la unión sexual entre el hombre (como humanidad) y Dios, o la representación extática del espíritu divino. Ya que la serpiente muda de piel, se creía era longeva, se renovaba constantemente en un círculo de renacimientos.

El ciclo muerte y renacimiento había sido el tema central de diversas religiones místicas y se convirtió en un tema recurrente en la alquimia. Tal vez el más erudito de Alejandría que hiciera referencia a este ciclo fue Zósimo conocido como Panopolitano, por ser oriundo de Panópolis, en Egipto. Este personaje hacia el año 300 recopiló la sabiduría de iniciados anteriores a su época para formar lo que llegó a ser una verdadera enciclopedia del arte hermético.

Zósimo describía cómo por medio de una serie de utensilios de laboratorio, en el que se incluye el kerotakis y las recetas, podía convertir metales de baja ley en oro. También explicaba cómo se daba este proceso de transmutación. Si bien los resultados no siempre cumplían con lo requerido para el oro, advertía Zósimo, el practicante no debía desanimarse. Tal vez el proceso creó algo más poderoso: "un coral de oro", tan poderoso que podría transformar a cualquier metal en oro. En un escrito atribuido a Zósimo, se habla de una "piedra" que no es piedra, un objeto de valor incalculable, algo que tiene muchas formas y que no tiene forma, ese algo desconocido que es bien conocido por todos. Tal vez ésta sea la referencia más antigua de la que posteriormente se llamará "piedra filosofal", una sustancia que los alquimistas posteriores buscaran aún más fervientemente que el mismo oro.

La alquimia medieval que refloreció en el Renacimiento, y que influenciara con sus ideas a los intelectuales aceptados en las "gildas" de constructores del siglo XVII y por ende en las logias masónicas del XVIII, era mucho más que aquello: un sistema científico-filosófico general, cuyos símbolos fueron también empleados por los astrólogos y otros ocultistas e iniciados.

Para el año 633 las legiones islámicas avanzaron hacia Siria y más tarde a Irak y a Persia, Egipto cayó al año siguiente, seguido por España y el norte de África. Alejandría fue devastada, y sus preciados escritos fueron arrebatados a manera de botín de guerra; durante los siguientes cinco siglos los trabajos más importantes de alquimia y hermetismo tuvieron lugar en centros islámicos como Bagdad, Damasco, Córdoba o Toledo. Los textos más relevantes de este periodo están escritos en árabe.

En la segunda mitad del siglo VIII, vivió en Bagdad el padre de la alquimia árabe: Abu Musa Jabir Ibn Hayyan, mejor conocido como Geber o Javier; como la mayoría de los eruditos de su época Geber era polifacético, estudiaba música, filosofía y arte militar. Estaba compenetrado con los escritos de Platón y Aristóteles, así como con los antiguos manuscritos de Alejandría.

Geber aportó a la alquimia elementos totalmente nuevos, al igual que María la Judía, escribió de su laboratorio y daba la siguiente afirmación: "Aquel que no practica sus experimentos, no conseguirá nada". Mezcló vitriolo con aluminio y salitre, y de esta manera descubrió el ácido nítrico o *aqua fortis* como él mismo la denominó.

En el ámbito teórico, Geber replanteó las teorías de Aristóteles acerca de que las exhalaciones terrenas generan los minerales. Este alquimista trabajó arduamente, aunque no se tienen noticias de que haya logrado crear oro. Durante el reinado de Harún al Raschid, el califa de las "Mil y una noches" Geber se vio envuelto en disputas que lo obligaron a un exilio, en donde terminó sus días. Con Geber se inició la época de oro de la alquimia árabe.

Los practicantes islámicos de la alquimia le dieron al mundo los términos de alcohol, álcali y alambique. Otra aportación de suma relevancia fue el elíxir, esta sustancia al igual que la piedra filosofal tenía la propiedad de convertir los metales en oro, además de otras muchas propiedades mágicas.

Cuando el Imperio Islámico llega a India y China, creencias ocultas de Oriente comenzaron la práctica de la alquimia, pensaban que si ingerían oro licuado se volverían inmortales. Muchos alquimistas consagraron la búsqueda del elíxir de la vida.

El mundo árabe fue la cuna de dos alquimistas más: Rhazes y Avicena, ambos junto con Geber fueron los cimientos donde se construyó la alquimia europea.

Mientras que Europa se encontraba sumida en el oscurantismo, el mundo árabe vivía el apogeo de la alquimia. Durante el siglo XI, Europa comienza a recuperar el norte, y buscó inspiración en los eruditos árabes, lo que le llevó a reencontrarse con los filósofos y científicos griegos. Comenzaron a traducir textos al latín de Platón, Aristóteles, Demócrito, Pitágoras, junto con Geber, Rhazes y Avicena.

No obstante, las constantes matanzas que dividieron al islam del cristianismo, eruditos de ambos lados se reunían para intercambiar ideas y procedimientos, especialmente en el norte de Francia y en la España morisca. Fue aquí donde se piensa que llegó la alquimia a Europa.

Uno de los centros más importantes donde se llevó a cabo el intercambio de ideas fue la Universidad de Montpellier, en las colinas del Pirineo francés. La mayoría de los estudiantes eran hombres de iglesia, los estudios se centraban en la medicina, el latín, el griego y el árabe. Pero además de ser una universidad de prestigio, Montpellier fue el crisol de la alquimia europea. Al parecer casi todos los iniciados de la época estuvieron ahí.

Fue en esta universidad donde se formaron los grandes iniciados Alberto Magno y Tomás de Aquino. Ambos monjes dominicos, profundamente religiosos, que gustaban de las enseñanzas de Aristóteles.

Alberto Magno (siglo XIII), hijo de una familia noble de Suabia, Alemania, daba la impresión de ser un niño de mentalidad limitada. Años más tarde afirmó que en una sesión privada la Virgen le había otorgado el don de la elevada inteligencia. Cualquiera que haya sido el caso, Alberto llegó a ocupar una cátedra en dos de las universidades más prestigiosas: París y Colonia, asimismo ocupó la sede episcopal de Ratisbona. Era tanta su fama de inteligencia y erudición que pronto se le conoció con el apelativo de "Doctor universalis".

Alberto no creía en la alquimia, pensaba que sus practicantes eran embaucadores y charlatanes. No obstante estaba fascinado con ella y le dedicó varios de sus escritos. La fama de este científico provocó un sinfín de historias a su alrededor, una, tal vez la más difundida, es la del "Autómata". Cuenta la historia que en su estudio guardaba una estatua de bronce, que había modelado su discípulo Tomás de Aquino. Un día Alberto untó un elíxir a la estatua y ésta cobró vida. Durante algún tiempo, resultó muy útil para recados y realizar diversas tareas domésticas. No obstante el autómata tenía un defecto, parloteaba incesantemente. Este ruido era realmente insoportable, por lo que Alberto tomó un martillo y lo rompió en pedazos.

Esta historia circuló rápidamente, ya que en esos tiempos el don de dar la vida era únicamente un terreno de Dios, por lo que esta historia cuestionaba los procedimientos de la alquimia. Su discípulo y protegido, Tomás de Aquino, sufría por estos rumores y acusaciones. En general cualquier dilema entre la ciencia y la fe, le causaba un gran conflicto. En su constante esfuerzo por resolver las contradicciones entre la fe católica y la filosofía griega, escribió innumerables escritos que servirían posteriormente como fundamentos de la teología católica.

Tomás de Aquino rechazaba la alquimia por creer que era terreno del diablo; sin embargo, muy pronto dejó de negar la virtudes del elíxir y de la piedra filosofal. Los escrúpulos de Aquino no mermaron el entusiasmo de sus contemporáneos.

Arnau Villanova, médico español catalán, que impartía cátedra en Montpellier, afirmaba que poseía poderes mágicos tan extraordinarios que era capaz de crear a un ser viviente, al verter sustancias químicas en el interior de una cabeza.

Arnau estaba seguro de la existencia de la piedra filosofal, que podía curar enfermedades en un solo día, las cuales normalmente toman un mes para su recuperación, también la piedra tenía el don de crear oro, y se rumoraba que la había utilizado para este propósito.

El inglés Roger Bacon, uno de los más grandes alquimistas europeos, monje franciscano y profesor de Oxford, destacó por sus innegables éxitos y su inteligencia. Se le acusó de haber conjurado a los elementos, de convocar al diablo, de fabricar un espejo que en su imagen mostraba el futuro y de modelar una cabeza parlante en bronce. Su verdadera contribución fue marcar una nítida diferencia entre la lógica y la experiencia, entre las llamadas verdades guardadas en las bibliotecas y las que se derivan de la observación personal. Bacon puso la piedra angular del método científico. Bacon creía firmemente en la transmutación de los metales. No obstante comparaba la transmutación de los metales con el hombre que busca un tesoro en un jardín, si bien no encuentra el tesoro, ya removió la tierra y con ello aumentará su cosecha.

Roger Bacon

Las aportaciones de Bacon a la alquimia fueron importantes, más tarde tuvo problemas con las autoridades eclesiásticas, lo confinaron a arresto domiciliario y en 1284 fue encarcelado por el papa Nicolás IV, permaneció en prisión los siguientes diez años, murió poco tiempo después de ser puesto en libertad, según se sabe, por una explosión en su laboratorio.

A los contemporáneos españoles de Bacon no les fue mucho mejor que a éste. Raimundo Llulio fue acusado de herejía y murió lapidado. Arnau Villanova pereció durante un naufragio, no sin antes padecer la persecución de la Inquisición, acusado de brujería y herejía.

En 1317 el papa Juan XII promulgó una bula papal en la que denunciaba a la alquimia, esta deposición aunada a las presiones externas sobre los implicados en lo que les dio por llamar la Grande Obra fueron cada vez más severas. No obstante el interés sobre esta práctica crecía más y más, algunos ricos estaban dispuestos a patrocinar experimentos, esperando que el favor se les retribuyera con riquezas.

En el siglo XV, el Renacimiento iluminó a Europa con su luz intelectual y trajo consigo la edad de oro de la alquimia. Durante esta época vivió Nocholas Flanel, la historia de este alquimista es elaborada a partir de sus propios escritos. Dedicó gran parte de su vida a la búsqueda de la piedra, cuando la encontró, según dice la historia, la utilizó para bien de la sociedad y se vio recompensado con riquezas materiales, perfeccionamiento espiritual y con la inmortalidad.

Pero la alquimia no fue lo que piensan los profanos, aun los científicos, en tanto sistema de trasmutación de los metales en oro, cuyas, por lo general, fallidas tentativas dieron lugar, empero, a muchos postulados y términos de la química moderna, era mucho más que aquello: un sistema científico-filosófico general, cuyos símbolos fueron también empleados por los astrólogos y otros ocultistas e iniciados. La "piedra filosofal" de los alquimistas no servía tanto para lograr la fabricación del oro, a partir del plomo y otros metales, sino del "oro potable", que simbólicamente procuraba hacer avanzar a la humanidad en su camino de perfección. La verdadera transmutación era la de las mentes y las almas, "la transformación de una especie de antropoides ignorantes, groseros, bárbaros, intolerantes e inmorales, en otra de hombres instruidos, cortéses, tolerantes y morales", al decir de Oswald Wirth, jefe de la escuela masónica de alquimia de Francia, en los años treinta del pasado siglo. En la "Gran Obra", el plomo significaba la vulgaridad, la pesadez, la ignorancia, la imperfección, y el oro todo lo contrario. Los adeptos iniciados en el arte regio no se interesaban mayormente por los bienes perecederos, sino por los logros eternos del espíritu. La materia prima del gran arte, la idea pura, no falseada por la expresión verbal, debe extraerse de su mina, es decir, de nosotros mismos, del simbólico pozo donde se oculta la verdad.

La alquimia a través de su historia ha ido de lo científico a lo místico. Hoy existen tres vertientes definidas de los alquimistas: los tradicionalistas que perpetúan la tradición medieval y renacentista; los científicos, quienes se esfuerzan por transmutar científicamente los metales, y los místicos, quienes buscan a través de la alquimia la mejora y trasmutación del ser.

En conclusión, qué es lo que seduce al hombre en la búsqueda de la piedra filosofal, o del *Ars Magna*, es difícil de explicar, tan sólo podríamos decir la alquimia, como el método para la purificación del ser, es necesaria para el hombre que pretende tener el acceso al supremo conocimiento.

HERMETISMO

En su sentido más amplio hermetismo significa el conjunto de doctrinas secretas. Sin embargo, hablar de hermetismo es referirse a la filosofía hermética, movimiento doctrinal, mitad religioso, mitad esotérico con mezclas de la religiones egipcias y griegas, que tiene como base los tratados de Hermes Trismegisto.

Se cree que el genio fundador de la alquimia fue Hermes Trismegisto o Hermes el Tres Veces Grande. Algunas leyendas aseguran que fue un sacerdote egipcio del siglo I d.C. Otros relatos sostienen que era la encarnación de Thot, dios egipcio de la sabiduría y escriba del mundo de los muertos, vino a la Tierra y se hizo faraón durante 3 226 años, según esta leyenda se le atribuye haber escrito 35 525 libros, de todos los temas del conocimiento humano. Thot, inventor de la escritura, de las matemáticas, de la astronomía, de la medicina y de la magia, fue adoptado más tarde por la mitología griega bajo el nombre de Hermes —el Mercurio romano—, mensajero de los dioses, protector de los viajeros, comerciantes, jugadores y timadores.

La cultura grecoegipcia atribuyó gran relevancia a Hermes Trismegisto, considerándolo, como antes, el creador de todas las ciencias, e incluso de las esotéricas, cuyos secretos se encontraban custodiados en libros ocultos.

Hermes Trismegisto fue un personaje de gran importancia, tanto para los alquimistas como para los herméticos. Cualquiera que fuera la verdadera raíz de este personaje, los alquimistas lo tomaron como suyo. Entre las obras atribuidas a él está la "Tabla Esmeraldina", en la que supuestamente escribió los principios fundamentales del gran arcano; en realidad este documento desapareció mucho tiempo antes, sin embargo, surgieron infinidad de traducciones de estas tablillas, en un lenguaje sumamente críptico. Una de las sentencias contenida en esta tablilla dice: "Es verdad, sin mentira, cierto y muy verdadero. Lo de abajo es como lo de arriba, y lo de arriba es como lo de abajo, para hacer los milagros de una sola cosa..." Esta sentencia es conocida también como "Segundo Gran Principio del Código".

Durante la Edad Media, los Médicis de Florencia descubren en su biblioteca el llamado Código Hermético, escrito en un idioma parcialmente ideogramático, egipcio-helenizado, y traducido por el políglota de la época, Marsilio Ficino, dicho código es atribuido a Hermes Trismegisto, en su versión de dios Thot, otorgándole una antigüedad global mucho mayor que su probable origen en la época helenística de los Ptolomeos. Este código, más otras fuentes dispersas, remanentes de las sucesivas quemas de la biblioteca de Alejandría, junto con algunas leyendas y tradiciones orales muy antiguas, que quizás podrían remontarse al Egipto dinástico, así como diversos escritos gnósticos y alquímicos, forman las heterogéneas vertientes de los hermetistas y alquimistas del medievo.

Uno de los textos más completos de Hermes es el *Kibalyón*, síntesis de sus principios y conceptos esenciales. Contiene además principios, axiomas y signos herméticos, ligados a los símbolos alquímicos. Vigentes en el ritual masónico ya desde la Cámara de Reflexión, equivalente al recinto de los alquimistas o "huevo filosófico" de los herméticos, donde se destacan también el vitriolo, el mercurio y la sal. La influencia alquímico-hermética se hace notar, asimismo a lo largo de toda la iniciación, en la purificación de los metales y las pruebas del agua y el fuego, entre otros detalles. Pero como se mencionó anteriormente, la alquimia no fue solamente el sistema de trasmutación de los metales en oro, cuyos resultados generalmente fueron fallidos. También era vista desde una perspectiva mística.

Los adeptos se entregan totalmente en la búsqueda de los logros eternos del espíritu y dejan de lado los aspectos terrenales. El imperativo "visita las entrañas de la Tierra", utilizado por los herméticos, no es más que una invitación al descenso en uno mismo y en el estudio de la naturaleza humana. Enclaustrados en el laboratorio oculto de nuestra personalidad, en nuestro "huevo filosófico" herméticamente sellado, "cambiemos", es decir, destilemos, separemos lo denso de lo sutil, para hallar así la "Piedra Oculta" (la piedra filosofal) en la cual reside la verdadera medicina, o curación total.

De los siete principios herméticos quizás el más interesante sea el de la "correspondencia", o segundo gran principio del código: "como arriba es abajo, como abajo es arriba", el cual nos da una interesante revelación del camino para el autoconocimiento. Es interesante hacer notar que esta afirmación es muy parecida a la contenida en el Zohar: "Lo que está arriba es igual a lo que está abajo, y el hombre es la síntesís de todas las cosas". Si bien algunos conceptos de la cábala se asemejan al hermetismo, ambas guardan sus diferencias.

En resumen, hablar de hermetismo es referirse a los tres conceptos: las enseñanzas y doctrinas del hermetismo filosófico; los tratados de ciencias ocultas supuestamente inspirados por Hermes Trimegisto, y que constituyen la variante popular del movimiento; y en sentido más amplio, se le considera sinónimo de ocultismo y esoterismo. Desde la época del renacimiento hasta nuestros días el hermetismo tiene sus bases sustentadas en los siguientes conceptos: la firme convicción de que existe una correspondencia y una interdependencia absoluta entre todas las partes del universo; que el cosmos es un organismo vivo; el ser humano es una realidad compleja que puede acceder a distintos niveles de conciencia mediante la *gnosis* (conocimiento), la cual se entiende además como un segundo nacimiento (experiencia mística) y como iniciación a una sabiduría perenne que se remonta a los primeros tiempos.

La cábala

La palabra cábala o *kabbala* tiene su raíz en el hebreo *cabbalah,* significa "recibir o estar en presencia de". Tradición oral judía que explica y fija el sentido de los libros del Antiguo Testamento, ya sea en lo moral y práctico como en lo místico.

Es una doctrina secreta judía, especialmente en su manifestación medieval. La cábala, de hecho, es la ley oral que Moisés recibió en el monte Sinaí, al tiempo que le fueron entregadas la Tablas de la ley escrita. Por lo tanto, se dice que es de origen divino.

La tradición de la cábala continuará con todas las variaciones y las incertidumbres de una tradición oral. En el siglo V de nuestra era se codificó, al igual que el Talmud; sin embargo, la cábala permanece en su tradición esotérica.

El rabí Simeón fue un personaje de gran relevancia en la historia de la cábala. Simeón Bar Yochaí nació en el siglo II d.C. y aportó nuevos matices a esta tradición. La leyenda cuenta que se retiró por doce años junto a su hijo a una caverna retirada y que, durante su expiración, una lámpara santa de maravilloso resplandor estuvo brillando sobre él, hasta que, al morir, fue trasladado su cuerpo al exterior de su casa y de ahí su cadáver se elevó por los cielos dejando una columna de fuego.

Durante los siglos V y VII, la cábala estudia la antigua doctrina literaria del génesis del mundo a través del *Libro de la formación* o *Sepher yetsira*.

En este libro se expone la teoría de que Dios creó el universo con la ayuda de:

Tres entidades superiores, llamadas Sepharim: Sepher, letra-expresión escrita; Sipur, letra-expresión oral; y Sephar, letra-cifra.

Los diez atributos divinos, llamados los Sephiroth belima: 1, Corona; 2, Sabiduría; 3, Inteligencia; 4, Clemencia; 5, Rigor; 6, Belleza; 7, Triunfo; 8, Gloria; 9, Fundamento; y 10, Realeza. Representados en el árbol sephirótico, y las veintidós letras del alfabeto sagrado (tres madres, siete dobles y doce simples) con esto Dios grabó las letras y con ello el paradigma del universo.

La cábala asimismo se divide en especulativa y práctica. La primera estudia los misterios de la naturaleza, de la creación y de Dios. La práctica pretende hacer milagros (curar enfermos, exorcismo, etcetéra). La cábala especulativa se divide a su vez en artificial o simbólica y en real o dogmática. La artificial o simbólica comprende la gematría, notaricón y temura.

La gematría (deformación de geometría): las palabras se interpretan según el valor numérico o aritmético de las letras que lo componen.

Notaricón (del latín *notarius*: taquígrafo): cada letra considerada aisladamente tiene una significación determinada, por lo tanto cada palabra constituye en sí misma una frase completa.

Temura (en hebreo: cambio o permuta): las palabras se interpretan según ciertas transportaciones de letras; este procedimiento parece ser el más antiguo de los tres.

La cábala real o dogmática se ocupa tanto de la teología como de la metafísica y del mundo de los fenómenos.

Durante los años 1160 y 1238, Ezra ben Salomón, de Gerona, escribió por primera vez sobre las secretas enseñanzas de tradición oral. En 1290 el profeta Abraham ben Samuel Abulafia impulsó en extremo las combinaciones de las letras y cifras de la gemátrica, en lo que posteriormente muchos de los cabalistas centraron su atención y en ocasiones extraviándose por completo, ya que las combinaciones pueden ser ilimitadas y servir de pretexto a las más delirantes interpretaciones. Para Salomón esta combinación era una creación numérico musical, una técnica de meditación por medio de la cual se puede llegar al éxtasis y "desatar los nudos", liberar al adivino que se encuentra en cada hombre.

En los mismos tiempos (1280) aparecen los primeros ejemplares del libro *Zohar*, o *Libro del esplendor*. La traducción francesa, realizada por Jean de Pauly, cuenta con 3314 páginas. Este libro constituye la cima de la vida mística judía y, para los ocultistas la interpretación secreta de las Sagradas Escrituras.

La historia de la cábala se puede sintetizar así: durante los años transcurridos entre 900 y 1200 se dio un movimiento precabalístico que conservó y cultivó la herencia de la gnosis judía, más tarde, esta corriente mística penetró en Europa en etapas sucesivas para dar a luz la llamada "cábala histórica". Entre estas dos épocas, estuvo una intermedia, fue el hasidismo. Cuando la Cábala adquirió su forma clásica, entró en contacto con el neoplatonismo. Esta penetración y la consiguiente formulación de sus doctrinas hicieron que el elemento gnóstico tuviera cada vez menos peso. Pero, además, junto a las diferentes teorías y místicas de la cábala, existía otra, más antigua, en la que se empleaban los nombres secretos de Dios y de los ángeles utilizados para hacer magia blanca, es decir, para ayudar al ser humano. Si bien esta división ya era reconocida desde el siglo XV, una gran mayoría de cabalistas se desligaron totalmente de la tendencia ocultista.

Las dos literaturas más reconocidas entre los adeptos a este movimientos son el *Libro de la creación* y el *Zohar*.

EL GOLEM

El Golem es un mito popular en la leyenda judeocabalística; al pasar de los tiempos esta leyenda ha ido transformándose y cambiando de generación en generación, asimismo ha sido transformada en diversas elaboraciones artísticas. Durante el siglo XIX, atraídos por la gran fascinación que emanaba de su simbolismo, ya fuere como camino de salvación o como materialización de sus propios conflictos y luchas internas se tuvo una gran difusión particularmente a través de la literatura judía y alemana.

La historia del Golem llegó a nosotros gracias a la comunidad judía de Praga. En esta historia se narra cómo el rabino Judah Loew ben Bezalel, en el siglo XVI, logró dar vida a una estatuilla de arcilla roja. Logrando con esto crear el *homúnculo*,[1] tan buscado en la Edad Media. Se dice que logró dotarlo de vida porque sabía el nombre secreto de Dios, "Emet(h)", y se lo escribió en la frente o entre los dientes.

En los escritos de Elezar de Worms (siglo XI), plasma los secretos de las antiguas recetas para crear el Golem, que en sus inicios sólo tomaba vida durante las fases de éxtasis de los más santos rabinos.

[1] Ser humano artificial, creado a través de un proceso alquímico. Paracelso, en su receta, aconsejaba colocar semen humano en un recipiente hermético, sumergirlo entre el estiércol de caballo durante 40 días y ensguida magnetizarlo, para entonces el homúnculo ya tendrá vida pero será invisible. El alquimista deberá mantenerlo a la temperatura igual a la del seno de una yegua y nutrirlo de sangre humana durante 40 semanas y al término de éstas tendrá el aspecto de un ser humano idéntico pero en miniatura.

De esta forma el rabino Loew consigue el milagro que lo iguala a Dios. El Golem ya con vida, crece con características mongoloides, de tez amarilla, ojos oblicuos y lampiño. Después de ejercer algunas actividades con el rabino, ya sea porque no le es borrado el nombre o porque se aburre o las actividades lo sobrepasan, el caso es que sale huyendo a la comunidad más cercana y comienza a sembrar el terror entre los habitantes al matar a cualquier ser humano que se le cruzara en el camino. Loew se ve en la necesidad de eliminarlo y para ello borra la primera letra de la marca original, quedando la palabra met (muerto), y en ese momento se convierte en arcilla. La leyenda cuenta que el Golem regresa cada 30 años.

La imagen del Golem es utilizada en dos películas, por Paul Wegener en 1914 y 1930. En la literatura también fueron tomados algunos aspectos de este ser, Frankenstein puede haber sido inspirado en esta leyenda.

SOCIEDADES SECRETAS

A través de los últimos tiempos se ha venido popularizando el uso de los términos "sectas secretas" y "sociedades secretas" como sinónimos, por lo cual es necesario hacer una aclaración al respecto.

Entendemos por **secta** un cisma, una división que se produce en una religión, término que bien se puede aplicar igualmente a los disidentes de un partido político. Dicho de otro modo, una secta es una minoría reformista con sentido progresivo o regresivo, separada del grupo principal al que pertenecía.

Una **sociedad** es la formación o fundación de una comunidad, sea de tipo político, social, militar o iniciático, que a diferencia de la secta, nace gracias a la voluntad de sus miembros con un fin determinado.

El término secta se aplica generalmente al campo de la religión, por ser donde empezó a citarse por primera vez. Desde la Antigüedad, en todas las religiones ha habido grupos que si bien toman la mayoría de las doctrinas de la religión madre, llegan a un punto en donde sus preceptos son motivo de discrepancia. Estos grupos disidentes son las sectas.

Si bien gramaticalmente la voz "sociedad" significa fundación y "secta" significa separación, en la medida de lo posible, trataremos de usar ambos términos como sinónimos, y lo aplicaremos indistintamente a los campos religioso, político, social e iniciático.

¿Por qué se crean sociedades o sectas?

El motivo por el que una sociedad o secta es "secreta", obedece, casi siempre, a que el fundamento de la misma se contrapone a lo preestablecido. Por lo que es perseguida y se ve en la necesidad de moverse en la sombra de la clandestinidad.

En muchas ocasiones, las sociedades secretas han sido verdaderos gérmenes de innovación y renovación, con ideas revolucionarias tanto en el plano sociopolítico como en el religioso. Prueba irrefutable de que los hombres necesitan unirse y ayudarse para propagar sus ideas y doctrinas.

Como se mencionó, el que sea secreto es sólo una medida de seguridad contra la represión. Son secretos su organigrama, sus rituales o ceremonias de iniciación, etcétera. Todo se realiza con la mayor discreción, casi siempre para proteger la propia supervivencia. Y es muchas veces éste el motivo por el cual se han perdido o trastocado muchas de las doctrinas y arcanos de algunas sociedades, al haber muerto sus depositarios sin haber tenido tiempo de revelar el escondite de sus libros y documentos.

Rosacruces

En 1614 y 1615 se publicaron los escritos *Reforma universal*, *La fama* y *Conffessio Fraternitatis*; se le atribuyen estos escritos a J.V. Andreae (1586-1654). Con estos tres libros se muestra públicamente por primera vez la existencia de la hermandad de la Rosa Cruz. *La fama* trata de cómo el alemán Cristián Rosacruz (Christian Rosenkreutz C.R.C.), fundó la orden de la hermandad de la Rosa Cruz, él se inició con los sabios de Siria durante un viaje a Oriente. También relata el descubrimiento de la tumba de Rosacruz, y la sorpresa de sus discípulos al encontrar además del cuerpo del maestro un libro simbólico escrito sobre pergaminos, diversos objetos rituales tales como espejos de diversas virtudes, campanillas, y lámparas encendidas mejor conocidas como "lámparas perpetuas" de los rosacruces.

Cristián Rosacruz o Rosa Cruz es un personaje imaginario, de quien se dice fue de raza germánica y vivió de 1378 a 1485. Los datos sobre este ilustre personaje son por demás ambiguos y contrarios, como suele pasar con los orígenes de una tradición ocultista.

Durante el Medievo, pese a las represiones por parte de la Inquisición y castigos tan bestiales como la hoguera, no se detuvo el librepensador, el intelectual que trataba de conocer más de cerca del esoterismo, este pensamiento fue propagado por organizaciones iniciáticas y sociedades secretas, las cuales sintetizaban las ideologías de las corrientes y pensamientos. En esta época surgieron diversas asociaciones como los alquimistas, hermetistas, cabalistas, entre otros.

Con el renacentismo, y el ocaso del poderío de la Iglesia católica, se dio un ambiente propicio para la intelectualidad deseosa de desarrollarse cada vez más, surge el gran progreso de las más heterodoxas doctrinas. Los viajes relacionaban cada vez más a las personas y sus doctrinas. El mejor ejemplo es Nicolás Barnaud (1535-1601) que viajó a los 53 años por toda Europa en busca de los creyentes de la alquimia para comunicarles sus ideas políticas.

Los autores rosacruces tomaron como base algunas de las doctrinas del médico suizo Paracelso (1493-1541), y aludían más de una vez en la "profecía" de la llegada de Elías Artista :

> *Dios permitirá que se haga un descubrimiento de mayor relevancia que debe quedar oculto hasta el advenimiento de Elías Artista... Y es la verdad, no hay nada oculto que no deba ser descubierto, por eso tras de mí vendrá un ser maravilloso, que aún no ha nacido, y que revelará muchas cosas.*

Para el Rosacruz Andreae, Elías Artista no es una persona, sino un ser colectivo, representado en la Orden de la Rosacruz.

En un inicio, los rosacruces fueron alquimistas que introdujeron pensamientos políticos y religiosos a sus propias doctrinas herméticas. Surgen en Alemania, a finales del siglo XVI, principios del siglo XVII, la fecha más antigua de la que se tiene referencia es 1598. En este año el alquimista Studion fundó en Nüremberg la asociación llamada Militia Crucífera Evangélica, a la que muchos definen como el antecesor de la Rosacruz, y cuyas teorías se encuentran reunidas en el libro *Naometría* (1604), esta obra estudia "la medida del templo místico", utiliza el símbolo de la Rosa y de la Cruz y anuncia una "reforma general" y una "renovación en la tierra". Cabe mencionar que todos los símbolos rosacruces se encuentran en los pentáculos del alemán Heinrich Khunrath (?-1595).

Algunos investigadores han buscado los inicios de la Rosacruz en el esoterismo musulmán y en los "alumbrados" de España, pero como ya hemos mencionado, lo esencial de la inspiración de esta orden parece haber sido tomada de los discípulos alemanes de Paracelso, conocida con el nombre de

Pansophia (conocimiento universal) aunada a diversas doctrinas más o menos teosóficas y místicas. Algunos escritos muestran que al parecer la hermandad se constituyó hacia el año 1600, la persona que deseaba pertenecer a esta orden debía jurar guardar en secreto todos los conocimientos, esto al parecer fue fielmente llevado a cabo hasta 1614, fecha en la cual la Rosacruz creyó que era el tiempo para manifestar su existencia al mundo. Sus principales voceros fueron Rodolfo II de Habsburgo y otros personajes, como el conde Mauricio de Hesse-Cassel. El pastor luterano J.V. Andreae fue quien habló en nombre de la hermandad, divulgando este grupo, que por mucho tiempo intrigó al público culto de entonces y a la misma ciudadanía.

El símbolo

El símbolo de la Rosacruz está compuesto por una rosa roja colocada en el centro de una cruz, también roja, por estar salpicada por la sangre mística y divina de Cristo.

Este símbolo, que fue utilizado por los caballeros cristianos durante el tiempo de las Cruzadas, según el filósofo inglés Robert Fludd tiene un doble significado: La cruz representa la sabiduría del Salvador, el conocimiento perfecto; la rosa simboliza la pureza y la perfección del magisterio. En este símbolo también se puede ver la cosmogonía del hermetismo, ya que la cruz, como emblema masculino, representa la divina energía creadora que ha fecundado a la matriz oscura de la sustancia primordial, representada en la rosa como emblema femenino, misma que ha logrado trascender el universo a la existencia.

Expansión de la orden de la Rosa Cruz

Como ya se mencionó, la hermandad de la Rosa Cruz tuvo sus orígenes en Alemania y pronto alcanzó una gran extensión, sus adeptos más notables fueron Andreae Mynsicht (llamado Madathanus), Gutman y Michael Maier (1568-1622) y el gran místico Jacob Boheme (1574-1624), cuyas obras al igual que las del gran doctor del grupo Robert Fludd, hacen alusiones a la "piedra filosofal espiritual", al Cristo, "la santa piedra angular de la sabiduría".Pero el rosicrucianismo trascendió sus fronteras de origen, el checo Comenio, uno de los principales hermanos, viajó a Holanda y pronto consiguió discípulos, en general los Países Bajos eran una tierra fértil para lograr adeptos, ya que existía la libertad de pensamiento. Francia, pese a que tuvo seguidores como Michel Potier y el cirujano David de Planiscampy no tuvo mayor notoriedad. Sin embargo, fue en Inglaterra donde encontró mayor expansión, gracias a los esfuerzos del médico Robert Fludd (1574-1637).

Robert Fludd viajó durante seis años por el continente europeo (1598-1603), recorrió Francia, Italia, España y Alemania hasta los confines de Polonia. En Alemania conoció hermanos de la orden de la Rosa Cruz y se inició en los ritos y doctrinas de la misma. A su regreso, en Inglaterra, funda en Londres grupos que se extendieron rápidamente; ciertamente Fludd fue el gran maestro. Para el año 1605 la orden de la Rosa Cruz estaba fuertemente cimentada en Inglaterra y fue esta organización quien introdujo en la "francmasonería" el sistema de altos grados llamados "escoceses".

LOS ROSA CRUCES Y LA FRANCMASONERÍA

A mediados del siglo XVII, la orden de los Rosa Cruz tomó impulso y encontró en la francmasonería refugio en los "talleres masónicos". Los hermanos rosacruces se hicieron recibir como "masones aceptados", e hicieron suyo el simbolismo de las corporaciones de constructores. Se llamaron "Masones simbólicos", quienes trabajaban en la construcción del templo "invisible e inmaterial" de la humanidad. Tomaron el ritual original y le agregaron concepciones herméticas y cabalísticas. Dentro de sus creaciones se encuentra el grado de "maestro" con un ritual de iniciación donde revivieron el "recipiendario": la muerte, la "podredumbre" y la resurrección. Asimismo, introducen los "altos grados", llenos de esoterismo cristiano.

De este modo, se puede decir que la francmasonería moderna ha tomado y continuado el esoterismo de los rosacruces. Hicieron suyos, además, algunos de sus símbolos, como el pelícano, el Fénix que renace de sus cenizas, el águila bicéfala, entre otros.

No debemos olvidar que en la primera mitad del siglo XVII hubo una gran mezcla de ideas, surgimiento y crecimiento de sociedades secretas que tomaban unas ideas de otras. Es sumamente difícil orientarse en este periodo donde misticismo y alquimia se fusionaron a la par de los descubrimientos científicos, todo esto sumado a los deseos de una reforma social que dio como resultado un gran número de utopías, como la *Ciudad del Sol*, de Campanella y la *Nueva Atlántida*, de Francis Bacon, que, escrita a partir de 1622, describe la "Casa de Salomón" donde residen los sabios, acudiendo a los símbolos arquitectónicos.

La filosofía

Gracias a que los adeptos "hermanos" del rosacrucismo se dieron a la tarea de escribir ampliamente sobre la doctrina y fines de la orden, en el presente el historiador puede fácilmente acceder a esta información. En Europa las grandes bibliotecas poseen un sinnúmero de obras de este género de la primera mitad del siglo XVII.

Tratar de resumir la doctrina Rosa Cruz, es casi imposible. Sin embargo, tomaremos un fragmento de Fludd donde trata sobre la filosofía religiosa de esta orden.

Es un vasto sistema teosófico, un cristianismo esotérico fuertemente influenciado por el hermetismo, la cábala, el neoplatonismo y la gnosis. Este sistema ha logrado reunir los vestigios de las tradiciones ocultas que durante el medievo y el Renacimiento vivieron en el resguardo de la sombra. Dentro de su doctrina se encuentran desarrollados todos los temas clásicos esotéricos como la cosmogonía sexual (donde el origen del universo fue a través del fuego macho y la materia hembra). Todos los seres vienen de la misma raíz, del Ser supremo, de la Mónada. Los hermanos, depositarios de la antigua filosofía secreta enuncian el retorno de la edad de oro.

El hombre, quien a causa de su rebelión se ve privado de la Divinidad, debe buscar su reintegración a través del éxtasis; puede y debe volver a ser Dios. Provisto de una sabiduría inherente el ser humano está destinado a operar la "reforma universal" religiosa y social. "La gran obra" es sobre todo el Ergon, la búsqueda interior de "la piedra filosofal", es decir, la santificación del individuo.

Los rosacruces creían firmemente en la continuidad de la "revelación" y conservaron la tradición secreta por una sucesión ininterrumpida de "grandes iniciados", estos iniciados eran los verdaderos rosacruces, en el sentido amplio y absoluto del término, a los demás integrantes de la hermandad sólo se les conoce como simples "rosicrucistas".

Los "grandes iniciados" eran depositarios de la "ciencia total", poseedores de la "piedra filosofal", así como del conocimiento supremo para prolongar la vida indefinidamente, dotados de poderes sobrehumanos. Son los llamados "invisibles" que muchos de los personajes de aquel tiempo buscaron afanosamente. Desde luego que hubo algunos hombres que se dijeron ser "grandes iniciados", algunos ejemplos de esto son el conde de Saint Germain y Cagliostro, en el siglo XVIII.

Pero la sociedad de los rosacruces influyó mucho más de lo que se cree en la historia de la humanidad, de este modo Descartes, seducido por las teorías místicas de esta orden, durante su visita a Alemania y Holanda, se ordenó gracias a la ayuda de su amigo, el matemático Faulhaber. De este modo el famoso *Sueño* de Descartes y *Olímpica* son escritos realmente reveladores de esta época del autor.

Finalmente, los rosacruces integraron a la francmasonería, que ha sido fuertemente influida por esos adeptos; en cuanto a las organizaciones modernas que han pretendido, o pretenden, prolongar el movimiento, no tienen nada en común con los rosacruces del siglo XVII (a ese tipo pertenecen la "Orden Cabalística de la Rosa Cruz" de S. de Guaita, la "Rosa Cruz Católica" de Péladan, la *Rosicrucian Fellowship* de Max Heindel, y otras sociedades menos conocidas.

LA MASONERÍA

En cuanto a los orígenes de la masonería se han dicho diferentes cosas. Se ha afirmado que proceden de Egipto, del templo de Salomón y de ministerios antiguos. Mejor conocida por francmasonería, procede por su etimología del francés *franc* (libre) y *mason* (constructor); es decir, constructor libre, y se refiere a la comunidad de constructores que, dirigidos por Hiram de Tiro, edificaron el templo de Salomón; estos constructores se organizan para formar un grupo de trabajadores calificados, guardan secretos técnicos y profesionales sobre palabras, signos y manejo de instrumentos; para que esto sea efectivo y el secreto se guarde hacen un juramento.

Más que sociedad secreta, considerémosla como una sociedad cerrada que ha sufrido modificaciones y transformaciones a la idea original que le dio vida. Desde su inicio hasta nuestros días la masonería ha pasado por varias etapas. En un inicio, se habla de un periodo mítico y legendario de la masonería (mito de Hiram). Enseguida viene el periodo llamado masonería "antigua" u "operativa" (que no es sino la continuación y transformación de las agrupaciones gremiales del medievo y del Renacimiento). Después viene la auténtica masonería, considerada en el moderno significado de la palabra, llamada "masonería moderna" o "masonería especulativa", surgió a principios del siglo XVIII con carácter de sociedad de "iniciados".

En el año de 1717 nace la masonería propiamente dicha, por obra de los pastores protestantes ingleses James Anderson y J. T. Desaguliers, continuadores del movimiento espiritual inspirado por Comenio (1592-1670), autor de *Introducción al saber universal*. En 1723 Anderson publica *The Constitutions of the Free-Masons* y con esto logra dar a la francmasonería una mejor estructura y una organización más definida. Desde entonces, la masonería recogió las influencias de las corrientes intelectuales del enciclopedismo del siglo XVIII y del racionalismo y liberalismo del siglo XIX. Se difundió muy rápidamente por Europa: en 1721 se constituyó la primera logia en Francia; en 1717, en Rusia, establecida por Pedro I; en 1723, en España; en 1734, en La Haya; en 1738, en Boston y así en más lugares.

Al extenderse la masonería por Europa, se perdió parte de su base filantrópica y humanitaria. Al lado de la masonería ortodoxa, surgieron numerosas sectas, unas particularmente herméticas, cabalísticas, eclécticas y seudomísticas (martinistas franceses, pietistas alemanes) y se crearon otras netamente políticas (iluminados bávaros); e incluso la masonería regular conforme pasaban los años se fue dividiendo en numerosas ramas y ritos.

La ruptura definitiva la dio el Gran Oriente de Francia en 1877 al borrar de sus estatutos la creencia en el Ser Supremo al que dan el nombre de Gran Arquitecto del Universo. Como resultado de esta actitud la Gran Logia de Inglaterra se promulga en contra del Gran Oriente francés. La posición adoptada por la masonería francesa era congruente con la actitud anticlerical, laicista y racionalista que sus miembros propugnaban. El paso francés fue secundado por muchos orientes y logias, tanto europeos como hispanoamericanos, que rechazaron enfáticamente, como primera condición para ser miembros de la masonería, la creencia en el Ser Supremo.

De esta manera, mientras que la masonería anglosajona sigue con el espíritu estático y religioso inicial, la francesa se convierte (pasado el terror de la Revolución y bajo el imperio), en paladín de las nuevas tendencias liberales. Masón y liberal serán términos coincidentes en algunos países europeos.

Se dice que las logias han influido directamente en la política mundial durante el siglo XIX. Si bien esto no se ha podido comprobar, se le atribuyen casi la totalidad de las revoluciones burguesas de este siglo.

En 1804 Francia con la Gran Logia General se convierte, con Napoleón, en el primer centro impulsor de la masonería en Europa, siendo designado gran maestre José Bonaparte.

Se ha visto que la masonería se ha vinculado siempre con la realeza, en países como Inglaterra y los países nórdicos; en Francia, inclinada siempre a fórmulas de gobierno basadas en la estricta libertad individual, fue siempre respetada por todos los regímenes políticos, hasta 1940 en que el mariscal Petain la declaró fuera de la ley; aunque, posteriormente, en tiempo del general De Gaulle, quedó sin validez dicha ley.

En el siglo XX se han efectuado varios intentos de unificación. Si bien no ha tenido el éxito de unificación total de todas las ramas de la masonería, sí se han podido fusionar algunas de ellas como Francia, Alemania, Bélgica, Holanda y Luxemburgo; según los acuerdos de sus respectivos grandes maestres aceptados en las reuniones de Estrasburgo y Bruselas de 1961 han llegado a una fusión total sustentada en la libertad de conciencia y tolerancia mutua, acuerdos a los que posteriormente se adhirió Italia.

En la actualidad las logias masónicas más florecientes están en los E.U.A.; le siguen las de Inglaterra. Fieles a sus antecedentes liberales, las sociedades masónicas en general se manifiestan en contra de todo régimen político autoritario y están inscritas como una corriente más del pensamiento contemporáneo.

LA FILOSOFÍA

Existen cuantiosos y variados conceptos de la masonería, esto debido a lo complejo del movimiento, así como las mismas definiciones que dan sus agremiados, que suelen ser poco concretas, y muchas de las veces omiten el verdadero fin.

Según los ritos inglés y escocés, la masonería es “un hermoso sistema de moral revestido de misticismo e ilustrado por símbolos”. El artículo 1° de los estatutos del gran Oriente de Bélgica es algo más específico: “un organismo mundial y en proceso incesante, que tiene por objeto la investigación de la verdad y el perfeccionamiento de la humanidad. Su base es la libertad y la tolerancia, no formula dogma alguno, ni descansa en él". La siguiente definición de uno de sus agremiados es más precisa: "La francmasonería es una asociación universal, filantrópica, filosófica y progresiva, que procura inculcar en sus adeptos el estudio de la moral universal, el amor a la verdad, a las ciencias y las artes, e infundir los sentimientos de abnegación, filantropía y la tolerancia religiosa. Asimismo, pretende eliminar los odios entre las razas, los antagonismos de nacionalidad, de opiniones, de creencias y de intereses, creando entre los seres humanos lazos de solidaridad y fundiéndolos en mutuo afecto de sensible correspondencia".

En la constitución masónica de 1723, uno de sus artículos establece lo siguiente: "Todo masón está obligado en virtud de su título, a obedecer la ley moral; y si entiende bien nuestra filosofía, no será jamás un necio ateo, ni un irreligioso disipado. De la misma forma en que lo hicieron nuestros antepasados masones que estaban obligados, en cada país, a profesar la religión de su patria o nación, cualquiera que ésta fuese, en el presente nos ha parecido más a propósito el no obligar más que aquella en la que todos los seres humanos están de acuerdo, dejando de lado cada uno su opinión particular, a forjarse como hombres buenos y verdaderos, hombres de honor y rectitud, cualquiera que sea la denominación o creencias con que puedan distinguirse. Entendamos de este modo que la masonería es el centro de unión y el medio de conciliar una verdadera amistad entre personas que sin estos lineamientos quedarían aisladas sin remedio".

Esta definición da la impresión de que la masonería tiene como objetivo reunir a los hombres que creen en Dios (Ser Supremo), que respetan la moral natural y quieren conocerse y trabajar juntos a pesar de la diferencia de opiniones religiosas, y de sus propias creencias y dogmas. Pero bajo este difuso deísmo y filantropía se puede intuir una realidad más profunda. León XIII en su encíclica "Humanum Genus" puso de manifiesto cómo las enseñanzas religiosas, filosóficas y morales en que se basa la masonería como tal, llevan a la negación de la existencia de Dios, a la negación de la misma moral, y abren camino al ateísmo, al panteísmo, al iluminismo, al espiritismo, al esoterismo y otras formas de pensamiento.

En resumen, de la masonería no se puede hablar en un sentido particular, ya que no existe una única masonería; existen muchas masonerías independientes unas de otras (masonería inglesa, norteamericana, alemana, austriaca, escandinava, holandesa, el Gran Oriente de Francia, la Gran Logia Nacional francesa, las masonerías italianas, las hispanoamericanas, etcétera; y además, dentro de estas mismas, practican diversos ritos (rito escocés antiguo y aceptado, rito de York, rito escocés rectificado, rito mixto universal, entre otros). Para analizar la masonería se tendrá que diferenciar más en cuanto a la finalidad que persiguen que en cuanto a los principios fundamentales de su doctrina, una masonería regular u ortodoxa, frente a una masonería irregular y heterodoxa. La primera sigue más fiel a los principios de sus creadores y bases originales: creencia en un Ser Supremo, respeto de la Biblia y no injerencia en cuestiones políticas y confesiones, y ha preferido dedicar su actividad al campo humanitario. Y la segunda es la creada por el Gran Oriente francés, atea, sectaria y declaradamente anticatólica.

Capítulo VI

Adivinaciones, profecías y grandes oráculos

Antecedentes

Existe una estrecha relación entre la magia y los poderes adivinatorios, no obstante en ocasiones estas dos prácticas son contrarias, por ejemplo, es muy común encontrarnos con un practicante de la magia, que sea también adepto a las artes adivinatorias y viceversa. La magia como lo hemos señalado con anterioridad es una ciencia activa, el mago hace conjuros y trata de cambiar el futuro, asimismo utiliza objetos varios para conseguir su fin. Otra característica de la magia es su oposición a la religión.

Las ciencias adivinatorias, en contraste, tratan de indagar el pasado y predecir el futuro de los individuos, dentro de sus fines no está el de modificar el futuro, se distingue por ser más contemplativa, pasiva y religiosa. Sexto Empírico hace una definición de la adivinación en su libro *Oposición a los matemáticos* (X,133): "La adivinación es la ciencia o facultad, de ver y de explicar a los seres humanos los signos que son revelados por los dioses".

Desde todos los tiempos y en casi todas las culturas han existido los adivinos. En el caso de Grecia se puede citar la leyenda en la que Apolo mató un gran pitón con las flechas de su arco de plata; una vez consumado este hecho, Apolo es obligado a transmitir uno de los talentos de esta terrible serpiente, hija de la Tierra, quien tenía el don de la clarividencia, alimento y respuesta a la curiosidad de los seres humanos; Apolo eligió a la sacerdotisa

Delfos quien desde este momento tomó el nombre de la serpiente destruida, de esta manera se le conoció como “Pitonisa”. Este oráculo, llamado oráculo de Delfos, estaba destinado únicamente para la consulta de importantes decisiones en la vida política y religiosa de la Hélade.

En Grecia se practicaba también la adivinación por los sueños, los cuales se creía eran inspirados por Zeus. El sacerdote oneirópolos, era el encargado de descifrar estos sueños, y daba consejo a los enfermos en el templo de Esculapio, en Epidauro. Los griegos tambien practicaban la necromancia, es decir, la adivinación por evocación de los muertos, Ulises recurre a esta mancia como lo cita *La odisea* (Canto X).

Otro de los famosos oráculos griegos es el de Amón-Zeus, el dios de las Arenas en el oasis libio de Siwah. Para evocar este oráculo se utilizaba un ídolo con cabeza de carnero en oro, torso humano con el pecho cubierto de esmeraldas y un falo que se le pronunciaba desde el ombligo. El ídolo era colocado en una barca sagrada y conducida por el gran sacerdote, el rastro que dejaba la barca en el agua era interpretado por el sacerdote. Esta misma técnica de adivinación la encontramos también en la antigua Siria.

En Roma se practicaba el arte de predecir el futuro a través de la *aruspicium* o examen de las entrañas de animales, esta técnica fue transmitida a través de los etruscos. Otros de sus métodos favoritos era el estudio del vuelo de las aves. La práctica de la adivinación estaba reservada para los arúspices y augures y era patrimonio y dogma del Estado. En los años 213 y 139 a.C. se inició la expulsión de la ciudad de los brujos y adivinos, más que por reprobar sus artes fue porque éstos representaban una competencia desleal al Estado.

Si el lector desea adentrarse aún más en el estudio de las artes adivinatorias de la Antigüedad puede referirse al celebre libro del latino Valerio Máximo titulado *Hechos y dichos memorables*.

En Oriente las artes de la adivinación se remotan a tiempos inmemorables, los chinos eran asiduos a la observación de los astros y a las mancias, y utilizaban para ello los pies en la podomancia, el *Libro de las mutaciones* , el I Ching.

Por otra parte la India, pese a ser una cultura llena de artes mágicas, no lo es en artes adivinatorias, sus métodos eran muy rudimentarios, como el cocimiento del arroz, ramitas o cuerdas pequeñas arrojadas al fuego, trayectoria de una flecha, etcétera. Estos procedimientos eran utilizados por indios, quienes deseaban saber su porvenir, el resultado de las cosechas o bien el resultado en un enfrentamiento.

Cuando el cristianismo triunfa contra los dioses de la vieja Alejandría, se propone también exterminar su fruto: la adivinación, considerada magia, y por lo tanto el practicante era sospechoso de tratos con el maligno.

En el año 775 Carlo Magno decretó la prohibición de las artes adivinatorias: astrología, adivinación por sueños, augurios y predicciones. Sin embargo, la primera de esas artes logró escapar de estas prohibiciones, manteniéndose vigente hasta el siglo XVII.

En 1691 es ejecutado cruelmente el último de los adivinos condenados. Más tarde inicia una época de oro para los adivinos: Cagliostro impresiona con sus predicciones a toda Europa y Lenormand predijo el porvenir a todo París, ni siquiera la Revolución francesa detuvo sus prácticas.

Actualmente existen infinidad de videntes, desafortunadamente en muchas casos se trata de simples estafadores, quienes se aprovechan del desconsuelo de los tiempos ofreciendo revelar el futuro tan incierto para todos los humanos.

En este capítulo hablaremos de un oráculo ancestral, el *Libro de las mutaciones* (I Ching) y de algunos famosos profetas y videntes.

EL *LIBRO DE LAS MUTACIONES*, EL I CHING

El I Ching o *Libro de las mutaciones* es el más antiguo y profundo de los libros clásicos de China. El libro expone uno de los elementos fundamentales de la filosofía china, el cambio constante de las cosas y de los seres, de una manera cíclica y no lineal, simbolizado por el *yin* y el *yang*, que refleja una concepción dinámica del mundo. La palabra *Ching* se traduce como texto y la palabra *I* como cambio o mutación, por eso se le conoce en castellano como *Libro de las mutaciones*.

El Libro de las Mutaciones es además un libro de sabiduría que contiene las leyes que ordenan todo el universo. Originalmente era utilizado para dar consejo a los miembros del Estado. Hoy, el pueblo chino tiene acceso a esta sabiduría milenaria, y muchos adeptos confían su destino al conocimiento encerrado en este gran libro, investigan sus influencias y los posibles cambios a los que cualquier ser se tiene que enfrentar a lo largo de su vida. Incluso los políticos actuales no son capaces de menospreciar sus consejos.

HISTORIA DEL *LIBRO DE LAS MUTACIONES*

Poco se conoce con seguridad de su procedencia, pero se sabe que reemplazó gradualmente al hueso oracular de la adivinación China. En ese antiguo sistema de adivinación se utilizaba el caparazón de una tortuga o bien, la osamenta cuidadosamente descarnada del lomo de un buey, a la que le aplicaban calor hasta que se iba rompiendo, los adivinos leían las respuestas de las grietas que se iban formando. Debido a que las tortugas escaseaban y los bueyes eran costosos, este tipo de arte adivinatorio sólo era para la clase acomodada. Es por esta razón que los historiadores creen que el I Ching, tomó terreno con rapidez, ya que era mucho más fácil y accesible económicamente.

Según cuenta la leyenda, el emperador chino Fu Hsi, quien se piensa vivió hace 4 500 años, es el autor del *Libro de las mutaciones*. Sin embargo, se reconocen cuatro padres de este libro de oráculos y de saber: Fu Hsi, el rey Wen, el duque de Chou, y Confucio.

En 1143 a.C., el entonces comandante Wen Weng escribió explicaciones para cada triagrama y hexagrama, mientras cumplía una condena. Más tarde Wen se convirtió en rey y cuando murió, su hijo el duque de Chou agregó comentarios a las líneas individuales, y al significado de cada posición dentro de los triagramas y hexagramas.

El libro fue usado como textos de oráculos durante toda la época Chou, con el titulo de *Las mutaciones* de Chou, con este nombre llegó a Confucio (del 551 a 479 a.C.), quien extrajo las enseñanzas profundas que influyeron de manera determinante en su pensamiento.

Al igual que las reglas de la vida contenidas en el I Ching, se afirma que cultivando la propia personalidad, haciéndola fuerte y ennobleciéndola, se consigue hacer reinar la armonía en uno mismo y por ende en la sociedad.

Las grandes virtudes exaltadas por Confucio, son: La justicia y el amor por la humanidad, con el objetivo de instaurar entre los hombres sentimientos de nobleza, dignidad y respeto mutuo; además, Confucio contribuyó a la comprensión del libro de *Las mutaciones* con una serie de comentarios que constituyen buena parte del texto de las ediciones modernas.

Había convertido las reglas del I Ching en la base de la doctrina taoísta. Por él, dicha doctrina estaba basada en valores como el amor filial, la devoción al soberano, la sinceridad, la compasión, la paciencia, la simplicidad y la concordia, valores todos ellos exaltados en los 64 hexagramas del I Ching.

La mayoría de los historiadores parecen coincidir que la difusión del I Ching, utilizado por sacerdotes que deseaban predecir el futuro, se remonta al año 1000-1500 a.C. Pero la práctica adquirió carácter filosófico cuando en el siglo III, un sabio chino llamado Wang Pi dijo que no debía restringirse el uso del I Ching a predecir únicamente el futuro, sino también era una herramienta para buscar la sabiduría y armonía espiritual.

En el transcurso de los siglos el libro de *Las mutaciones* tuvo varias vicisitudes y distintas fortunas en China, a él pedían respuestas filósofos, políticos y también gente común que debía tomar alguna decisión.

En Japón, en cambio, es materia de estudio en las universidades y todavía hoy se consulta antes de establecer negociaciones importantes. Al parecer el I Ching, llegó a Europa traído por los jesuitas, alrededor del año 1600, redactado aún con los antiguos ideogramas, que alguien intentó traducir sin obtener más que resultados casi incomprensibles.

Occidente no conocía nada acerca del *Libro de las mutaciones*, hasta que el estudioso británico James Legge lo tradujo al inglés en 1882, las dificultades del idioma oriental se hicieron presentes y la traducción se ve claramente afectada. No fue hasta 1911 que un alemán nacido en Stuttgart , Richard Wilhelm, que había vivido como misionero y pastor más de 20 años en Beijing, emprendió la tarea de traducir la obra al alemán, el trabajo duró unos 12 años, finalmente, en 1924 vio la luz la primera edición. Su publicación logró captar la atención de los europeos, debido en gran parte a la introducción que escribió para esta obra el famoso psicólogo Carl Jung.

Si bien le sucedieron varias traducciones, durante mucho tiempo la de Wilhelm se considera la mejor lograda. En ella no se limitó a las pocas palabras de rigor, sino que explica claramente su experiencia directa en las consultas que hacía, y a partir de aquel momento el I Ching, el libro de *Las mutaciones*, se convirtió en patrimonio cultural, fuente de sabiduría, respuestas y consuelo espiritual de muchas personas.

LA FILOSOFÍA

Los antiguos chinos concibieron una visión del mundo en constante cambio y movimiento. Consideraban que los hechos de la Tierra solamente eran reflejos de hechos reales, los cuales ocurrían en otra esfera diferente, sólo al alcance de unos pocos seres humanos altamente calificados. De este modo lo que el I Ching nos ofrece es una amplia información de un mundo en movimiento y cambiante.

La filosofía del I Ching está sustentada en el "cambio" y las fuerzas impulsoras que modifican la vida constantemente. Si bien los cambios se dan a cada momento y en cualquier lugar, éstos no se producen por casualidad, sino que son una consecución de ciclos que se entrelazan y se rigen por leyes cósmicas. La finalidad radica en conocer estas leyes y en saber interpretar su acción en el "cambio".

El *Libro de las mutaciones* no solamente predice un evento, sino que también proporciona sugerencias basadas en un análisis de la interrelación de las fuerzas cósmicas y acerca de lo benéfico o perjudicial de sus resultados.

En resumen, la persona que consulta el I Ching encuentra elementos de elección en sus acciones. De este modo puede saber no sólo lo que sucederá, sino lo que debería hacerse.

SOBRE SU USO Y CÓMO HACER UNA CONSULTA

El propósito del presente libro es mostrar a lector de una manera sencilla y resumida algunas de las prácticas de la adivinación. En el caso del I Ching, tratamos de proporcionar un camino fácil para aquellos que simplemente desean saber sus características principales, y para aquellos que deseen inciarse, encuentren aquí, un camino más sencillo a la enigmática y poética rama de la sabiduría china.

La forma tradicional para consultar el I Ching es utilizar tallos de milenrama o bien se pueden sustituir éstos por varillas delgadas de madera o por tres monedas. Para efectos prácticos de este libro tomaremos las monedas por su facilidad.

Al consultar el I Ching, lo primero es que debemos tomar en serio sus respuestas, se debe tratar de analizar cada palabra aun cuando en un principio éstas parezcan raras o sin relación con nuestra pregunta. Lo segundo es la forma en que estructuramos nuestras preguntas; recordemos que el I Ching es el *Libro de las mutaciones* o cambios, por lo tanto de preguntas como ¿Carlos me ama?, no se obtendrá una respuesta concreta. Se recomienda hacer preguntas como ¿qué giro tomará mi vida si me encuentro con Carlos? En cuestiones laborales no es conveniente preguntar, ¿debo hacer esto o lo otro?, es mejor, ¿está bien si hago esto? Y luego, ¿está bien si hago lo otro?

Se puede consultar el I Ching en los momentos en que necesitamos tomar una decisión precipitadamente o cuando ocurren novedades en nuestra vida. No se debe repetir las preguntas, si la respuesta fue ambigua, se debe dejar pasar por lo menos tres días antes de volverlo a consultar.

El yang y yin, origen del I Ching

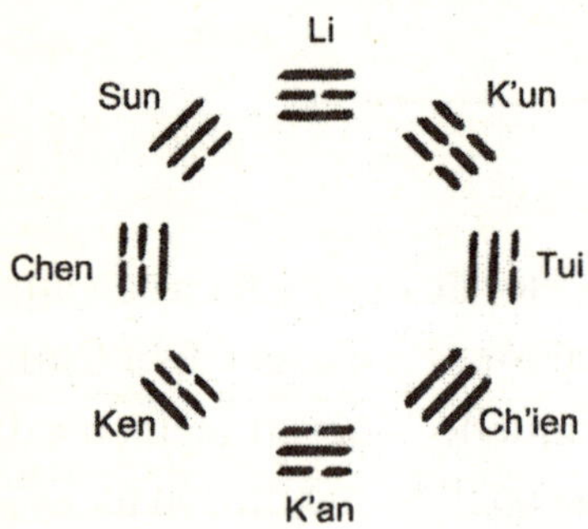

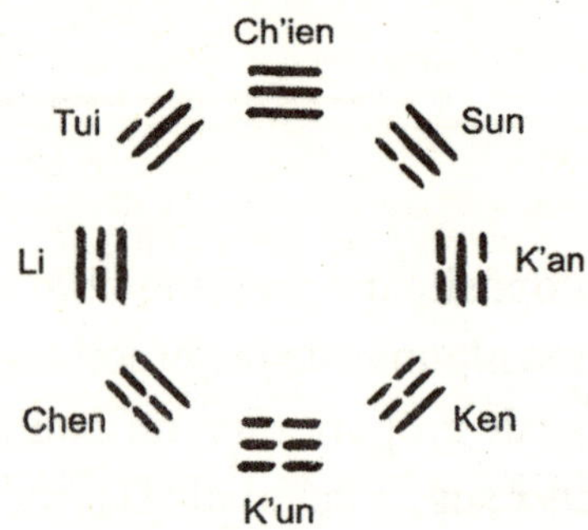

De acuerdo a la religión taoista y confuciana, *Tai Ji*, en el inicio de los tiempos creó dos opuestos complementarios: "yang" y "yin". Éstos representan el más y el menos, hombre y mujer, luz y oscuridad, día y noche y así sucesivamente. Literalmente, el antiguo significado de ying es "la sombra del lado norte de la colina", mientras que el yang representa " lo soleado del lado sur de la colina". El yang controla el cielo y todas las cosas, es positivo, activo, masculino, fuerte, con movimiento y vida. El yin controla la Tierra y todas las cosas negativas, es pasivo, oscuro, suave, estático y sin vida.

Tradicionalmente el yang es representado con una línea fuerte y continua y el yin con una línea partida en dos.

———— yang   —— —— yin

Según esta filosofía, los cambios eternos de la existencia son sumados a las relativas cualidades del yang y del yin. Cualquier circunstancia particular contiene sus propios aspectos balanceados y pueden ser consultados por el I Ching.

Las cuatro estaciones demuestran claramente cómo trabaja este principio del yang-yin: En el invierno, el yin está en su máximo, y el yang está en su mínimo; durante la primavera yang y yin están balanceados, con el yang reluciente y el yin desgastado; durante el verano el yang está en su máximo, y en el otoño nuevamente hay un balance entre el yang y el yin, con el yang desgastado y el yin reluciente. Finalmente en el siguiente invierno, el yin está de nuevo en su máximo. Este principio se aplica a todas las cosas del universo.

El símbolo chino de la existencia , el yin-yang, muestra esta unidad esencial. El oscuro yin con una semilla de luz del yang mientras que la claridad del yang lleva una semilla de la oscuridad del yin. El I Ching toma toda la sabiduría del yang-yin, y comienza a establecer bases para lo que a través de cientos de años de sabiduría llega a ser el *Libro de las mutaciones*.

En los primeros orígenes del I Ching era simplemente una colección de signos destinados a fines de predicción. Los más primitivos se limitaban a obtener respuestas como sí y no. El sí se definía con un trazo continuo (yang) y el no con un trazo discontinuo o quebrado (yin). Pronto surgió la necesidad de profundizar más en las respuestas, por lo que aparecieron combinaciones de estos dos trazos simples, surgiendo las cuatro combinaciones posibles.

Yang mayor

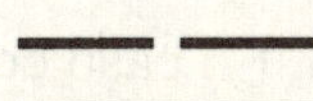

Yin mayor

Yang menor

Yin menor

Posteriormente, a éstas se añadía luego un tercer elemento lineal, formándose los llamados "Ocho signos" (triagramas). Éstos eran la imagen de lo que ocurría en el cielo y sobre la Tierra. Se dieron cuenta de que los sucesos que reflejaba cada signo, eran la continuación de uno anterior, llegando a obtener una secuencia que provocaba la transición o "mutación" de uno a otro. Los ocho signos son por lo tanto símbolos pertenecientes a estados de transición, de energías que van mutando y de cambios.

Tradicionalmente, los ocho triagramas básicos son colocados en forma de un octágono. Se utilizan dos formas: la más antigua es la "secuencia de la formación del cielo" atribuida a Fu Hsi, la más reciente es la "la nueva secuencia del cielo".

Estos triagramas tienen nombre y guardan una relación específica entre ellos, están relacionados co las ocho direcciones del espacio, son la base para la predicción del I Ching, así como la orientación de los muebles en el arte del Feng Shui.

Posteriormente, pensaron que debían conocer con mayor detalle las posibles respuestas a las situaciones de los seres humanos y su devenir. Se combinaron entonces estas ocho imágenes entre sí, para obtener todas las posibles combinaciones de 8 por 8, es decir, 64. Dado que está formado por la combinación de seis trazos (que pueden ser sí o no, continuo o quebrado), se les llamó hexagramas. Todos estos trazos son susceptibles de mutación, convirtiéndose un hexagrama en otra imagen distinta cuando el cambio se ha realizado. A estos cambios pronto se agregó otro factor más; el modo de actuar correcto en función de la imagen obtenida. Estaba claro que cada una podía dar dos posibles formas de actuación. Si ésta era la correcta, llegaba la felicidad a la persona. En caso contrario, no. Está claro entonces, que el I Ching rompe con la técnica de ser considerado únicamente como un libro adivinatorio o predictivo, para pasar a ser un libro donde se almacena sabiduría y consejo.

Siempre hay que tener en cuenta que la idea fundamental de toda la composición del libro es la de la mutación. Se cuenta que el maestro Kung Tse se detuvo en una ocasión a orillas de un río y dijo: "Así todo va fluyendo como este río, sin parar, día y noche". Esta ley es el TAO, el camino de Lao Tse. Para que se pueda convertir en realidad dicho cambio, se requiere una decisión inicial como el gran comienzo.

LA TIRADA

Normalmente existen unas antiguas monedas chinas de bronce que tienen un agujero en el medio y escritura en una de sus caras El lado de la moneda con cuatro caracteres es el yang y tiene un valor de tres. El reverso de la moneda tiene el valor de dos y es el yin. Aun así podemos usar cualquier otra moneda actual, donde la cara será el yang y el revés el yin.

Se aconseja encender una varita de incienso para hacer un ambiente más propicio.

Debemos concentrarnos en la pregunta, se toman las tres monedas. Después, sin dejar de concentrarnos, agitamos las monedas y las tiramos de manera que caigan enfrente de nosotros. En total tendremos que hacer seis tiradas, y cada una de ellas representará una línea del hexagrama. En cada tirada y dependiendo de la forma en que caigan las monedas (cara o cruz), tendrán una correspondencia Yin o bien Yang.

La forma de obtener si es Yin o Yang es la siguiente: Sumamos los valores con base en lo obtenido de las tres monedas lanzadas, y aplicaremos entonces la siguiente regla:

- Un 6 es un trazo quebrado (Yin)
- Un 7 es un trazo entero (Yang)
- Un 8 es un trazo quebrado (Yin)
- Un 9 es un trazo entero (Yang)

Por lo tanto dibujadas serán así:

6 ——— ———   ———————— (móvil)
7 ————————
8 ——— ———
9 ————————   ——— ——— (móvil)

Como ya se mencionó, se debe repetir seis veces la tirada, dibujando cada vez las líneas obtenidas de la suma, el hexagrama se construye desde abajo hacia arriba. Quiere decir que la primera tirada formará la base del hexagrama, e iremos construyéndolo hacia arriba. Una vez que obtenemos nuestro hexagrama, deberemos encontrar el texto asociado al mismo y que nos ofrecerá la respuesta que necesitamos.

Los triagramas tienen muchas correspondencias: ellas expresan las relaciones familiares, características naturales, partes del cuerpo humano, dirección, estaciones y elementos.

Triagrama	Familia	Parte del cuerpo	Orientación	Elemento	Cualidad	Imagen	Estación
Ch'ien	Padre	Cabeza	Noroeste	Metal	Fuerte	Cielo	Otoño tardío/ invierno temprano
K'un	Madre	Vientre	Suroeste	Tierra	Abnegado	Tierra	Verano tardío/ otoño temprano
Chen	Hijo mayor	Pie	Este	Madera	Movilizante	Trueno	Primavera
Sun	Hija mayor	Muslos	Sureste	Madera	Peligroso	Viento	Primavera tardía/ verano temprano
K'an	Hijo intermedio	Oído	Norte	Agua	Quieto	Luna	Invierno
Li	Hija intermedia	Ojo	Sur	Fuego	Penetrante	Sol	Verano
Ken	Hijo menor	Mano	Noreste	Madera	Luminoso	Montaña	Invierno tardío/ primavera temprana
Tui	Hija menor	Boca	Oeste	Agua/metal	Regocijante	Lago	Otoño

Ejemplo: Pongamos como ejemplo la pregunta ¿qué giro dará a mi vida mi encuentro con Carlos? De los seis tiros el resultado fue el siguiente: la primera suma 9, la segunda y la tercera 7, la cuarta 6, la quinta y la sexta 8. Los hexagramas son dos, porque sólo existen dos líneas móviles: en la primera y en la cuarta.

El resultado gráfico es el siguiente:

6ª. Línea (8) ━━ ━━　━━ ━━
5ª. Línea (8) ━━ ━━　━━ ━━

4ª. Línea (6) ▬▬ ▬▬ ▬▬▬▬▬ (móvil)
3ª. Línea (7) ▬▬▬▬▬ ▬▬▬▬▬
2ª. Línea (7) ▬▬▬▬▬ ▬▬▬▬▬
1ª. Línea (9) ▬▬▬▬▬ ▬▬ ▬▬ (móvil)

Con base en este resultado se consulta la tabla y veremos que los hexagramas obtenidos son el 11 (la paz) y el 32 (la larga resistencia), la primera corresponde a los sucesos del momento y la segunda indica la evolución, ya sea negativa o positiva.

Para poder localizar el número que descifra cada hexagrama, es necesario dividir el hexagrama en dos triagramas, superior e inferior. Se busca en la columna vertical de la tabla el triagrama inferior y en la columna horizontal el triagrama superior. En el punto donde se cruzan las columnas se lee el número del hexagrama correspondiente.

	☰	☳	☵	☶	☷	☴	☲	☱
☰	1	34	5	26	11	9	14	43
☳	25	51	3	27	24	42	21	17
☵	6	40	29	4	7	59	64	47
☶	33	62	39	52	15	53	56	31
☷	12	16	8	23	2	20	35	45
☴	44	32	48	18	46	57	50	28
☲	13	55	63	22	36	37	30	49
☱	10	54	60	41	19	61	38	58

SIGNIFICADO DE LOS HEXAGRAMAS

1. *Ch'ien*, creatividad
2. *K'un*, pasividad
3. *Chun*, dificultad en el inicio
4. *Meng*, inmadurez
5. *Hsu*, inactividad medida
6. *Sung*, conflicto
7. *Shih*, ejército
8. *Pi*, unidad
9. *Hsiao Ch'u*, lo nutritivo de lo menor
10. *Lu*, conducta
11. *T'ai,* paz
12. *P'i,* estancamiento
13. *T'ung Jen,* armonía social
14. *Ta Yu*, riqueza
15. *Ch'ien,* modestia
16. *Yu,* entusiasmo
17. *Sui,* proseguir
18. *Ku,* decadencia
19. *Lin,* aproximación
20. *Kuan,* contemplación
21. *Shih Ho,* castigo
22. *Pi,* elegancia
23. *Po,* separación
24. *Fu,* retorno
25. *Wu Wang,* integridad
26. *Ta Ch'u,* lo nutritivo de lo mayor
27. *I,* alimento
28. *Ta Kuo,* exceso
29. *K'an,* abismo
30. *Li,* fuego
31. *Hsien,* influencia
32. *Heng,* perseverancia
33. *Tun,* retirada
34. *Ta Chuang,* gran poder
35. *Chin,* progreso
36. *Min I,* oscurecimiento
37. *Chia Jen,* familia
38. *K'uei,* opuesto
39. *Chien,* obstrucción
40. *Hsieh,* relajación
41. *Sun*, reducción
42. *I,* incremento
43. *Kuai,* determinación
44. *Kou*, tentación
45. *Ts'ui,* reunión
46. *Sheng,* promoción
47. *Kún,* adversidad
48. *Ching,* bien
49. *Ko,* revolución
50. *Ting,* caldero
51. *Chen,* tronido
52. *Ken,* firmeza
53. *Chien,* desarrollo progresivo
54. *Kuei Mei,* casadera
55. *Feng,* prosperidad
56. *Lu,* extraño viajero
57. *Sun,* viento penetrante
58. *Tui,* júbilo
59. *Huan,* dispersión
60. *Chieh,* limitación
61. *Chung Fu,* verdad
62. *Hsiao Kua,* pequeños logros
63. *Chi Chi,* fin alcanzado
64. *Wei Chi,* previo al fin

Como se indicó anteriormente, el *Libro de las mutaciones*, requiere de un estudio profundo, y tal vez como dijo el famoso psicólogo Carl Gustav Jung, "adentrarse en los sagrados meandros del I Ching, es cosa seria, y para ello se podría emplear toda una vida".

LAS RUNAS

La palabra *runa* deriva de una raíz protogermánica que significaba, en principio, "rugir"; con el tiempo la evolución semántica la llevó a través del nórdico antiguo *run* "escritura secreta", pasando por el gótico *raun* "secreto, susurro" y el inglés antiguo *roun* y *rowan,* al inglés actual *rune* y al germánico *Runen.* En el núcleo del sentido de todas estas palabras está la noción de "secreto susurrado al oído".

Las runas son símbolos de una escritura utilizada en el norte de Europa. Se componen en su mayoría de líneas rectas, se concibieron para ser grabadas en superficies duras como la piedra o la madera, inclusive hueso o metal. Se han encontrado en lápidas, armaduras, urnas funerarias, joyas y en utensilios domésticos.

A lo largo de los siglos se emplearon varios alfabetos rúnicos diferentes por todo el norte de Europa, pero el más común fue el germánico o *futhark.* Recibe su nombre de las seis letras iniciales (F, U, TH, A, R, K). Las 24 runas se dividían en tres familias de ocho runas cada una.

A los 24 caracteres rúnicos se les agregó una nueva piedra llamada runa blanca. A esta runa se la considera la runa del karma y, dada su importancia luego de la leyenda de Odín, han determinado de una u otra manera que está relacionada con el alfabeto rúnico.

En el siglo VI los anglosajones desarrollaron un alfabeto rúnico de 28 runas. Este alfabeto se siguió desarrollando hasta llegar a 33 runas a principios del siglo IX.

El uso del FUTHARK llegó a su fin a inicios del siglo IX, y después de un periodo de transición apareció un alfabeto escandinavo totalmente nuevo. A diferencia de los anteriores alfabetos rúnicos que continuamente incrementaban el número de runas, "las runas nórdicas" representan una concentración mágica de las energías rúnicas en sólo 16 runas.

Del siglo VIII al siglo XII los vikingos llevaron el conocimiento rúnico desde el Ártico y Norteamérica hasta el Mediterráneo. En el norte las runas permanecieron en uso por mucho tiempo (se han encontrado inscripciones rúnicas en el siglo XVI). En el siglo XVII los cristianos condenaban a la muerte en la hoguera a aquel que poseyera runas. Calendarios rúnicos seguían en uso en regiones remotas de Suecia en el siglo XIX.

Cada runa representa conceptos por sí misma y, además de servir como escritura, tenían un sentido eminentemente mágico y se utilizan tanto para la magia como para la adivinación. Las runas se distinguen de otros sistemas mágicos, pues su sabiduría abarca tanto las cuestiones filosóficas y metafísicas, como las cotidianas. El ser humano es el centro de la simbología: sus emociones, el amor, la pasión, la alegría, la valentía, la victoria y sus defectos. Conecta al hombre con Dios y con la naturaleza. Las runas son secretos susurrados, ocultos o esotéricos, son un alfabeto mágico. Para este alfabeto mágico no existe un destino inexorable, nosotros tenemos la capacidad de cambiar nuestra vida. La clave para cambiar el futuro reside en el saber qué se debe y qué no se debe cambiar. Cuando la adivinación es viable, las runas se sienten vivas. Sus formas encarnarán significados específicos relacionados directamente a la pregunta realizada. Antiguamente se creía que los dioses y diosas hablaban a través de ellas.

Las runas son un elemento mágico que se utiliza como oráculo para encontrar respuestas a nuestras preguntas. Antes de usar las runas, no debemos olvidar que la magia es intención y deseo. Sin una idea clara de lo que se pretende obtener y sin un firme interés, la magia no puede funcionar. Por eso de nada sirve utilizar una runa como amuleto si no creemos firmemente en ella.

Según la tradición, los trabajos mágicos deben realizarse en el momento estelar oportuno para que surtan el máximo efecto.

Los trabajos que provocan aumento, crecimiento, unión y orden, se llevan a cabo en los días de luna creciente o llena. Los de disminución, paralización del crecimiento o liberación, se realizan en menguante.

Los runólogos señalaron que en la literatura escandinava antigua, las runas se asociaban con el dios Odín, que para poder dominar las runas debió permanecer amarrado de un árbol, clavado de su espalda permaneció nueve días y nueve noches, luego vio las runas y se apoderó de ellas.

En el Hávamál hay varias referencias de este tipo: "Escribirás una runa en el costado de tu nave, si quieres que el corcel de las velas navegue seguro sobre las olas" o "la copa de oro está llena de juramentos y de runas, de sortilegios y de signos mágicos". Asimismo, el Hávamál nos describe en uno de sus versos cómo Odín consiguió el secreto de las runas después de permanecer colgado nueve días, en ayuno absoluto, en el fresno del mundo. "Sé que colgué del árbol azotado por el viento nueve noches completas, atravesado por la lanza y a Odín entregado, yo mismo a mí mismo".

Muchos objetos de uso cotidiano encontrados, como peines, bastones o joyas, llevan grabado el nombre de su propietario; a veces, algún tipo de mensaje rúnico que no ha podido ser descifrado. Asimismo, con runas se escribían mensajes en bastones o tablillas usados sobre todo por los comerciantes y los reyes; podían ser tanto un calendario como una declaración de guerra. Algunas runas fueron grabadas en lugares que no podían ser vistos, esperando que su poder intrínseco actuase secretamente.

LAS PIEDRAS RÚNICAS

Uno de los legados culturales vikingos más abundantes que han llegado a nuestros días son las piedras rúnicas. Pueden tener escritura rúnica, imágenes o una combinación de ambas. Normalmente sólo están grabadas por una cara, aunque no faltan las que lo están por las dos. La mayoría fueron hechas para conmemorar a algún familiar muerto. Estaban pintadas con colores fuertes y se les colocaba en lugares donde pudiesen ser vistas por mucha gente, como en los cruces de caminos o a la entrada de las granjas.

El texto contaba los actos valerosos del homenajeado; muchas veces dicen que murió en lejanas tierras, por lo que se cree que ésta era una forma de reconocerlo oficialmente muerto y así poder los familiares disponer de la herencia. Los elementos comunes son: el nombre de quien la manda erigir, el nombre del homenajeado, parentesco o relación entre ambos, posición social y circunstancias de la muerte. Cada maestro tallador tenía su propio estilo y en muchas piedras aparece su nombre. Algunas tenían grabada una maldición contra el posible osado que quisiera destruir el monumento; también podían tener una invocación a Thor, posteriormente con la llegada del cristianismo se transformó en una corta plegaria por el alma del difunto.

En la isla sueca de Gotland se han encontrado cientos de piedras rúnicas; suelen ser del siglo VIII y posteriores. Éstas no suelen tener texto, sólo imágenes que cuentan alguna historia o símbolos abstractos que hoy en día, sin las connotaciones adecuadas, resultan difíciles de interpretar. En la ciudad danesa de Jelling pueden verse dos de las mejores y más grandes piedras rúnicas que han llegado a nuestros días. Una de ellas fue erigida en el 965 por el rey Gorm en honor a su mujer. La otra fue erigida por su hijo Harald Diente Azul como autohomenaje por haber conquistado toda Dinamarca y Noruega y haber cristianizado a los daneses. La piedra de Ršk, en Suecia, tiene su propio récord con una inscripción de 725 runas, que no se han podido descifrar.

En los dibujos, el tema más recurrente es una serpiente enroscada en un león y dragones de cabezas y cuerpos excesivamente alargados, aunque hay muchas que muestran escenas mitológicas más reconocibles.

MAGIA

Tanto por lo que cuentan las sagas como por lo que se ha encontrado en las excavaciones, podemos asegurar que la magia, en distintas vertientes, era un elemento habitual en la vida vikinga. Prácticamente todas están relacionadas con las runas.

Se han encontrado muchas espadas con la runa que representaba a Tyr, dios de la guerra; a veces acompañada por un conjuro rúnico que aumentaría su eficacia en el combate. Las runas también eran usadas como sistema de adivinación (echar las runas), interpretando los símbolos rúnicos grabados sobre trozos de madera.

Al tallar el signo de una runa sobre un objeto se creaba una vinculación entre el poder que se le otorgaba a la runa y el objeto; de esta manera los objetos quedaban investidos del poder de la runa. Los soldados infundían poder a sus armas grabando un signo sobre ellas, tallados en las casas servían de amuleto protector, los sacerdotes aseguraban la caza o intentaban que la meteorología fuera favorable para las cosechas y se curaban enfermedades o se intentaba asegurar la caza. Se consideraba que las runas poseían cierto poder mágico, eran misterios, secretos que encerraban confidencias y que los sacerdotes empleaban para predecir el futuro en sus prácticas de adivinación, para influir sobre el curso de los acontecimientos, para adquirir conocimientos por medios sobrenaturales en sus prácticas de magia, y para obtener respuestas y consejos cuando las runas se utilizaban como oráculo.

Siempre estuvieron vinculadas a aspectos de la vida cotidiana y su fin era proporcionar algo tangible y ofrecer tranquilidad a quienes los utilizaban hasta en los objetos más simples. Pero también abarcaban cuestiones filosóficas y metafísicas porque encerraban una idea secreta y sagrada que se expresaba de forma oculta sólo por algunos iniciados que trasmitían los conocimientos de forma oral.

SIGNIFICADO

Hoy cada símbolo rúnico representa una idea o concepto que está relacionado con el hombre (la fortuna, la salud, la creatividad, la felicidad, la seguridad, el sol, el agua, el día, etc.) y nos ofrece una información que está relacionada con nuestro yo. Las runas nos hablan de nosotros y es por eso que se puede afirmar que constituyen un oráculo personal, una mirada al interior de uno mismo con el fin de conocernos mejor. Son el puente que nos va a unir con nuestra parte más íntima.

A través de ellas podemos llegar a encontrar advertencias y consejos que nos ayuden a ser fuertes ante las contrariedades y a desplazarnos mejor en las situaciones de nuestra vida presente para que nada nos tome de sorpresa. Actualmente se utilizan como oráculo personal buscando en ellas orientación y guía para algunos acontecimientos de nuestra vida. Al consultar las runas nadie nos está leyendo el futuro y nada es definitivo porque las respuestas se encuentran en nosotros mismos. Sus símbolos nos advierten y aconsejan, pero nunca sentencian, nos ofrecen la opción de cambiar el curso de los acontecimientos a voluntad porque las respuestas que encontramos sobre alguna cuestión en particular es rápida, sencilla y nos da una visión de los momentos actuales ofreciéndonos la oportunidad de sacar conclusiones y de cambiar lo que no nos guste.

Consultar las runas es una práctica adivinatoria mucho más suave y menos dura que el Tarot, sin embargo, las runas nos van a decir si existe un problema, si hay posibilidad de un accidente, si las cosas van mal en un momento determinado, pero ahí estamos nosotros para evitar la resignación ante la adversidad, para examinar los acontecimientos y encontrar una solución porque las runas nos van a guiar en los conflictos ofreciéndonos la posibilidad de cambiar... y eso nos va a beneficiar.

CONSULTANDO LAS RUNAS

Cada vez que busquemos respuestas en las runas, hemos de tener en cuenta las siguientes premisas:

1. Debemos saber exactamente qué queremos saber.

2. Las preguntas deben ser claras y sencillas. El uso de preguntas largas y complicadas no hace más que entorpecer o anular al oráculo.

MODOS DE CONSULTA

Si bien no existe un único modo de consultar el oráculo, y en muchos casos, cada quien termina por diseñar su propio sistema, hay algunos métodos utilizados desde hace mucho tiempo, veamos dos de ellos.

El primero consiste en dejar caer siete runas en forma consecutiva. Las piezas deben estar guardadas en una bolsa de cuero o tela oscura o de color rojo. Luego, se irá tomando una tras otra desde el centro hacia fuera interpretando el significado de cada uno de los grabados. Este método era utilizado por los germanos.

El otro sistema, usado por los antiguos celtas, es más sencillo y directo. Se mantienen las runas en una bolsa oscura, se hace la pregunta en voz alta, se extrae una de ellas y se interpreta. El significado de la runa responderá a la pregunta.

Independientemente del método que utilicemos, existen algunos momentos adecuados para la realización del oráculo, se considera que el mejor momento es la noche, y mejor aún cuando es luna llena. No se recomienda interpretar cuando es luna nueva o menguante avanzada.

Por último, antes de comenzar a ver las runas una por una, debemos destacar que cada vez que se utilice el oráculo, debe hacerse a conciencia, con paciencia y sinceridad. Se debe utilizar sólo cuando se necesite y no abusar de él en interpretaciones triviales.

Las runas pueden consultarse o bien para hacer la exploración de la semana actual o para tratar de encontrar la respuesta a alguna pregunta específica que tenga en estos momentos. En ambos casos uno de los métodos más efectivos, seguros y fáciles de hacer es el lanzamiento o la tirada de las tres runas. Una vez que las haya obtenido interprete el significado y utilice su intuición para descifrar su mensaje oculto.

No es recomendable efectuar más de tres preguntas personales en una tirada porque esto oscurece su interpretación. Asimismo, como se trata de un antiguo oráculo su actitud no debe ser pasiva, sino activa. Es decir, cuando tenga sus tres runas una al lado de la otra compare siempre lo que significan con su situación actual. Recuerde también al colocarlas que la runa que va a sacar primero, la que corresponde a las letras de su nombre la colocará a la izquierda de todas; que la segunda runa, correspondiente a la de su día y mes de nacimiento la coloca en el medio; y que la última runa, la de la inspiración la coloca a la derecha.

La primera runa que le va a aparecer, además de su interpretación actual, indica condiciones del pasado, la segunda su situación actual y la tercera lo que puede esperar sobre esta situación.

INTERPRETACIÓN DE LAS RUNAS

FEHU o FEOH
Significados: realización / ganancia
Correspondencias planetarias: Venus y la Luna

GENERAL

NORMAL

Encierra el concepto de riqueza y dinero obtenido gracias a tu esfuerzo y a la superación de las dificultades. Hace referencia a todos los bienes y ganancias materiales más que a los espirituales. Además, indica que todos tus objetivos se verán realizados, es decir, prosperidad económica.

INVERTIDA

Sin embargo, si sale invertida es mejor andar con pies de plomo y abandonar los posibles proyectos porque podría haber problemas. Es mejor aplazarlos para otro momento más propicio. Indica la necesidad de un cambio drástico en tu forma de vida, de lo contrario podrías tener importantes pérdidas económicas y múltiples decepciones de todo tipo. Es posible que aparezcan problemas no sólo económicos, sino también anímicos.

AMOR

NORMAL

Indica la posible aparición de una bonita declaración de amor hacia un ser querido. Este amor será tierno y satisfactorio siempre y cuando sepas expresar todo lo que sientes a tu pareja de una manera sincera. Tu declaración será muy bien recibida.

INVERTIDA

Periodo difícil en el terreno amoroso ya que aparecerán discusiones y dudas muy importantes. En un principio el problema es temporal, pero si esta runa está acompañada de otras muy negativas indicará la ruptura inevitable de la pareja.

TRABAJO

NORMAL

Indica la aparición de una muy buena propuesta de trabajo conseguida gracias al esfuerzo que has realizado y a tu diligencia personal. Además es una runa que representa ganancias económicas, por lo tanto ese nuevo trabajo será muy beneficioso económicamente.

INVERTIDA

Te aconseja que debes tener mucho cuidado, ya que existe la posibilidad de que pierdas tu puesto de trabajo o incluso podrías perder algún bien material que tenga gran valor. Además, esta pérdida será para siempre y nunca jamás podrás recuperarla.

URUZ o UR
Significados: cambios / curación / energía
Correspondencia planetaria: Marte

GENERAL

NORMAL

Representa la energía, la fuerza, la vitalidad. Indica buena salud y en caso de enfermedad indica una rápida mejoría, te dice que te vas a recuperar pronto. Si anuncia algún cambio que suponga un gran esfuerzo para ti también te dice que vas a ser capaz de afrontarlo sacando fuerzas de dentro de ti. Si está cerca de otras runas positivas te presagia buena suerte y un gran éxito en cualquier circunstancia. Siempre vaticina un cambio importante. En asuntos financieros suele indicar el cambio de profesión o de puesto hacia una mejoría.

INVERTIDA

Si aparece invertida te está indicando que has dejado pasar una buena oportunidad, tal vez por debilidad o falta de voluntad. Dado que es la runa de la salud, al salir invertida a lo mejor te está anunciando una enfermedad leve. El cambio que te anuncia no te agrada demasiado, incluso te resulta desagradable.

AMOR

NORMAL

Tu vida amorosa va a estar llena de fuertes emociones junto a tu pareja. Puede que sea una época de cambios dentro del noviazgo, siempre hacia algo mejor. Si no tienes pareja te anuncia la llegada de una persona muy especial.

INVERTIDA

La vida en pareja que llevas actualmente es complicada porque no haces ningún esfuerzo en comprender cómo se siente tu pareja. Puedes estar atravesando un gran desequilibrio físico y moral que te ocasiona problemas en tus relaciones sexuales.

TRABAJO

NORMAL

En los negocios y en el dinero notarás una mejoría generalizada que te será muy satisfactoria, pero no debes confiarte porque depende de tu esfuerzo no de la suerte. Existe posibilidad de ascenso o aumento salarial.

INVERTIDA

Los problemas y las dificultades serán constantes en el trabajo y en los negocios. La falta de motivación y las escasas fuerzas que tienes no te ayudarán a salir adelante. Tal vez esta situación, a largo plazo, puede merecer la pena y te ayudará a recapacitar.

THURISAZ o THORN
Significado: protección
Correspondencia planetaria: Júpiter

GENERAL

NORMAL

Te encontrarás protegido y además la suerte estará de tu lado en todo lo que emprendas. Sentirás gran asombro por esta situación, ya que pensabas que la vida nunca te iba a brindar esta oportunidad. No debes desperdiciarla.

INVERTIDA

Te resistes a aceptar la ayuda de los demás. Crees que todos los consejos que te dan son trivialidades. Ni siquiera haces caso de los consejos que te da tu propio instinto. Debes estar atento y prestar más atención a lo que te dicen.

AMOR

NORMAL

Debes tener cuidado y no confiar tanto en ti mismo, porque, aunque es bueno confiar en uno mismo, no debe hacerse en exceso. Tienes que ser más prudente. Si te piden una decisión o compromiso debes asegurarte bien de lo que eso representa. Debes aprender a consultar a las personas que te rodean y te quieren.

INVERTIDA

Te encuentras desanimado y te falta motivación ante la vida en pareja. Si sigues así los problemas y las dificultades no acabarán, incluso pueden agravarse aún más. Debes prestar más atención a tu pareja o el distanciamiento será irremediable.

TRABAJO

NORMAL

La fortuna está de tu lado y algún golpe de suerte aparecerá trayéndote grandes beneficios. Estarás en el lugar y en el momento adecuado para recoger los frutos de lo que con anterioridad has sembrado.

INVERTIDA

Debes tener cuidado a la hora de tomar decisiones en tu trabajo o en los negocios. Puedes equivocarte porque estás agotado y débil. Tienes que tomarte un respiro y todo mejorará.

ANZUS u OS
Significados: consejo / lenguaje
Correspondencia planetaria: Mercurio

GENERAL

NORMAL

Cuando sale puede indicarte alguna clase de prueba en los estudios que estás cursando o una entrevista de trabajo, que vas a superar gracias a tu elocuencia. También se refiere a los consejos sinceros que puedes recibir de otras personas con más experiencia, a los que debes hacer caso porque tal vez te ayuden a resolver un conflicto que te preocupa en estos momentos. Su significado también hace alusión a la adquisición de sabiduría.

INVERTIDA

Si sale invertida anuncia mentiras, malos consejos o que alguien te está engañando. No debes hacer caso de lo que te cuentan ni de los consejos que te den porque la persona que lo hace en ningún momento está preocupado por ti, él sólo va a lo suyo. Debes ser prudente. También te puede estar diciendo que no asimilas nada de las elocuentes enseñanzas de la vida.

AMOR

NORMAL

En el amor señala que posiblemente aparecerá una persona especial en tu vida que te ayudará mediante buenos consejos. Será una persona llena de compasión y paciencia. Aprenderás mucho de ella y te será muy útil siempre que sigas sus consejos.

INVERTIDA

La persona que está a tu lado en el terreno sentimental no es de total confianza porque desea lo mejor sólo para sí misma, no para ambos. Sus consejos están basados en el egoísmo. Por eso te aconseja ser precavido.

TRABAJO

NORMAL

Parece indicar la aparición de un nuevo oficio. Alguien te ayudará en este terreno por medio de consejos imparciales y sinceros que deberías aprovechar al máximo. Si existen problemas se superarán sin ninguna dificultad.

INVERTIDA

Sugiere un fracaso laboral debido a una mala elección. Puede que algún superior trate de influir negativamente en tus planes de trabajo. No debes fiarte de ningún tipo de consejo, ya que por lo general la mayoría de ellos serán egoístas.

RAIDO o RAD

Significado: movimiento

Correspondencia planetaria: Mercurio

GENERAL

NORMAL

Indica movimiento, viajes. Simboliza algún viaje o una excursión que vas a realizar, normalmente agradable. También habla de los cambios y movimientos hacia una situación positiva. Si se te presenta algún cambio debes aceptarlo porque seguramente evolucionará hacia algo mejor. A nivel laboral es buen momento para realizar inversiones, pues dispondrás de información inesperada que te ayudará. Además de ser la runa del viaje, lo es también de nuestro viaje interior, de nuestra transformación interior hacia la armonía.

INVERTIDA

Si sale invertida puede indicar algún contratiempo o cambio forzoso de la situación en la que te encuentras actualmente. Tal vez tengas que suspender los planes que habías hecho con antelación. Si es un viaje es mejor dejarlo para otra ocasión.

AMOR

NORMAL

Momento muy propicio para el comienzo de una relación sentimental. Los problemas que puedan aparecer en la relación podrán solucionarse con una conversación sensata llegando a un punto en el que ambos estén de acuerdo.

INVERTIDA

Debes andar con mucho cuidado en las relaciones de pareja, es posible que no le estés prestando la atención necesaria. Las separaciones serán más probables que las uniones. También debes aprender a tratar mejor a tus amistades y ser más paciente con ellas.

TRABAJO

Normal

En el tema de los negocios es el momento más adecuado para comenzar a plantearse la realización de varios proyectos que tenías en la mente desde hace ya algún tiempo, como puede ser la compra o la venta de algún bien inmobiliario.

Invertida

Será inevitable el cambio forzoso de los proyectos que estás empezando a poner en práctica. Además puedes salir perjudicado económicamente. Si traes algún negocio entre manos debes andar con mucho cuidado.

KENAZ o KEN
Significados: energía / poder interior
Correspondencias planetarias: Sol y Marte

GENERAL

Normal

Suele representar principalmente la energía y la fortaleza interior del consultante. Es una señal protectora e indica que en tu vida todo va a mejorar. También señala el inicio de una etapa muy positiva para ti.

Invertida

Invertida significa el final o la pérdida de algo muy importante para ti y debido a eso pasarás por un momento de retroceso en vez de progreso. Las confusiones y las dudas te invadirán en todos los campos, pero tienes que tratar de no perder la seguridad en ti mismo.

AMOR

NORMAL

Comienza una época de apertura hacia cosas muy buenas para tu relación de pareja. Los detalles con tu pareja engrandecerán la relación y el amor será más creativo y especial. Debes cuidarlo y no dejar que se vaya.

INVERTIDA

Indica el momento de lucha de los dos miembros de la relación por seguir juntos por un mismo camino. Esta situación acabará en ruptura, pero hay que aprender a aceptar los cambios porque aunque en ocasiones son malos, también son necesarios.

TRABAJO

NORMAL

No habrá problemas en general, pero si surgieran los vas a superar sin ninguna dificultad. Es posible que en el trabajo tengas una idea muy creativa e importante que te hará prosperar y tener mucho éxito.

INVERTIDA

La realización de tus proyectos se retrasará bastante y esto te generará mucha ansiedad y traumas interiores. Posiblemente aparecerán problemas y confusiones. Debes ser precavido y no perder la cabeza.

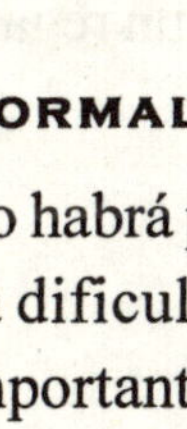

GYFU o GEBO

Significados: regalo / asociación

Correspondencia planetaria: Venus

No tiene posición invertida

GENERAL

Normal

Si esta runa te sale se te asegura un tiempo de éxitos y logros en cualquier asunto que tengas en estos momentos. Al no tener posición invertida siempre tiene un significado positivo y nos habla del éxito. Posiblemente vas a recibir un regalo ya sea material o relacionado con cualquier aspecto emocional o espiritual. Es una runa excelente que también nos habla de alguna asociación o unión en asuntos económicos o sentimentales.

AMOR

Normal

En los temas de amor indica la evolución positiva de una relación que podría consolidarse por medio de un compromiso. También puedes recibir un regalo inesperado de tu pareja ofrecido con mucho amor.

TRABAJO

Normal

En el campo laboral indica que todos tus proyectos serán fructíferos, exitosos y se desarrollarán sin ningún tipo de problema. Te aconseja no dudar en poner en marcha nuevas iniciativas profesionales.

WUNJO o WYN
Significados: alegría / éxito
Correspondencia planetarias: Venus y Saturno

GENERAL

Normal

Es una de las runas positivas. Habla de la alegría y de la felicidad que te rodea a ti y a los tuyos. Eres feliz en tu trabajo y en tu vida en general. Por fin ha llegado el éxito, los cambios han sido favorables, te sientes bien y estás a gusto en general.

INVERTIDA

Invertida representa la carencia de algunos elementos imprescindibles para ti, como son la felicidad, la alegría, las ilusiones o incluso las esperanzas que has depositado en el futuro. Pero no debes preocuparte demasiado porque a largo plazo esta situación cambiará.

AMOR

NORMAL

En las relaciones sentimentales destaca el gran amor que sientes por tu pareja. La felicidad que sientes en estos momentos es inmejorable, por lo tanto no tienes que preocuparte por nada, ya que todas estas emocionen tendrán una larga duración.

INVERTIDA

Te encuentras en una situación algo difícil en el tema amoroso. Esta situación puede estar ocasionada por una gran decepción con tu pareja debido a la aparición de una tercera persona que puede crear problemas.

TRABAJO

NORMAL

Debes aprender a encontrar la felicidad en el trabajo, así lo harás mejor y tendrás la posibilidad de conseguir el éxito. Tus méritos y esfuerzos serán reconocidos si llevas una vida mejor.

INVERTIDA

El trabajo diario no te llena plenamente y por este motivo te sientes insatisfecho. Debes prestar especial atención a una posible traición de alguna persona cercana. Si no lo evitas necesitarás bastante tiempo para recuperarte.

HAGALAZ o HAEGL
Significados: demoras / obstáculos
Correspondencia planetaria: Saturno
No tiene posición invertida

GENERAL

NORMAL

La respuesta es negativa. Representa a todas las fuerzas que nosotros no podemos controlar, que están fuera de nosotros. Es una runa impersonal, no se refiere a nosotros mismos, sino a personas y circunstancias ajenas y externas que obstaculizan el buen desarrollo de lo que deseas. Parece que todo se ha puesto en tu contra. Pareciera que tu futuro depende de los demás. Se provocará un cambio brusco, y se te dice que no es buen momento para comenzar ningún tipo de proyecto. Aunque al principio todo parezca oscuro, es posible que más adelante todo haya tenido una razón de ser.

AMOR

NORMAL

No es el momento adecuado para iniciar una relación y debes evitar cualquier riesgo. Será un periodo de tiempo malo, pero no muy largo, por eso no debes desesperarte. No intentes ir contra el destino o saldrás perjudicado.

TRABAJO

NORMAL

No es el momento idóneo para emprender nuevas iniciativas porque si lo haces fracasarás sin importar el empeño que pongas. La lectura de esta runa dependerá mucho de las runas que la precedan.

NAUTIZ o NYD
Significado: paciencia
Correspondencia planetaria: Saturno

GENERAL

NORMA

La respuesta es negativa. Ésta es una de las runas que nos indican espera y demora. Si en tu consulta aparece esta runa te indica que tienes que tener paciencia. Posiblemente todo se arreglará con el tiempo y aunque aumenten tus preocupaciones e intentes tomar decisiones, no por eso los problemas se solucionarán antes. También te enseña que de todo se aprende y aunque son tiempos difíciles pronto verás los resultados. Puede que tus proyectos se vean inmersos en limitaciones y tardanzas, pero todo se solucionará con el tiempo. En salud te indica una enfermedad grave o crónica a no ser que las runas que la acompañen indiquen lo contrario.

INVERTIDA

Si sale invertida te indica que pienses bien las cosas antes de emprender una acción porque es posible que lo que quieres llevar a cabo no es lo más adecuado en este momento. La impaciencia te puede conducir al fracaso. Tienes que reflexionar, no es conveniente empezar nada en ningún terreno. Te avisa que existe la posibilidad de fracaso y frustración.

AMOR

NORMAL

Indica que no te sientes plenamente satisfecho en el terreno emocional dentro de la relación amorosa que tienes actualmente. Esta runa te muestra tus metas y cómo éstas influyen en tu conducta diaria. No debes olvidar nunca que el lograr que tus deseos se cumplan depende sólo de tu lucha personal.

INVERTIDA

Tienes que pensar mucho las cosas antes de hacerlas, ya que puedes llegar a equivocarte. No es un buen momento para comenzar nada, pero si ya lo has hecho lo único que puedes hacer es ser sincero y reconocer que te has equivocado.

TRABAJO

NORMAL

Si quieres tener éxito debes ser constante, muy paciente y sobre todo reflexivo a la hora de tomar determinadas decisiones. No debes tener prisa y todo te llegará a su debido tiempo.

INVERTIDA

No es un buen momento para llevar a cabo nuevas iniciativas o proyectos, ya que éstos fracasarán. Debes aprender a ser paciente y tomar decisiones sin precipitarte porque si no lo haces así, tus proyectos fracasarán.

ISA o IS
Significados: detención / espera
Correspondencia planetaria: Júpiter
No tiene posición invertida

GENERAL

NORMAL

La respuesta es negativa. Lamentablemente no van a dar frutos tus intenciones u objetivos. Representa la interrupción de las actividades. Es mejor que pares y vuelvas a empezar en otro momento. El estancamiento es evidente y duradero y los resultados son perjudiciales, sobre todo si está rodeada de otras runas negativas. Es un momento malo para ti. Te indica también pérdida de energía, y obstáculos para el pensamiento y la acción.

AMOR

NORMAL

Tu relación amorosa puede carecer de lealtad, sobre todo al principio. Por lo general este problema se resolverá en un corto periodo de tiempo. Aunque habrá rencores y resentimientos.

TRABAJO

NORMAL

Debes suspender temporalmente los proyectos que ibas a poner en marcha. Puede parecer malo, pero a la larga será mejor. Si los empiezas ahora no serían beneficiosos. Sin embargo, si los aplazas un tiempo, el beneficio es más probable.

JERA o GER
Significado: recompensa
Correspondencia planetaria: Mercurio
No tiene posición invertida

GENERAL

La respuesta es afirmativa. Significa cosecha, periodo de fecundidad, aquello que obtienes, la recompensa y el reconocimiento por tus esfuerzos. Tu trabajo ha sido recompensado por fin gracias al empeño que has puesto. Te habla de resultados ventajosos, de que las cosas al final dan su fruto. Es posible que estés implicado en algún asunto legal que te beneficiará.

AMOR

Indica la culminación positiva de una relación de pareja tras la superación de una etapa muy poco fructífera y satisfactoria. Debes intentar no hablar mal de los demás si no los conoces realmente, es decir, debes aprender a no hablar sin saber.

TRABAJO

Indica que estás atravesando un buen momento en el terreno laboral para la consolidación de una empresa y tus méritos se verán recompensados. Los problemas que puedan aparecer de tipo legal, los superarás sin ningún tipo de demora.

EIHWAZ o EOH

Significados: perseverancia / protección

Correspondencia planetaria: Júpiter

No tiene posición invertida

GENERAL

Esta runa está relacionada con la paciencia y un tiempo de espera. Se requiere perseverancia y más que actuar hay que decidir. Te dice que serás capaz de alcanzar tus fines y todo irá bien si eres perseverante y actúas adecuadamente. Por eso aunque tengas dificultades podrás superarlas gracias a tu forma de actuar correcta. No te desanimes por estar en una época difícil, todo se va a solucionar antes de lo previsto.

AMOR

Dice que estás atravesando un buen momento emocional. Si aprendes a ser previsor y perseverante todo seguirá bien o incluso mejorará. Para evitar los problemas es mejor que te adelantes a las dificultades que puedan surgir, ya que es la única forma de superarlas.

TRABAJO

Una cuestión que has mantenido oculta durante algún tiempo se solucionará. Todas las expectativas están puestas en un proyecto razonable y además estás capacitado para llevarlo a cabo sin ningún tipo de dificultad, por eso debes arriesgarte.

PERTH o PEORD

Significado: secretos

Correspondencia planetaria: Marte

GENERAL

NORMAL

El misterio de lo desconocido. Runa que está relacionada con lo oculto, con los secretos, con las capacidades desconocidas. Posiblemente van a salir a la luz personas, acontecimientos o hechos que estaban ocultos. Tal vez encontrarás cosas que habías perdido o descubrirás un secreto. Puede que te diga que tienes una gran intuición que debes aprovechar en los malos momentos. La respuesta es afirmativa. Si sale esta runa los acontecimientos venideros serán buenos. También puedes ser una persona a la que le apasionan y preocupan los temas ocultos y todo lo relacionado con el misterio.

INVERTIDA

Si sale invertida, los secretos que se te revelen serán desagradables. Debes tener cuidado con los misterios y confidencias que no quieres que salgan a la luz porque puedes tener sorpresas. También te indica que las oportunidades y las esperanzas que habías depositado en algo posiblemente no sean como lo has planeado, por eso no es el momento más adecuado para abrir nuevas puertas.

AMOR

NORMAL

Época muy propicia para el inicio de una nueva relación o incluso para retomar una historia amorosa que dabas por perdida. También puede indicar que tú y tu pareja son muy compatibles sexualmente.

INVERTIDA

Tienes que ser precavido porque no estás atravesando por uno de tus mejores momentos, sino todo lo contrario. Puedes tener dificultades a la hora de tener relaciones sexuales debido a falta de interés de tu parte o de tu pareja. Época de desengaños en general.

TRABAJO

NORMAL

La situación económica que atraviesas actualmente no es mala. Puede que te salgan negocios, oportunidades o tal vez recibas un dinero que te sorprenderá. La mayoría de las veces trabajas duro para conseguirlo.

INVERTIDA

Es posible que las cosas no salgan como esperabas y por ello tengas una etapa de problemas económicos. Tampoco es buen momento para invertir dinero porque te arriesgas a perderlo. No debes prestar dinero a tus amigos porque lo puedes perder también.

ALGIZ o EOLH o ALHIZ
Significado: amistad
Correspondencias planetarias: Venus y Júpiter

GENERAL

NORMAL

Es una runa muy favorable. La runa de la amistad, de la protección. Estarás protegido de peligros y problemas durante un tiempo. Tendrás una buena racha. La suerte está de tu lado. Te vaticina la llegada de una nueva y buena influencia que se puede manifestar en forma de una persona o de una oportunidad, ya sea profesional o de estudios.

INVERTIDA

Si aparece invertida te indica que eres vulnerable y puedes ser el blanco de intereses que no te convienen. Dice que estás haciendo sacrificios y que no te reportan nada. Puede que alguien te esté engañando. Tal vez debes rechazar amistades o relaciones que no te convienen. Debes estar muy atento a todo lo que ocurra o saldrás muy mal parado. Si haces caso de estos consejos todo irá bien.

AMOR

NORMAL

Es una runa básicamente de amistad, pero aun así te indica la posible aparición de una nueva relación. Será una persona abierta, muy generosa, con un gran sentido del humor y excesivamente divertida.

INVERTIDA

Debes aprender a tener cautela. Debes saber esperar e intentar conocer bien a la persona antes de tener una relación seria con ella. Tienes que descubrir su carácter y detenerte a pensar, posiblemente más tarde, con el paso del tiempo surgirá el amor.

TRABAJO

NORMAL

Aparecerá la oportunidad de una nueva profesión. Si eres estudiante, de nuevos estudios. Debes aprovechar al máximo esta oportunidad, ya que cuentas con una influencia muy buena que te guiará y ayudará para que no tengas problemas en este terreno.

INVERTIDA

No es buen momento para que hagas nuevas asociaciones con las personas que te rodean, ya que no son de fiar. Debes ser precavido porque los sacrificios que estás haciendo para llegar al éxito no te van a beneficiar a ti, sino a los que están a tu alrededor.

SIGEL o SOWULO
Significado: éxito
Correspondencia planetaria: El Sol

No tiene posición invertida

GENERAL

Es una de las runas, al igual que la runa Tyr, con la cual te acompañará la victoria y el poder. En casi todas las ocasiones asegura el éxito. Vas a triunfar. El poder puede ejercer cambios positivos para la persona que hace la consulta. También puede indicarte que es tiempo de descansar y reposar para tomar fuerzas después de un desgaste. Está en relación con tu nivel de preocupación en algún asunto que vendrá dado en relación de las runas que le acompañen. Es una runa que indica una salud perfecta. También puede indicar una recuperación de gran capacidad. En todos los casos es una runa positiva.

AMOR

Cualquier obstáculo o dificultad que surja en las relaciones sentimentales lo superarás con gran facilidad y llegarás a ponerte de acuerdo en todo con tu pareja. Las fuerzas nunca te abandonarán para luchar por lo que quieres.

TRABAJO

Puedes estar atravesando un momento en el que el trabajo te ocupa todo el tiempo y te estás dedicando exclusivamente a él. Tienes que cuidarte y descansar tras haber realizado un esfuerzo tan grande. Debes tomar los negocios con más tranquilidad.

TEIWAZ o TYR
Significados: victoria / aliciente
Correspondencia planetaria: Marte

GENERAL

NORMAL

Es una de las runas de la victoria, de la fortuna y del éxito en todos los campos. Las fuerzas te van a acompañar en todo lo que te propongas y ni siquiera los obstáculos te van a detener. Llegarás a la meta por encima de todo. Tienes fuerza de voluntad y motivación suficiente para alcanzar tus propósitos. Puede indicarte la mejora en una posición de responsabilidad, éxitos económicos, buena salud, o fuerzas suficientes para recuperarse rápidamente, buen presagio para las relaciones amorosas y asuntos judiciales.

INVERTIDA

Te está indicando que tu entusiasmo por la realización de las cosas cada día irá a menos, aunque serás capaz de aguantar esta situación y salir adelante muy bien. No debes preocuparte por este mal momento que estás pasando, mejorará considerablemente.

NORMAL

Atraviesas por un buen momento en el que las relaciones sentimentales pueden ser muy satisfactorias. Puede que encuentres a tu media naranja, y si es así, este amor perdurará y mejorará con el tiempo. Si ya tienes pareja, la relación con ella será tan buena como el primer día.

INVERTIDA

Anímicamente te encuentras en un mal momento. Estás agobiado con tu relación y no sabes el motivo. Las cosas no te van bien en pareja y buscas la satisfacción en la infidelidad. Si estás sin pareja, las relaciones que se te presenten no serán duraderas.

TRABAJO

NORMAL

Posiblemente tendrás inconvenientes y dificultades en todos los terrenos, especialmente en el trabajo. Pero no debes preocuparte porque con fuerza de voluntad y ánimo los problemas se superarán y sabrás encontrar el éxito profesional.

INVERTIDA

Posibles problemas en el entorno de los negocios, pero el momento actual no es el más propicio para intentar arreglarlos. Hay que ser pacientes y aguantar como sea esta situación.

BERKANA o BEORC

Significados: fertilidad / fuerza femenina
Correspondencias planetarias: Júpiter y la Luna

GENERAL

NORMAL

La respuesta es afirmativa. Esta runa trae alegría y felicidad en todo tipo de asuntos relacionados con el hogar y la familia, como una boda o el nacimiento de un bebé. Representa la fertilidad física y también la mental. Indica nuevas ideas e iniciativas y nos empuja a realizar sin vacilaciones y lo antes posible los planes que tenemos en mente, las ideas que hemos concebido, porque el resultado será satisfactorio. Si tienes algún plan hay que ponerlo en práctica lo antes posible. También representa a la madre y a los hijos. En todos los casos esta runa habla del buen término del asunto preguntado.

INVERTIDA

Invertida no es una runa totalmente negativa y no anuncia catástrofes, desgracias ni rupturas drásticas. Pero sí te advierte de la posible aparición de problemas de tipo familiar y doméstico.

AMOR

NORMAL

Te anuncia que en un periodo no muy largo de tiempo aparecerá un nuevo romance que será satisfactorio para ti y te dará muchos momentos felices. Dependiendo de las runas que estén alrededor, podrás saber cuánto durará esta relación.

INVERTIDA

Invertida está indicando tu ansiedad descontrolada hacia alguien cercano. Debes meditar y reflexionar seriamente, ya que esta situación no es buena. Sin embargo, con la fuerza de tu mente podrás superar estos problemas en poco tiempo.

TRABAJO

NORMAL

Es un momento inmejorable para poner en práctica nuevas iniciativas que tengas en mente. Aparecerán nuevos proyectos que serán muy satisfactorios y fructíferos. Debes poner en marcha todos tus planes porque te darán muchos éxitos.

INVERTIDA

Los proyectos que tienes en estos momentos no se realizarán como esperas, ya que la mayoría de ellos tenderán a fracasar. No obstante, si eres prudente tal vez lleguen a dar frutos a largo plazo, aunque para esto debes aprender a ser paciente.

EHWAZ o EH
Significados: progreso / movimientos / cambio
Correspondencia planetaria: Mercurio

GENERAL

NORMAL

La respuesta es afirmativa. Es una runa de cambios y movimientos físicos. Éstos serán siempre para mejor y generalmente suelen darse antes de lo que te imaginas. Puede indicar un viaje o un cambio de domicilio que te va a satisfacer. Te vas a mover físicamente. Puede aparecer alguien que te ayude en tu cometido.

INVERTIDA

Es la única runa que invertida no tiene significado negativo. Si aparece junto con runas positivas significa lo mismo que al derecho. Aunque si está al lado de otras runas negativa te está diciendo que no emprendas ningún movimiento y dejes las cosas como están, simplemente no muevas nada.

AMOR

NORMAL

Ésta es una runa que suele anunciar algo bueno. Aparecerá una persona que te ayudará con su buen juicio y su inigualable sentido común. Sigue sus consejos y todo irá mucho mejor.

INVERTIDA

Como es la única runa que tiene prácticamente el mismo significado al derecho que invertida, en esta ocasión te está indicando la aparición de una persona dotada de un gran sentido común y buen juicio que te ayudará a sentirte mejor.

TRABAJO

NORMAL

Runa muy positiva que indica éxito, ya que ante la aparición de algún problema te verás muy capacitado para afrontarlo. Además te dice que estás dotado de un gran espíritu de superación y un juicio muy correcto.

INVERTIDA

Siendo su significado el mismo que al derecho, te habla también en esta ocasión del éxito en el ámbito laboral. Para conseguirlo deberás seguir tu instinto de superación ante los posibles problemas que puedan aparecer.

MANNAZ o MANN
Significados: independencia / humanidad
Correspondencia planetaria: Saturno

GENERAL

NORMAL

La respuesta es afirmativa. Se va a producir un cambio muy importante que favorecerá el asunto por el que se pregunta. Nos habla de la independencia. Si tienes un problema y eres incapaz de encontrarle solución porque tu actitud es muy negativa, posiblemente pronto encontrarás a la persona indicada que te va a echar una mano.

INVERTIDA

Si aparece invertida te dice que no vas a encontrar a la persona que te ayude a solucionar tus problemas. Además puedes verte perjudicado por otros individuos que quieren interferir en tus asuntos y esto te va a traer problemas.

AMOR

NORMAL

En el tema del amor indica que independientemente del sexo que tengas puedes tener problemas con las mujeres. Si estás a punto de iniciar una relación amorosa es mejor aplazarla. Si ya tienes pareja pueden aparecer discusiones y malentendidos constantes.

INVERTIDA

Puede aparecer una persona en tu vida con diferentes costumbres, raíces y vivencias a las tuyas que despertará en ti un gran interés sexual, aunque no sepas si ese interés es mutuo.

TRABAJO

NORMAL

Te aconseja prudencia a la hora de reconocer tus méritos. Es el momento de iniciar nuevos proyectos siempre que no esté acompañada por runas de demora. En ese caso sería mejor posponer los planes.

INVERTIDA

Los posibles problemas que pueden aparecer en este terreno serán importantes, pero no estarán causados por ti mismo, sino que una persona o grupo de personas intentarán que te sientas frustrado y que tus proyectos se derrumben.

LAGUZ o LAGU
Significado: intuición
Correspondencia planetaria: La Luna

GENERAL

NORMAL

Es la principal runa femenina y generalmente simboliza al consultante si éste es mujer. Es la runa de la intuición. Te está empujando a seguir al pie de la letra lo que te dicta tu intuición para resolver el tema que sea. De está manera desaparecerán las preocupaciones y llegará el momento de relajarse y descansar. Es importante también la imaginación a la hora de alcanzar el éxito en alguna idea.

INVERTIDA

Invertida es una runa con muy malos augurios. La intuición está bloqueada y no debes hacerle caso, de lo contrario sólo agrandará los problemas que tengas. En estos momentos debes olvidarte de tu intuición que podría llevarte por el camino más fácil, pero el más negativo. No confíes en una amiga que dice serlo.

AMOR

NORMAL

Muestra la presencia de una mujer que te apoya desde siempre y que es, sin duda, la mujer más importante de tu vida. Debes conservar este amor, ya que te ayudará en todos los campos. Es un buen momento que debes aprovechar.

INVERTIDA

Significa la deslealtad por parte de tu pareja si eres hombre. Si eres mujer hace referencia a la traición de alguna amiga muy cercana. Te recomienda ser prudente, ya que una nueva relación te traerá sólo frustración.

TRABAJO

NORMAL

Si quieres conseguir el éxito debes escuchar tu voz interior. Algunos problemas podrían agobiarte, pero serás capaz de superarlos con creces. Estás atravesando un momento muy propicio para sacar adelante nuevos proyectos.

INVERTIDA

No tienes que hacer lo contrario de lo que debes. Es mejor emprender una acción inmediata para salir de cualquier situación peligrosa en la que te encuentres, de lo contrario acabarás mucho peor de lo que imaginas.

INGUZo ING

Significados: conclusión / soluciones / continuidad de la vida

Correspondencia planetaria: Venus

No tiene posición invertida

GENERAL

La respuesta es afirmativa. Suele ser una runa positiva e importante. Te habla de un acontecimiento que será de vital importancia para ti. Tal vez el nacimiento de un hijo, una relación amorosa o un trabajo. En todo caso marca el final de una etapa de la vida para dar paso a otra más importante y satisfactoria. Anuncia también que tendrás las fuerzas necesarias para llevar a cabo tus proyectos y si algún problema te abruma se resolverá satisfactoriamente. La suerte está de tu lado y debes aprovecharla al máximo. Alude también a la claridad y serenidad mental.

AMOR

Indica la llegada de un acontecimiento muy importante en el terreno sentimental. Puede ser una nueva relación llena de frescura, satisfacción y felicidad. Si ya tienes pareja, es un buen momento para la vida en común con la persona a la que quieres.

TRABAJO

Indica la aparición de una nueva oferta de trabajo que debes aceptar porque es un buen momento para llevar a cabo nuevas iniciativas de trabajo. El éxito está asegurado y comienza una nueva etapa que hará que seas más feliz.

DAGAZ o DAEG

Significados: desarrollo / transformación

Correspondencia planetaria: El Sol

No tiene posición invertida

GENERAL

Alude al principio de un ciclo de prosperidad y crecimientos constantes y sólidos. Son los comienzos de una etapa de prosperidad. No tiene connotaciones negativas. Todos tus planes se desarrollarán con fortuna y prosperidad, pero la evolución será lenta. Indica que tu fuerza interior y tu actitud puede cambiar tu situación, pero tienes que poner algo de tu parte y luchar para conseguirlo. Te habla de la predisposición que tienes a la hora de abordar los problemas, y te empuja a que los abordes con optimismo.

AMOR

Hace alusión a tu actitud, y en este terreno no cabe destacar ningún cambio interesante, pero todo te irá bien en general. De haber algún cambio en tu relación será hacia el desarrollo positivo. Las amistades estarán muy apegadas a ti.

TRABAJO

Obtendrás el éxito. El desarrollo será lento, pero gracias a tu esfuerzo y al afán de superación conseguirás lo que te propongas. Debes aprovechar esta gran situación porque no sabes cuánto va a durar.

OTHEL o ETHEL
Significado: posesiones
Correspondencias planetarias: Marte y Saturno

GENERAL

NORMAL

Está en relación con todo lo que tiene que ver con el mundo material, dinero, herencias, propiedades, inversiones... por lo general indica cosas positivas. Talvez estás a punto de obtener ganancias mediante una herencia o algún plan de pensiones. Tendrás ayuda de la gente que te rodea. Pero si está rodeada de runas como Fehu, Beorc, Nied o Wunjo, indica avaricia.

INVERTIDA

Te dice que no vas a recibir la ayuda esperada, que tu situación financiera es estable, pero no vas a tener más de lo que tienes. Es mejor tener paciencia o de lo contrario puedes sentirte fracasado por el encuentro de obstáculos. Te aconseja que tc sirvas de ti mismo para realizar los propósitos y las metas que te has marcado, porque ciertamente no vas a encontrar ayuda.

AMOR

NORMAL

Afectivamente nunca te encontrarás solo ya que puedes contar con el apoyo de tus padres y hermanos o de la familia en general. Pero no debes olvidar que tus verdaderos amigos también pueden ayudarte.

INVERTIDA

Empieza una época de dificultades amorosas porque has intentado correr mucho y has avanzado poco. No te has parado a pensar ni por un instante lo que de verdad estás haciendo. Las precipitaciones a la hora de realizar las cosas no serán nada buenas.

TRABAJO

NORMAL

Si te encuentras agobiado y sin fuerzas para continuar debes confiar en la gente que te rodea, tus familiares y amigos. Ellos se preocupan por ti más de lo que piensas. Aparece la posibilidad de obtener ganancias heredadas o por un plan de futuro.

Invertida

Si no quieres encontrarte con un fracaso en tu camino debes ser más paciente y tranquilo en este terreno. Te aconseja confiar más en ti mismo, ya que lo que hagas dependerá sólo de ti y lo tendrás que hacer sin ayuda.

RUNA BLANCA
Significados: destino / aleatorio
Correspondencias planetarias: No hay
No tiene posición invertida

GENERAL

Ésta es la runa en blanco que significa confianza total. Es una runa que se añadió con posterioridad al resto. Carece de número y de símbolo, por eso es complicada su interpretación. Si aparece en una tirada te está diciendo que algo va a ocurrir y nada ni nadie podrá hacerlo cambiar. Puede ser algo bueno o algo malo, eso dependerá de tu comportamiento como persona y del trato que le das a los demás. Es posible que esté identificada con el karma, o suma de las acciones que hemos llevado a cabo a lo largo de la vida y las consecuencias que han tenido.

AMOR

Todo lo que ocurra en este terreno dependerá de ti solamente. Si eres buena persona las cosas saldrán bien y no tendrás ningún tipo de problemas dentro de la relación. Si por el contrario eres mala persona, las dificultades te acompañarán.

TRABAJO

En el trabajo debes aceptar tus actuaciones, ya sean buenas o malas. Tienes la certeza de que algo inesperado va a ocurrir. También quieres investigar algo para lo que no estás autorizado.

PROFETAS Y PROFECÍAS, LA VISIÓN DEL FUTURO

Si bien desde los inicios de la humanidad siempre han estado presentes los profetas, la profecía del escritor francés Jacques Cazotte, que pronunció durante una cena de gala en 1788 (de ser cierta) es una de las predicciones más puntuales y exactas de la historia.

Ésta sucedió en los tiempos de la Francia prerrevolucionaria. Durante una reunión de gala en la casa de una familia aristócrata, donde el anfitrión era un noble que gustaba de invitar a intelectuales, cortesanos, damas de la nobleza y miembros de la Academia Francesa, todos ellos con dotes de buenos conversadores y fantástico humor, Cazotte, autor de la novela oculta *El diablo enamorado* (*Le Diable Amoureux*), también era considerado dentro de estas reuniones. Durante la cena de la citada reunión todos competían por ser los más osados hablando, e irreverentes ante cualquier tema. Se comenzó a hablar sobre la eminente revolución, todos coincidían en que era necesaria para barrer de una buena vez con las supersticiones y los fanatismos. Fue en ese momento cuando Cazotte calló a toda la concurrencia con estas palabras: "Señoras y señores, no se preocupen, todos los aquí presentes verán realizarse esta revolución que tanto anhelan. Escúchenme bien porque tengo algo de profeta. Usted *monsieur* de Condorcet, morirá en una fría celda tras haber ingerido veneno para burlar al verdugo. Y usted *monsieur* Chambord, se cortará veintidós veces las venas pero no morirá de inmediato, sino algunos meses después. Ustedes, *monsieur* Nicolai y *monsieur* Bailly, morirán en la guillotina". Todos comenzaron a murmurar "este hombre está loco. ¿No ven que sus bromas son siempre así de macabras?" La Harpe alzó la voz diciendo que a él nada se le había predicho. Cazotte continuo "tú, te convertirás al catolicismo". Todos los invitados rieron... "Si debemos esperar a que La Harpe se convierta, entonces no hay de que preocuparse". La duquesa de Gramont preguntó por la suerte que tendrían las mujeres; Cazotte le indicó: "Desgraciadamente, su sexo no le servirá de protección, ya que usted así como muchas señoras caminarán a la guillotina con las manos atadas a la espalda. Nadie se escapará de este baño de sangre, ni siquiera el rey o la reina. Yo mismo moriré en la guillotina".

El 2 de septiembre de 1792, los revolucionarios arrestaron a Cazotte. Una vez puesto en libertad, le preguntaron qué sentía de haber sobrevivido a su propia predicción, a lo que contestó: "no creo, en tres días me guillotinarán" y así fue.

La Harpe fue quien recogió y dio a conocer esta historia, como le fue predicho sobrevivió a la revolución y se convirtió en católico.

Al referirse Cazottte y a sus dotes de adivinador, habló así de uno de los dones más antiguos de la historia: "Todas las épocas han tenido sus propios profetas, estas personas poseedoras de una segunda visión que les permite ver más allá, a través de los resquicios del tiempo. Algunos afirman que este poder viene de Dios, otros simplemente dicen tener poderes proféticos sobrenaturales que no son dados a cualquiera".

Por esta razón, porque no todos tienen el don de la predicción, se ha recurrido a la adivinación, es decir, el arte de descubrir los acontecimientos venideros a través de símbolos y presagios, como son las mancias o mancías.

Si bien la mayoría de los acontecimientos naturales pueden ser predichos, como que el sol saldrá cada día, que en verano hará calor y con la ciencia de la estadística también se puede prever otro tipo de resultados, fuera del ámbito científico, en las sombrías tierras de lo paranormal, muchas personas aseguran tener esa visión que no tienen científicos y eruditos.

En 1901 el soldado John William Dunne tuvo por primera vez un sueño profético, al que le siguieron otros más. Dunne llegó a la conclusión de que muchas personas tenían sueños premonitorios, pero que los olvidaban o bien al despertar no entendían su significado. Dunne, quien diseñó el primer avión militar británico, escribió el libró *An Experiment with Time*.

Muestra su teoría sobre que los sueños son una mezcla de pasado y futuro, y que cualquier persona mediante el análisis puede utilizarlos como herramienta de predicción. Asimismo afirma que el tiempo es multidimensional. Los acontecimientos están antes de que ocurran y nosotros avanzamos hacia ellos, de la misma manera en que caminamos hacia un objeto o nos movemos alrededor de él. Durante el sueño simplemente rompemos con la manera convencional de ver el pasado, el presente y el futuro en forma lineal.

Para el escritor británico J.B. Priestley, el escrito de Dunne era uno de los libros más curiosos, fascinantes y tal vez el más importante de la época. Sin embargo, otros lo juzgaron como una confusa mezcla entre ciencia y filosofía. Pero lo realmente notable es que este soldado británico planteaba cuestiones del tiempo que eran motivo de investigación de los científicos de la época.

Con el planteamiento de su teoría del tiempo Dunne llegó a la antigua polémica del destino frente al libre albedrío y con él, las conocidas interrogantes ¿el futuro está predetermiando?, ¿es un conjunto de opciones?, ¿se puede cambiar el destino?

Definamos primeramente que "profecía pura" es cuando el visionario afirma conocer el futuro gracias a la revelación directa. En la larga historia de las visiones proféticas, la explicación más común es que a través de su boca habla Dios o los dioses.

La historia de los profetas, como se dijo, es tan antigua como el ser humano. Los primeros profetas aparecieron en Babilonia, donde a unos reyes supuestamente les fue dado por Dios el don de la predicción. En la epopeya de Gilgamesh (2000 a.C.) el rey semidiós sueña con una inminente batalla. Su madre, una diosa, le tranquiliza diciendo que a raíz de esta batalla sus enemigos firmarán la paz. Y tal como se le había anunciado en el sueño a Gilgamesh, sucedió.

El rey sumerio Emmendurranna, quien posiblemente vivió antes del diluvio universal, codificó una normativa del augurio. En la primer dinastía Ur (2500 a.C.) era ampliamente conocido el arte de la adivinación. En Egipto surgió una casta de sacerdotes que interpretaban los sueños, éstos practicaban en los templos del dios del sol Amón-Ra en Napata. Los egipcios le llegaron a temer tanto a los sueños como a los espíritus.

La Biblia, sobre todo el Antiguo Testamento, contiene infinidad de historias de profetas, quienes gracias a la relación directa con Dios, les permitían afrontar el futuro con confianza. Los videntes israelitas eran llamados *nabhi* (personas iluminadas por el espíritu de Dios), su función particular era enseñar, prevenir y alentar a la población.

Los griegos tenían sacerdotes que celebraban ritos sagrados y sacrificios, mas no aconsejaban sobre cuestiones personales ni de Estado. Cuando se requería de consejo se visitaba los oráculos, santuarios donde se formulaban las preguntas a los dioses por medio de la ayuda de un médium humano. Por toda Grecia se encontraban templos de este tipo, la mayoría consagrados a Apolo, hijo de Zeus a quien se vincula más con la profecía. Uno de los templos más famosos es el oráculo de Delfos.

El Imperio Romano tuvo sus propios profetas y adivinos, pero no llegaron a la notoriedad de este oráculo. No fue hasta la caída de Roma y la llegada del cristianismo cuando la profecía volvió a tener importancia como en sus tiempos de gloria en el mundo clásico.

Los cristianos del oscurantismo, enajenados por el énfasis de la Iglesia del pecado y la condena, fueron fácilmente influidos por las profecías. En el *Libro de las revelaciones* de la Biblia, vaticina mil años de justicia, durante la cual Cristo reinará en la Tierra. Muchos creyentes entendieron que al finalizar el primer milenio cristiano se presentaría el fin del mundo. A finales del siglo X, una serie de sucesos como eclipses de sol, un invierno especialmente duro, la erupción del Vesubio y plagas, hicieron que las personas se convencieran cada vez más del fatídico final de la humanidad. A medida que se acercaba el nuevo año, la gente era dominada más y más por el pánico, algunos vendieron sus pertenencias y caminaron en peregrinación a Jerusalén para esperar ahí a Jesús, otros más se reunían, con crucifijos en las manos, implorando la salvación. Cuando el nuevo año llegó los temores desaparecieron y la vida cotidiana poco a poco se reanudó.

No obstante la Iglesia continuó como centro de profecías. Una campesina francesa del siglo XV llamada Juana de Arco, aseguraba tener la cualidad de hablar con los ángeles y vaticinó la derrota de los ingleses y la restauración del rey de Francia. Tomó el liderazgo de la batalla y su profecía se cumplió. Murió traicionada por el rey y martirizada, más tarde fue canonizada como Santa Juana de Arco.

Una historia comenzó a circular desde el siglo XVII, una vidente llamada Mother Shipton, quien se cree nació en Yorkshire en 1488, hija de una bruja, tenía dotes de clarividencia sin antecedentes. Vaticinó la caída del cardenal Thomas Wolsey, el hombre más rico e influyente de Inglaterra. Sus profecías fueron publicadas un siglo después de su muerte. Algunas de sus predicciones dicen: "Los carruajes irán sin caballo; los accidentes llenarán al mundo de infortunio; los pensamientos volarán rápidamente a lo ancho y largo de la Tierra, en un abrir y cerrar de ojos". Anunció el fin del mundo para el año 1881. Según el periódico *Notes & Queries* en 1873, los versos de Mother Shipton habían sido elaborados por un librero británico, llamado Charles Hindley, quien en 1862 las publicó como reedición de un escrito, que según él había aparecido en el año de 1684. Después de estas predicciones dudosas, llega Nostradamus, a desvanecer cualquier duda acerca de los profetas.

GRANDES PROFETAS DE LA HISTORIA

NOSTRADAMUS

Michel de Nostradamus. Su verdadero nombre era Michel de Notredame, se considera el vidente más renombrado y famoso de cuantos han sabido interpretar los astros, nació en Saint Rémy de Provence, al sur de Francia, el 14 de diciembre de 1503.

En la familia Notredame fue una tradición el ejercico de la medicina heredada de padres a hijos. El abuelo de Michel, Pierre de Notredame practicaba la medicina en Arlés y fue acusado de impostor por drogueros y boticarios, ya que él mismo fabricaba los remedios para sus pacientes.

Al ser destituido, estuvo al servicio del duque de Calabria y luego del rey René d'Anjou, que más tarde le nombró médico personal suyo. El médico Pierre estudió además de la medicina, astrología, fue reconocido y gozó de la confianza del rey.

El abuelo de Nostradamus influyó directamente en él por el gusto de la medicina y la astrología. Al fallecer su abuelo, Nostradamus viajó a Aviñón para iniciarse en letras y humanidades.

El joven Michel además de cursar sus estudios, dedicaba gran parte de su tiempo al estudio de las matemáticas, la astronomía y la astrología. Su conocimiento en estas materias era tal que podía hablar ante cualquier auditorio, los asistentes quedaban siempre sorprendidos.

Después de haber concluido sus estudios en Aviñón, ingresó a la afamada Escuela de Medicina de Montpellier. Asimismo su fascinación por la naturaleza lo hizo profundizarse en el arte de la herbolaria.

Debido a la epidemia de la peste negra (1525-1529) abandonó sus estudios en Montpellier y se vio obligado ejercer como médico, aun sin haber obtenido su título. Viajó a Narvona, Toulouse y Burdeos. Nostradamus al igual que los demás médicos de la época se consagraron a combatir la peste.

Nostradamus tuvo fama de excelente médico tanto por lo certero de sus tratamientos como por el espíritu de servicio con que ejerció.

Cuatro años más tarde se graduó formalmente de médico en Montpellier. Entregado a sus estudios se retiró en la ciudad de Agen, reanudó su labor de médico y volvió a ocuparse de la herbolaria. Contrajo nupcias y procreó un hijo. Inicia una estrecha amistad con Julio César Scalier quien más tarde fue su opositor.

En esta época reinicia sus predicciones. Se dice que Nostradamus en completa soledad se acomodaba en el sillón, rodeado de los instrumentos que utilizaba y de los textos en los que recogía su misteriosa ciencia astronómica. Es aquí donde leyó en la bóveda celeste el futuro fatídico para sí y para su esposa y sus dos hijos quienes serían presas de la muerte.

Sus predicciones sobre su familia se cumplieron, la peste segó sus vidas y con esto Nostradamus da un giro a su vida. Se exilia y viaja por más de diez años por lejanos países.

Durante su estadía en Ancona se manifestaron claramente sus dones de vidente: Frente a él vio pasar a un grupo de hermanos franciscanos y Nostradamus se arrodilló ante uno de ellos explicando que debía honrar al

Papa. Todos se rieron pues el fraile elegido era Felice Peretti, hombre de cuna muy humilde y que antes había sido porquerizo. Pero cuando cuarenta años más tarde Peretti fue elegido Papa todos se acordaron de ese episodio.

En 1544 contrajo segundas nupcias con Anne Ponsard, una joven y bella viuda de clase acomodada con quien disfrutó una vida desahogada y procreó tres hijos y tres hijas.

Abrió un negocio de herbolaria y por las noches se refugiaba en el ático de su casa, y ahí, rodeado de instrumentos: astrolabios, varillas de virtudes, espejos mágicos y el cuenco de latón, podía realizar sus oráculos.

En 1545 la peste nuevamente toma víctimas, Nostradamus regresa al ejercicio de la medicina. En Lyon se le reconoce como gran médico, aunque diversas rivalidades y pleitos con varios colegas celosos de su fama le obligaron a volver a Salon, donde se dedicó a escribir diversas obras médicas.

Se dedicó al estudio de la astronomía y ciencias adivinatorias; asimismo, continuó redactando sus célebres profecías, escritas en verso, en un estilo oscuro y confuso. Sus profecías predecían el futuro de Francia y del mundo hasta el año 3797, en que, según sus premoniciones, sería el Apocalipsis.

En 1955 sale la primera edición de *Las centurias*, dividida en diez volúmenes y pese a su complejo estilo literario tuvo gran éxito. En 1558 publica tres nuevas Centurias, dedicadas a Enrique II y Catalina de Médicis, devota creyente de sus profecías. Durante esta época la nobleza tenía una clara inclinación hacia el ocultismo, contaban dentro de sus cortes con adivinos, ocultistas, magos y astrólogos.

En 1564 fue nombrado médico personal de Carlos IX y de la princesa Margarita. Nostradamus siempre sufrió de los ataques de celos y envidias de sus contemporáneos, fue acusado de defraudador e impostor, inclusive la Santa Inquisición trató de juzgarlo, y fue gracias a la intervención de Catalina de Médicis que este proceso no se realizó.

Falleció el 2 de julio de 1566, él mismo había profetizado su muerte en las efemérides de Jean Stadins, con estas palabras en latín: *Hic propre mort est*, es decir, mi muerte está próxima.

Tras su muerte las críticas aumentaron en torno a sus escritos y prácticas. Pierre Gasendi siglos más tarde probó los errores de algunos de sus horóscopos, sin embargo, el tiempo no ha hecho merma en la popularidad de sus profecías y hoy en día se siguen reeditando en todo el mundo.

En 1781 la Iglesia católica reprobó la lectura de sus libros, éstos formaron parte del índice de "Libros prohibidos".

Se le atribuyen otras obras: *El tratado de maquillajes* (Lyon, 1552), *Remedio muy útil contra la peste y contra todas las fiebres pestilenciales* (París, 1561), y el *Tratado de recetas singulares para mantener la salud del cuerpo* (Lyon, 1572).

SANTA ODILIA

Considerada una de las más célebres profetisas. Patrona de Alsacia y abadesa del monasterio de Hohnenburg en los Vosgos. Nació ciega. Su padre, Adalric de Alsacia, consideró esto como un mal presagio y la envió desde muy pequeña a un convento. Desde muy joven demostró su devoción por Dios. Sus manifestaciones como pitonisa se manifestaron a temprana edad, lo cual según ella era gracias a haber aprendido a ver aun estando ciega.

Se dice que pudo recuperar milagrosamente la vista gracias a su fe y sus continuas plegarias, como así también a los poderes curativos del obispo local. Al enterarse su padre de su recuperación, trató de que Odilia regresara al hogar, mas ella le imploró a su padre que convirtiera en convento alguno de sus castillos. En el año 720 falleció en el convento del que era abadesa.

Las profecías de Santa Odilia son de una precisión asombrosa, sobre todo la referida a la Segunda Guerra Mundial, cuyas distintas etapas describe con lujo de detalles: el advenimiento de Hitler, los combates aéreos, las ciudades en llamas y la caída de Berlín.

Santa Odilia vivió muchos años antes de Juan de Jerusalén, de San Malaquías y de Nostradamus. Y continúa siendo un enigma cómo esta mujer, que vivió en el siglo VI, pudo predecir hechos tan contundentes y tan bien detallados de una era totalmente diferente a la suya.

VIRGEN DE FÁTIMA

Entre el 13 de mayo y el 13 de octubre de 1917 sucedieron una serie de apariciones de la Virgen de Fátima. En estas apariciones le fueron revelados a la hermana Lucía, una serie de predicciones secretas. Estos secretos están divididos en tres partes, en 1941 fueron reveladas las dos primeras partes por la hermana Lucía, bajo la supervisión de un sacerdote y sólo hasta que la Virgen autorizó su escritura.

El tercer secreto, por solicitud de la Virgen de Fátima, debería ser revelado a más tardar en 1960. El hermano Miguel finamente demostró su conclusión sobre las predicciones de esta Virgen que llegaron a ser las mismas que la del padre Alonso, el archivero oficial de Fátima: Este mensaje parece ser una luz celestial, una oportunidad de salvación en el siglo XX, y que deberá luchar contra las fuerzas del anticristo.

En julio y agosto de 1941, la hermana Lucía saca a la luz pública por primera vez la división del secreto de Fátima en tres partes: La primera es la visión del infierno y la designación del Inmaculado Corazón de María como el remedio supremo ofrecido por Dios a la humanidad para la salvación de las almas.

El segundo, es una profecía concerniente a una paz milagrosa que Dios desea dar al mundo a través de la consagración de Rusia al Inmaculado Corazón de María, y la práctica de la comunión de reparación el primer sábado de cada mes. También está el anuncio de castigos terribles si la gente persiste en desobedecer sus peticiones. En ese momento, la hermana Lucía declaró que aún no le era permitido revelar la tercera parte.

En 1943, la hermana Lucía padeció una grave enfermedad. El padre Silva temió que falleciera sin revelar el tercer secreto, y le solicitó que lo escribiera, pero cada vez que Lucía trataba de hacerlo, de una u otra forma era incapaz de lograrlo. Finalmente, en enero de 1944 la misma Virgen María se le apareció y le dio permiso.

El padre Silva lo recibió de manos de Lucía, sin leerlo, intentó enviarlo al Vaticano, pero fue rechazado. De este modo el secreto, en caso de que Silva falleciera deberá ser entregado a cardenal Cerejeira.

Se dijo que el "secreto" estaba dirigido al Papa, esto tiene sus contradicciones, sin embargo Lucía deseaba que el papa Pío XII lo conociera. Esto no sucedió. El padre Silva le prometió a Lucía que el "secreto" sería revelado a su muerte o en 1960, lo primero que ocurriese. En 1957, el Vaticano sin dar explicaciones solicitó el texto y lo guardó en secreto en Leira-Fátima. En el mes de abril del mismo año el sobre fue enviado al papa Pío XII con el sello de "Secreto de la Santa Sede". Se especula que fue el papa Juan XXIII quien leyó por primera vez este último secreto.

Desde entonces se dice que cada uno de los papas que sucedieron a Juan XXIII, han tenido acceso a este secreto mas no lo han querido revelar. Existen muchas especulaciones del porqué mantener oculta está ultima revelación de la Virgen de Fátima.

El Almendro Florecido

A finales de la Segunda Guerra Mundial (1944), Nicol Rycempel encontró, entre las ruinas de la iglesia de San Pablo, en Berlín, un tubo que en su interior guardaba un antiguo pergamino, escrito por un monje benedictino del siglo XIX.

Este pergamino contenía una serie de predicciones como: "El león gamado caerá antes de que el almendro florezca tres veces". La cual se atribuyó a la derrota de Hitler. Debido a que según la cronología del texto, el treceavo florecer correspondía a la primavera de 1945 y exactamente la Segunda Guerra finalizó en mayo de ese año con la ocupación de Berlín por los rusos.

Ciertos investigadores afirman que dichas profecías se conocían con anterioridad, y que fueron escondidas en esta iglesia para evitar que cayeran en manos alemanas.

Esta serie de predicciones se conocen como "El Almendro Florecido" y son una serie de profecías crípticas con las mismas características de los lemas papales de San Malaquías. En "El Almendro Florecido" el autor identificó cada uno de los años del siglo XX con un lema, que difícilmente se puede interpretar.

Expertos en profecías se cuestionan sobre la autenticidad del documento y de lo vago de estas predicciones. Ya que como menciona el investigador, Peter Lemesurier, autor de libros acerca de la gran pirámide: "No hace falta mucha inteligencia para darse cuenta que al descifrar la gran pirámide, se pueden relacionar estas predicciones con cualquiera de los acontecimientos del año en cuestión".

Actualmente se desconoce en dónde se encuentra el pergamino del Almendro Florecido, se desconoce el nombre del autor y no hay información acerca de su contenido. Es de hacer notar que la forma en que se encontraron guarda mucha similitud con los de Juan de Jerusalén.

A continuación algunos de los lemas publicados por Voldben en su libro acerca de estos pergaminos.

1972 Éxito del piloto

1973 Luz en la noche

1974 Camino de las estrellas

1975 Tormenta de cruces

1976 Amor por la luna

1977	Vértigos terrestres
1978	Sueños prohibidos
1979	Muerte de Judas
1980	Roma sin Pedro
1981	Triunfo del trabajo
1982	El hombre nuevo
1983	Alabanza de las gentes
1984	Delirio en el espacio
1985	La voz del Anticristo
1986	Fuego del Oriente
1987	Reunión de cruces
1988	Demencia de la Tierra
1989	Espera del hombre
1990	Signo de los cielos
1991	Luz en la noche
1992	Caída de las estrellas
1993	Muerte del hombre
1994	Grito de la bestia
1995	Sollozo de la madre
1996	Diluvio sobre la Tierra
1997	Muerte de la luna
1998	Gloria en los cielos
1999	El nuevo Pedro
2000	Triunfo del olivo

JUAN DE JERUSALÉN

Juan de Jerusalén nació cerca de Vezelay, Francia (1040-1118). Se dice que fue uno de los fundadores de la Orden de los Caballeros del Temple.

Escribió un libro de profecías, el cual sirvió como fuente de inspiración a Nostradamus. En un manuscrito del siglo XIV, descubierto en Zagorsk, describe a Juan de Jerusalén como un hombre prudente, que supo leer y escuchar al cielo. También menciona cómo Juan gustaba de retirarse al desierto a rezar y meditar. "Estaba en la frontera entre la Tierra y el cielo".

En 1009 viajó a Jerusalén y sostuvo pláticas con rabinos, sabios musulmanes, iniciados, cabalistas y practicantes de las artes adivinatorias: astrología y numerología, entre otros.

Sus profecías se mantuvieron ocultas durante largo tiempo, durante la Segunda Guerra Mundial (1941) fueron descubiertas por la S. S. En una sinagoga de Varsovia; a la caída de Alemania nazi, nuevamente desaparecieron. Años después se localizaron en los archivos secretos de la KGB en Rusia.

Sin embargo, el hecho de que Juan de Jerusalén haya pertenecido a la Orden de los Templarios, es sumamente significativo. En 1991 se publicó en España el libro *Rituales secretos de los templarios* su autor utilizó el nombre iniciático Frater Iacobus. Este libro mostró por primera vez los secretos y enigmas de esta orden.

Esta orden fue creada originalmente para proteger a los peregrinos en su viaje a Tierra Santa, fue aprobada por el Papa en 1128, en el Concilio de Troyes, contó con el apoyo espiritual de Bernardo de Claravalle. En 1163 se reconoció formalmente. El rey de Jerusalén los hospedó en el templo. Los nueve caballeros que fundaron la orden eran grandes iniciados dirigidos por quienes la tradición universal denomina Los Superiores Desconocidos. El famoso ocultista S. L. McGregor Mathers, hace referencia a estos iniciados en sus innumerables escritos.

Se relaciona a los 22 Grandes Maestres que dirigieron esta orden con los Arcanos Mayores del Tarot, con las 22 letras del alfabeto hebreo y con las 22 letras del alfabeto Rosa Cruz.

Años más tarde se presentaron diversos cargos contra sus integrantes a fin de suprimir la orden, dichas acusaciones fueron: pecar y cometer injusticias; orgías sexuales; durante sus ceremonias de iniciación se daban besos obscenos; sus ceremonias de iniciación eran a medianoche; renegaban de Cristo y lo demostraban escupiendo y pisoteando un crucifijo; adoraban y besaban el ano de un demonio llamado Bafhomet; el mismo sello de los templarios (dos caballeros sobre una misma cabalgadura) es símbolo de sodomía.

En su libro el Frater Iacobus, defiende a los templarios aseverando que los deseos de los caballeros eran regresar al cristianismo primitivo y a los misterios iniciáticos antiguos, dentro de una religión universal, tolerante y evolutiva. Que eran iniciados dentro y fuera del Templo Oculto. Según este Frater fueron adelantados a su tiempo y no respetaron totalmente los preceptos religiosos, especialmente en una época tan compleja como fue la Edad Media.

En 1307 los escritos de Juan de Jerusalén fueron utilizados contra los templarios. El gran maestre Jacques de Molay y sesenta caballeros de Dios fueron arrestados, y sirvieron estos manuscritos para formularles los cargos; de este modo, el Protocolo Secreto de las Profecías fue presentado como el dictado de Lucifer, la prueba de que los templarios estaban en relación con las fuerzas del mal. Sin importarles a los acusadores que estos escritos se refirieran al Tercer Milenio, se basaron en el hecho de que las predicciones auguraban un futuro lleno de males semejantes al infierno; de este modo habían entregado a la humanidad a los brazos del maligno. Los Templarios fueron acusados de monstruosos crímenes, de ser soldados del diablo, los caballeros del mal. Y los escritos de su alianza con el diablo fueron los escritos de Juan de Jerusalén.

Las profecías de Juan de Jerusalén se centran en el nuevo siglo y todas ellas empiezan con la frase "cuando empiece el año mil que sigue al año mil". Se cree que estas predicciones se refieren a augurios sobre el SIDA, y la contaminación ambiental, entre otros. Si bien las primeras predicciones indican un futuro desolador, lleno de enfermedades hambre y desolación al final muestran un mejor futuro, lo que las distingue de la mayoría de los textos proféticos.

JUAN XXIII

Si bien la Iglesia no testifica este hecho, se cuenta que en 1935, durante un ritual de iniciación dentro de un templo Rosa Cruz, un hombre se puso de pie y con una voz que no era la suya, comenzó hablar. El gran canciller escribió cuanto dijo. Este hombre era Angelo Roncalli, arzobispo de Mesembria a quien más tarde al subir al pontificado se le conocería como el papa Juan XXIII.

El texto trascrito fue publicado en 1976 en el libro *Le Profezie di Papa Giovanni.* Estas predicciones hablan sobre los nazis, el juicio de Nuremberg, el papa Pío XII, Stalin y el comunismo, el papa Juan Pablo II, La bomba atómica, el estado de Israel, el presidente De Gaulle, John F. Kennedy, el muro de Berlín e incluso él mismo.

PARA EL FUTURO, PREDICE:

"Y será la paz el día en que una mujer jurará sobre la Biblia renovada. Con esto anuncia la paz en el mundo para cuando una mujer llegue a la Casa Blanca.

"Y el mundo entero se insubordinará contra el juego de los poderosos, la secreta hermandad de los grandes que tramaba la esclavización de los pueblos. Los escasos jefes honrados se unirán y los culpables serán derrocados".

De entre muchas de sus profecías asegura que el fin del mundo será el 2033.

RASPUTÍN

El nombre de Rasputín nos evoca un sinfín de mitos, leyendas e historias que se entremezclan para dar como resultado a uno de los hombres más enigmáticos y controvertidos de todos los tiempos. Rescatar con cierto apego a la realidad la vida de este personaje, diferenciar entre lo que fue, hizo y se dice de él, es tarea realmente difícil.

Pero recordemos a Rasputín, no solamente como interventor en la historia rusa, ni como un hombre con capacidad psíquica impresionante; exploremos aquí su desempeño como profeta y vidente.

Grigory Yefimovich Rasputín nació en la pequeña aldea siberiana de Pokróvskoie, en 1871. Fue un pobre campesino casi analfabeto hasta los 20 años, edad en la que decidió convertirse en cochero, como su padre.

Contrajo nupcias y procreó tres hijas, muy pronto sintió una repentina vocación religiosa e ingresó al monasterio de Verkhouture, cuyos monjes pertenecían a la secta de los Klysti, conocidos también como "hombres de Dios".

Esta secta practicaba el sadismo y otras perversiones para llegar a Dios por el camino del arrepentimiento. En poco tiempo logró ser un cabecilla de esta curiosa cofradía. En el tiempo de su retiro aprendió a desarrollar sus magnetismo y se dio cuenta de sus poderes.

En 1903 abandonó Siberia, con una carta de recomendación para cl rector de la academia eclesiástica de San Petersburgo. Pronto se dio a conocer entre los círculos más acomodados, como un santo capaz de curar a los enfermos y de predecir el futuro.

Logró introducirse a la corte gracias a sus protectores, el gran duque Nikoláievich y la duquesa Militza, bajo la recomendación de éstos, fue llamado al palacio por el zar Nicolás II, para que curase al príncipe heredero, zarevich Alexis, quien sufría de hemofilia.

En cuanto la familia imperial conoció a Rasputín quedó seducida por su personalidad. La zarina Alejandra Fiodorovna dependía de su apoyo moral; el zarevich Alexis, niño enfermizo, sólo reía con Rasputín, quien además lograba que comiese y era capaz de hacer que durmiera con su cautivadora voz; en cuanto al zar Nicolás, se dejaba aconsejar sin reparos.

Tras detener una terrible hemorragia que amenazaba la vida del heredero, Rasputín se ganó enseguida la confianza de los soberanos, con quienes departía en familia haciendo gala de sus entrañables modales. Pero esta relación con la familia real no libró a Rasputín del escándalo. Habiéndose presentado como curandero milagroso y especializado en tratar a señoras más o menos neuróticas, sus intimidades con las esposas de altos funcionarios fueron la comidilla de los salones. Su consultorio permanecía abierto día y noche y siempre se hacía acompañar por un galeno llamado Badmaiev, quien sistemáticamente recetaba a las incautas damas narcóticos, afrodisíacos y estupefacientes, cuyos efectos eran aprovechados por el propio Rasputín, quien proclamaba que el contacto con su cuerpo tenía efectos curativos y purificadores.

Su conducta inmoral y perniciosa fuera del palacio fue nota de escándalos plasmados en los periódicos de la época. La Duma trató también de deshacerse de él, sin lograr su objetivo.

El estallido de la Primera Guerra Mundial en 1914 iba a suponer para Rasputín la oportunidad de alcanzar la cumbre de su poder, ya que cuando en septiembre de 1915 el zar Nicolás II se ausentó de San Petersburgo para ponerse personalmente al mando de sus tropas en el frente, dejó a la zarina Alejandra a cargo de los asuntos internos de Rusia y nombró a Rasputín su consejero personal.

Sin embargo, al mismo tiempo crecía entre el clero, la aristocracia y las castas militares el malestar ante el bochornoso espectáculo de este poder omnímodo y caprichoso que desacreditaba al Estado y a la misma Iglesia. El primer ataque frontal contra Rasputín consistió en acusarlo de espiar a favor de los alemanes y de conspirar contra el imperio, pero el intento fracasó por falta de pruebas.

El segundo ataque se produjo cuando Rasputín pretendió ser consagrado sacerdote. La Iglesia ortodoxa, indignada por la desfachatez, lo acusó de fornicador. La respuesta de Rasputín fue inmediata, hizo arrestar a todos aquellos que lo habían insultado y los sustituyó por algunos fieles seguidores, a los que sabía a la vez intimidar y recompensar.

El príncipe Félix Yusupov, el gran duque Dimitri Pavlovich y el diputado Purishkévich decidieron el plan para asesinar a Rasputín y librar a Rusia de su maléfica influencia. Los conspiradores convinieron en que la acción se llevaría a cabo en la noche del 29 al 30 de diciembre de 1916, en la mansión que Yusupov tenía en Petrogrado, y que la muerte del monje debía ser rápida y limpia. Sabedor de la inclinación de Rasputín por la buena cocina y los buenos vinos de la nobleza, Yusupov invitó al monje a su mansión. Contra lo habitual, Rasputín acudió aseado y luciendo una suntuosa blusa de seda bordada y un pantalón de terciopelo negro. Al entrar, lo primero que vio fue una mesa servida con exquisitos vinos y licores, y deliciosos bizcochos, pasteles y golosinas, que, media hora antes, los cómplices de Yusupov, que esperaban ansiosos en el piso superior, habían espolvoreado con cianuro potásico. Durante mucho rato los dos hombres dialogaron animadamente, mientras Rasputín, jactándose de su amistad con los zares, saboreaba diversos pastelillos y vinos. Pero a pesar de que el tiempo transcurría, para asombro de Yusupov, el monje no mostraba ningún signo de envenenamiento. Apenas si evidenció un síntoma de ahogo después de beber una copa de vino, pero se recobró enseguida e incluso tomó una guitarra y rogó a su anfitrión que cantara alguna alegre romanza. Las más fantásticas leyendas sobre el misterioso monje parecían hacerse realidad. A las dos y media de la mañana Rasputín se quedó amodorrado y Yusupov corrió a donde se hallaban sus cómplices y juntos decidieron que el príncipe lo matara con su revólver.

Al regresar al salón, Yusupov encontró a Rasputín admirando un crucifijo de marfil. Le apuntó al corazón y disparó. Los otros bajaron y comprobaron que la bala había dado en el blanco: Rasputín estaba muerto. Sin embargo, Yusupov sufrió una inesperada y horrible impresión: cuando se acercó a Rasputín, éste abrió los ojos al tiempo que se incorporaba y lo maldecía con voz de ultratumba. Las enormes manos del monje se aferraron al cuello de Yusupov. Al oír los gritos ahogados, los demás conjurados acudieron y Purishkévich volvió a disparar sobre el terrible Rasputín, quien no obstante aún pudo ganar la puerta y desaparecer en la oscuridad. Poco después lo encontraron tambaleándose en una esquina. Vomitaba sangre y todavía tuvo tiempo de proferir terribles blasfemias al verlos llegar. Volvieron a oírse las descargas. Rasputín se mantuvo en pie durante unos momentos interminables. Luego rodó sobre la nieve y expiró con sus diabólicos ojos abiertos taladrando la noche. Yusupov y sus compañeros ataron entonces el cuerpo ya sin vida de Rasputín y lo arrojaron por un agujero abierto en la helada superficie del río Neva.

Sus profecías se concentraron en Rusia y sus consecuencias. Algunas de sus predicciones son atribuidas a los tiempos modernos y el futuro que nos espera.

San Malaquías

Nació en Armagh, Irlanda, en 1094 en el seno de una familia noble, fue bautizado con el nombre de Maelmhaedhoc (latinizado como Malaquías, que significa Ángel del Señor).

Malaquías tuvo la suerte de nacer justo al inicio del nuevo milenio, cuando el mundo se encontraba renovado, después de años de zozobra en espera de que la fatídica predicción de San Juan el Apocalíptico acerca del fin del mundo se hiciera realidad. Su vida fue tranquila y profundamente cristiana, a los doce años busca en la vida eremita la verdad divina. La estancia junto al ermitaño Isma le ayuda a decidirse por la vida religiosa y con su acercamiento al obispado de Armagh (en la actual región del Ulster, Irlanda del Norte), se labra una profunda amistad entre el obispo Celso y de este modo el joven Malaquías se convierte en diácono del obispo.

Como diácono, Malaquías descubre su vocación de servicio a los más necesitados y, con la enseñanza de la teología y del catecismo, su espíritu se refuerza en la búsqueda de la verdad divina y en el continuado estudio de la doctrina. Así, a los veinticinco años llega su ordenación sacerdotal en el año 1120, tras cinco de ejemplar diaconado.

Se traslada al obispado de Lismore donde continúa su labor religiosa; de allí pasa a la diócesis de Bangor, junto al mar, y se convierte en abad de la olvidada abadía local, en donde su vida se hace más ejemplar para los fieles. Es aquí donde se le atribuyen sus primeros milagros.

En 1125, ya nombrado obispo, viaja a la diócesis de Connerth, hasta que la ciudad es destruida por la guerra. Viaja a Ibrack y funda un monasterio. Es nombrado obispo de Armagh por decisión de Celso, que quiere ver reforzada la Iglesia en aquella ciudad amenazada por la situación de guerra y confusión permanente en la zona. Allí, en Armagh, Malaquías tiene que restaurar el orden religioso en su sede episcopal, ocupada por otros obispos nombrados por los nobles, en oposición al Papa.

Ya que la encomienda de Malaquías se opone a los deseos del poder local, los habitantes de la ciudad y el obispo rebelde, Nigel, deciden acabar con él. En el momento en que las tropas van a prenderle se encuentran con un Malaquías desarmado y sumiso que se deja capturar, pero como una señal divina, el cielo se oscurece y un rayo destroza al capitán de la partida. Los soldados, aterrorizados, vuelven a Armagh a difundir el prodigio. Nigel, abandonado por todos, abandona la villa y Malaquías entra, en honor de multitudes, en su ciudad de Armagh. Decidido a cambiar su vida de esplendor y el lujo, se reserva la más modesta sede de Down. Desde allí planea su viaje a Roma, para solicitar a la Santa Sede que Irlanda tenga arzobispado y la máxima categoría dentro de la Iglesia. En 1138 parte para Roma y llega tras un año de viaje a postrarse a los pies de Inocencio II, quien le concede el rango arzobispal para su Irlanda. Vuelve a Armagh y desde allí recorre la isla entera, dando nuevos bríos a la Iglesia irlandesa.

Al final de su vida se retira al monasterio del Císter en Clairvaux, para vivir en la modestia de la orden, junto a su amigo Bernardo de Clararah, otro santísimo varón con quien pasará sus últimos momentos y quien más tarde redactó una biografía de su amigo donde aludía ya a sus dotes proféticas: "Las disciplinas reconocieron que Malaquías gozaba del espíritu de la predicción... Si nos fijamos bien en los hechos llevados a cabo por él, nos daremos cuenta que entre ellos no faltan profecías, revelaciones, castigos de impíos, gracias de curación, conversiones, resurrecciones de muertos... Dios, que lo amaba, lo adornó con todas sus glorias".

Murió el 2 de noviembre de 1148. Fue canonizado por el papa Clemente III, el 6 Julio de 1199. Su fiesta se celebra el 2 de noviembre.

Sobre sus profecías

Sus profecías hacen referencia a su propia muerte, a Irlanda y a los papas, entre otras. Se cuenta que Malaquías informó a San Bernardo, su amigo, de que Dios le había concedido morir en la festividad de Todos los Santos para limpiarlo de todos los vestigios de su vanidad terrrenal.

Se le atribuyen muchos milagros, pero por lo que más se le recuerda es por su don de predecir.

Durante mucho tiempo se ha dudado si San Malaquías es el verdadero autor de las profecías. En contra se argumenta que el manuscrito original no se ha encontrado y la primera publicación no ocurrió hasta el siglo XVI con el libro *Lignum Vitae* del historiador benedictino Arnold Wion. Si San Malaquías es el autor, las profecías estuvieron desaparecidas por 400 años. Es notorio también que San Bernardo no hiciera referencia a estas predicciones dentro de la biografía de Malaquías. Muchas hipótesis han querido explicar las profecías y su origen.

En el siglo XVII, el padre jesuita, Menestrier, presentó la hipótesis de que las profecías son un plagio para influenciar las elecciones de Gregorio XIV en el cónclave de 1590. El lema que le corresponde a este Papa es *antiquitate urbis*, que hace alusión a su ciudad natal y sede episcopal, Orvieto (*Urbs vetus*). Sin embargo el padre Menestrier no presentó prueba alguna para sus acusaciones. Por otra parte, uno de los más respetados historiadores del mismo siglo XVI, Onofrio Panvinio, corrector y revisor de la Biblioteca Vaticana en 1556, parece estar de acuerdo completamente en la autenticidad de las profecías de Malaquías.

Según la hipótesis del abad Cucherat (1871), San Malaquías escribió la profecía en Roma, entre los años 1139 y 1140 cuando visitaba al papa Inocencio II para reportarle los asuntos de su diócesis. Entonces entregó su manuscrito y éste, para consolarlo en sus tribulaciones, guardó el manuscrito en los archivos romanos donde quedó olvidado hasta su descubrimiento en 1590. Fueron publicadas en1595.

Al aparecer las profecías se admitieron sin discusión, y ello provocó grandes predicamentos en los siglos XVI y XVII. En verdad que los lemas de los pontífices desde Lucio II (1144-45) hasta Clemente VIII, reinante en 1595, año de aparición de las profecías, confirman maravillosamente su autenticidad. Recientemente esto ha dado motivo a grandes discusiones teniendo a su favor acérrimos defensores y también obstinados impugnadores, sobre todo cuando ocurre la elección de un nuevo soberano pontífice.

La más famosa de las profecías atribuidas a San Malaquías es, dijimos, sobre los papas. Compuesta en lemas para cada uno de los 112 papas, desde Celestino II, elegido en 1130, hasta el fin del mundo.

Estos lemas descriptivos pueden referirse a un símbolo de su país de origen, a su nombre, su escudo de armas, a su talento o cualquier otra cosa. Por ejemplo, el lema de Urbano VIII es *Lilium et Rosa*; él era de Florencia, Italia, en cuyo escudo aparece la *flor de luz (Fiorenza).*

Hoy en día nos encontramos en el lema 110 que es *De Labore Solis* (del trabajo del sol) y que corresponde al papa Juan Pablo II. El siguiente lema, el 111, es *De Gloria Olivae* (de la gloria del olivo). Y cerrando la historia pontificia, dice la profecía de San Malaquías estas palabras: "En la última persecución a la Santa Iglesia Romana ocupará la silla Pedro Romano, que habría de apacentar a sus ovejas padeciendo muchas tribulaciones, pasadas las cuales la ciudad de las Sietes Colinas (Roma) será destruida y el juez tremendo vendrá a juzgar a su pueblo".

De este modo, según la profecía de San Malaquías, sólo resta un papa más, a quien corresponde la divisa de la gloria del olivo, y luego vendrá Pedro Romano, y de hecho no le corresponde ninguna divisa o lema.

La realidad de las cosas es que esta profecía viene a compenetrarse muy bien con lo que la Virgen de Fátima expone en sus mensajes en el sentido de que Juan Pablo II es el último Papa previo al fin de los tiempos.

Capítulo VII

Seres del mundo sobrenatural

SERES DEL MUNDO SOBRENATURAL

Se cree que las criaturas mitad humanas, mitad monstruos, existen desde tiempos inmemorables, talvez las esfinges egipcias y los grifos babilónicos sean las primeras representaciones patentes de estos seres. Más tarde se habló de los golems, vampiros, hombres lobo, entre otros. Si bien las historias de estos personajes se entretejen entre el mito y la realidad, en este capítulo ahondaremos en su personalidad ficticia e histórica.

HOMBRES LOBO

Aun el hombre que es puro de corazón y dice sus oraciones de noche, se convertirá en lobo cuando florezca el veneno y brille la Luna de otoño.
Curt Siodmak

La creencia en el hombre lobo es uno de los mitos más antiguos y arraigados en Europa, al igual que ocurre en otras latitudes con el hombre jaguar, hombre pantera, hombre oso y un largo etcétera.

Según la leyenda, los hombres lobo se pueden reconocer por las cejas espesas que se juntan en el puente de la nariz, dientes rojizos, un dedo largo en forma de corazón, uñas largas y en forma de almendra, con un tinte sanguinolento y por una gran mancha peluda que tienen en la espalda. Sus ojos y boca están secos y son personas sedientas e incapaces de llorar. Se trata fundamentalmente de un ser que durante el día mantiene una apariencia relativamente normal, dentro de los cánones humanos, pero que durante la noche, y a causa del influjo de la luna llena, sufre de una metamorfosis que lo convierte en un monstruo.

Le crece el pelo en todo el cuerpo y su nariz se convierte en un hocico de lobo. Sus orejas se hacen largas y puntiagudas. Sus dientes crecen y se afilan. Los antiguos griegos y romanos creían que los hombres lobo existían y que eran totalmente fatales. En el siglo v a.C., Herodoto reportó en sus viajes acerca de un pueblo en donde sus habitantes cambiaban de forma, conocido como los neurianos. "Cada neuriano se transforma una vez al año en lobo, y continúa de esta manera por varios días al cabo de los cuales vuelve a su forma original".

Un relato aún más horroroso sobre un hombre lobo provino del poeta romano Ovidio. En el siglo I narró la historia de un antiguo rey griego llamado Licaon, cuya crueldad era tan conocida que el rey de los dioses, Júpiter, lo fue a visitar. Pero Licaon se rehusó a creer que su visitante fuera un dios, y lo puso a prueba al servirle un suntuoso banquete en el que secretamente había mezclado carne humana. Aun entre los antiguos griegos el canibalismo estaba vedado. Era un verdadero tabú. Ofrecerle comida caníbal a un dios era una gran ofensa. Júpiter inmediatamente detectó la comida contaminada, furioso, convirtió a Licaon en lobo para que orientara su afición por la carne humana de una mejor manera. Del nombre del rey Licaon surgió la palabra Licántropo, cuyo significado es: el que se transforma en lobo. Esta historia tiene un profundo significado para comprender a los hombres lobo. Aquí se reconoce desde el principio que toda la idea de licantropía estaba relacionada con los aspectos del ser humano que se oponían a la sociedad civilizada.

En los siglos XVI y XVII, Europa era un hervidero de actividades de hombres lobo. Eran tiempos tumultuosos en los que imperaban miedos irracionales, supersticiones y cambios religiosos radicales. En la cúspide de la Edad Media, sobre todo cuando estaba por empezar la Reforma, la Inquisición se concentró en acabar la herejía y la brujería. Asimismo se empezó la lucha contra la licantropía y surgió una nueva ola de creencias que los hombres lobo al igual que las brujas existían y que tenían un impacto sobrenatural y negativo sobre la sociedad. Hacia el año 1231 las cortes inquisidoras, bajo el control directo del papado, se establecieron en toda Europa. Los herejes que se arrepentían recibían una sentencia de cadena perpetua; aquellos que no se arrepentían generalmente eran quemados en la hoguera. La Inquisición realizaba despiadadamente una acción sangrienta. Su meta era aniquilar a todo aquel que no fuera un sincero cristiano católico. Entre las víctimas estaban protestantes, judíos, brujos, místicos y supuestos hombres lobo. La licantropía era considerada como una especie de brujería ya que implicaba un pacto con el demonio, la herejía. Durante la cacería de brujas, se decía que éstas iban hacia sus aquelarres montando lobos, y que los brujos se convertían en lobos o bien tomaban esta forma cuando atacaban a personas o animales. Si durante alguna lucha sufrían alguna herida, su cuerpo aún mostraría esta lesión al regresar a su forma humana.

En Francia, el término hombre lobo era *Loup-Garou* y, repentinamente, a principios de 1500, comenzaron a aparecer en proporciones epidémicas. Según las leyendas, podían ser identificados con facilidad. Las cejas que se unen en el centro, pelos en las palmas de la mano, etcétera. Cualquiera que viviera en Francia en el siglo XVI, solo, aislado de los demás, que fuera desaliñado y que se comportara de forma rara o desagradable, fácilmente podía ser visto como un hombre lobo. Sorprendentemente, en la Francia del siglo XVI, 30 000 personas fueron acusadas de ser hombres lobo.

CÓMO SE CONVIERTE UN SER HUMANO EN HOMBRE LOBO

Aunque la forma más conocida de convertirse en hombre lobo es la de escapar vivo del ataque de un hombre lobo, las leyendas de la época establecían circunstancias en las cuales era posible el nacimiento de un hombre lobo.

El nacimiento del septimo hijo varón consecutivo, esto es que sus seis primeros hermanos fueran varones como él; el ser objeto de una maldición que te transforme en uno. El ser hijo de un matrimonio incestuoso (matrimonio entre miembros familiares de primer grado); y la última, aunque se daba en un menor número de casos, era haber nacido la noche del 24 de diciembre (ya que esto se consideraba como una afrenta a Dios).

Según las creencias populares de Italia, cualquiera concebido en luna llena se convertía en hombre-lobo, sin más ceremonias. Lo mismo le ocurría a quien durmiera a la intemperie en un viernes bajo la luna. En los balcanes sólo hay que comerse cierta flor y, según el folclor, sólo con comer cerebro de lobo ya es suficiente, se hagan tales cosas con intención o sin intención de ser lobo.

Por el simple hecho de hacerlas se sufría la metamorfosis. Pero si alguno tenía verdadero interés de ser hombre-lobo, en España no se tenía que fiar de cosas tan sencillas y tenía que acudir al *Usan Lupus* un escrito de la época de los aquelarres, en el que se describe unas ceremonias muy complicadas, y ritos muy especiales. Uno de los que narra es una clara ceremonia de magia negra. El aspirante a lobo debe ir a un bosque solitario o a la cima de una montaña durante la noche de luna llena. A la medianoche debe trazar un círculo mágico en el interior del cual se encenderá una hoguera y en ella pondrá a hervir un caldero que contenga ingredientes tales como cicuta, opio, adormidera y perejil. Entonces se pronuncia un conjuro con versos invocando al demonio para que le mande la gran sombra gris, que hace temblar a los hombres. Luego se quita la ropa y se unta con el ingrediente preparado y se pone un cinto de piel de lobo. A continuación se arrodillará y esperará y si lo ha hecho todo bien vendrá el demonio y le concederá el poder de transformarse.

La leyenda de cómo matar a un hombre lobo

El centeno, el muérdago, la ceniza, son una buena protección y ahuyentan a los hombres lobo. Según narra la leyenda sólo puede ser muerto con una bala de plata que esté bendita. El hombre-lobo según los relatos se cura de su licantropía si cuando tiene forma de lobo alguien lo llama por su nombre de humano.

Algunas historias de hombres lobo

Las víctimas de las cacerías de hombres lobo no estaban limitadas al género masculino. Del centro de Francia surgió una famosa leyenda de una mujer lobo. En la región de Auvernia, un cazador fue atacado por un lobo en 1558. En la feroz batalla, el cazador logró cercenarle una pata. Éste colocó el miembro cortado en su saco y en el camino se detuvo en la casa de un noble para relatar su aventura. Pero cuando sacó la pata se encontró con la delicada mano de una mujer cuyo dedo portaba un anillo de matrimonio. Al reconocer el anillo, el noble subió las escaleras y encontró a su esposa vendándose el brazo sangrante. Ella confesó ser una mujer lobo y fue quemada en la hoguera.

La historia de Peter Stubbe fue una de las historias de hombre lobo mejor conocidas. En las proximidades de Colonia, Alemania, Stubbe fue condenado por matar y devorar a 13 niños, incluyendo a su propio hijo, así como a dos mujeres embarazadas. Alardeaba de que el diablo le había regalado un cinturón mágico con el cual podía transformarse en lobo. Las autoridades lograron su confesión utilizando pinzas al rojo vivo, la rueda, y arrancándole parte de la piel. El 28 de octubre de 1589 fue quemado vivo.

Una de las historias más tenebrosas fue la de Guilles Garnier, quien además de ermitaño fue un asesino múltiple y devoraba niños. Los testigos de estos atroces crímenes aseguraron que mientras los cometía tomaba la forma de hombre lobo. Al ser capturado confesó su capacidad de convertirse en hombre lobo, así como haber matado y comido infantes. Fue acusado de los abominables crímenes de licantropía y brujería. Fue quemado vivo el 18 de enero de 1573 en Dôle, al este de Francia.

El hombre lobo y la ciencia

Si bien todas las historias de hombres lobo pueden ser una mezcla entre imaginación, realidad y mitos, la psicología reconoce como enfermedad mental la licantropía, esta alteración mental hace creer a las personas que se han convertido en lobos o en cualquier otro animal. Las víctimas pueden aullar, frecuentan los cementerios, comen carne cruda y gustan de la carne humana.

También existe otra rara enfermedad congénita llamada hipertricosis, las personas que sufren de esta enfermedad se carecterizan por estar cubiertas de una espesa capa de fino pelo que recubre el cuerpo. Tal fue el caso de Petrus Gonsalvus (siglo XVI) quien padecía de esta enfermedad, sin embargo esto no le impidió contraer nupcias con una hermosa mujer francesa, aunque desgraciadamente transmitió esta antiestética enfermedad a sus dos hijos.

VAMPIROS

El vampiro es un cadáver malévolo, que se levanta de su tumba cada noche en busca de la sangre de los vivos. De esta manera logra reanimarse, y convierte en vampiros a sus víctimas desencadenando una epidemia

EL ORIGEN DEL VAMPIRO ALREDEDOR DEL MUNDO

Desde los orígenes, el ser humano ha creído que el alma sobrepasa a la muerte del cuerpo, y que bajo algunas circunstancias tiene tanta fuerza como para revivirlo. Es por esta razón que algunas culturas tomaban medidas precautorias y enterraban el cuerpo junto con su comida y bebida favorita, inclusive en algunas culturas también a sus concubinas. Una de las razones por lo que se pensaba que salía de su tumba, era para buscar sangre fresca.

Se piensa que probablemente este temor fue el que inspiró los antiguos cuentos sobre criaturas semejantes a los vampiros. Entre los más antiguos se encuentra la babilónica Edimmu, un alma torturada que no encontraba reposo. Se cuenta que Edimmu vagaba por la Tierra en busca de sangre humana. Los babilónicos también le temían a Lilitu, conocida también como Lilith por los hebreos. Fue la primera esposa de Adán, desterrada del paraíso por no querer obedecerle. Se convirtió en un demonio que raptaba menores y bebía su sangre.

Los antiguos chinos creían en la existencia de Giang Shi, este demonio se encarnaba en los cuerpos de los difuntos y evitaba su descomposición bebiendo sangre de otros cadáveres y de seres humanos vivos. El aspecto de Giang Shi era realmente abominable, tenía ojos fulgurantes, uñas largas y el cuerpo lo tenía cubierto de pelo blanco o verdusco. Apoop o Uapuait era el vampiro egipcio, como la mayoría de las divinidades del panteón, era una mezcla entre bestia y humano, con cabeza de lobo, de perro o de chacal, provisto de afilados colmillos con los que devoraba cadáveres humanos. Los antiguos griegos temían a Empusa, un espíritu demoniaco que se apoderaba de los cuerpos, asimismo se hablaba de Lamia, una bella mujer que abrazaba a los hombres jóvenes y bebía su sangre. También se les conocía como lamias a las mujeres con el torso humano y la parte inferior en forma de animal, casi siempre el de una serpiente escamosa. Este monstruo paseaba en busca de la sangre fresca de los infantes.

Entre los vampiros de la antigua Roma, aparte de las cautivadoras mujeres vampiro, llamadas las Striges, se encuentran los Lémures, que eran espíritus de los antepasados, propensos a convertirse en vampiros y así llevar a cabo su maléfica actividad, les rendían complicados rituales para apaciguarlos y evitar que sus almas retornaran a la Tierra. El vampiro hindú, llamado Rakshasa, es de naturaleza casi divina, hace gala de las más representativas y bajas pasiones. Su naturaleza maléfica le impulsa a devorar los cadáveres humanos, no sin antes haberles practicado un ritual. Sin embargo, entre ellos se muestran lealtad y un cierto afecto filial. De aspecto repulsivo, pueden tomar cualquier forma que deseen a voluntad y son grandes aficionados a la magia. La ciudad donde habitan se encuentra en la isla de Ceilán, la actual Sri Lanka y es extraordinariamente bella, pues fue creada por Vivakarma, el arquitecto de los dioses; sobre ésta ejerce su poder el rey Rama. El vampiro americano fue ampliamente difundido, dada la importancia que tuvo la sangre en los rituales religiosos; desde el Pacífico hasta las montañas Rocosas los indígenas practicaban actividades propias de un vampiro, como la antropofagia con los enemigos muertos o vivos, pensaban que comer ciertas vísceras de los guerreros les otorgaban las cualidades que representaban: el corazón, el valor o el coraje y el cerebro, la inteligencia. En lo que respecta a su apariencia, eran similares a los vampiros tradicionales, excepto el mexicano, que se distinguía fácilmente por llevar el cráneo rapado, o del vampiro brasileño, que podía ser serpentiforme.

CARACTERÍSTICAS DEL VAMPIRO

La concepción del vampiro actual, se cree, surgió por primera vez en el siglo XVI, en las regiones eslavas del este de Europa, en los países situados en la región que hoy ocupan Hungría y Rumania. Transilvania era un remoto país donde los ejércitos combatían ferozmente y los nombres construían tenebrosos castillos sobre las quebradas vertientes de los Cárpatos. En un fragmento de la novela *Drácula*, de Bram Stoker, explica por qué el folclor es tan rico en esta zona: *Entre la población de Transilvania hay cuatro nacionalidades distintas, los sajones en el sur y mezclados con ellos los valacos (rumanos) descendientes de los dacios; en el oeste se encuentran los magiares y en oeste y norte los sículos. Creo que todas las supersticiones del mundo se crearon en la herradura de los Cárpatos, como si fuera una clase de tolvanera de la imaginación*".

Independiente a la novela, la tradición indica que un vampiro es un hombre que murió prematuramente o cuya existencia en el otro mundo es desgraciada. Otras veces era un suicida o un excomulgado, alguien que en vida ejerció como brujo o hechicero, que llevó una vida disipada o que fue nocivo para la sociedad. También podía convertirse en vampiro cualquier persona que hubiera sostenido relaciones sexuales con uno de estos succionadores o fuera muerto por él. El que un vampiro fuera capaz de iniciar una epidemia de vampiros como él en breve tiempo era algo totalmente admitido. El tema era amplísimo, y si bien la Iglesia católica pretendió sin éxito acabar con este mito, sólo logró perpetuar algunos de estos tabúes y convirtió al murciélago en la encarnación de Satanás y en cómplice de las brujas, a los que representaron con alas de murciélago, reservando las plumas para otros seres más espirituales. Uno de los poderes más sobresalientes de este monstruo es la capacidad sobrenatural de tomar la apariencia de cualquier animal, como enormes perros, víboras o murciélagos, y en Rumania particularmente, lobos y gatos negros; también se transmutan en bruma o cúmulos de niebla. El vampiro es extremadamente fuerte, su figura no hace sombra ni tampoco se refleja en los espejos; tiene la capacidad de volverse invisible. El murciélago fue el animal de mayor preferencia en las historias de vampiros. Se creía que al caer el sol, las criaturas de la noche comenzaban a pulular y los vampiros se levantaban de sus tumbas, se debía tener cuidado si se pasaba cerca de casas abandonadas, si se cruzaba un camino solitario, una encrucijada o un cementerio; una de las peculiaridades del mito es que los vampiros no pueden penetrar en una casa si no son invitados.

En el este de Europa durante los siglos XVII y XVIII, la creencia de que los muertos podían transformarse en seres vivientes que se alimentaban de los vivos, y que la única forma de protegerse de ellos y regresarlos al mundo de los muertos era a través de determinados métodos. Ante la sospecha de que un difunto sea un vampiro, lo mejor era abrir su tumba; si el cadáver aparecía incorrupto, las uñas y el pelo le habían crecido después de la muerte, si tiene un saludable color rosáceo, rastros de sangre junto a la boca y además desprende un olor pestilente, se trata de un caso claro de vampirismo y como tal se debía combatir.

El único sistema para acabar con él es clavar una estaca en su corazón o decapitarlo, lo que interrumpiría de forma definitiva su actividad. Indefensa y aterrorizada la población enterraba al difunto casi de inmediato, por lo que en más de una ocasión enterraron a personas aún con vida, estas infortunadas víctimas despertaban en su sepultura e intentaban desesperadamente abrirse camino usando las uñas. Más tarde los ladrones de tumbas o la misma población ante cualquier indicio de que el difunto era vampiro lo desenterraban y encontraban los cuerpos retorcidos con rictus de horror y sangre en la uñas. Otra de las precauciones que se adoptó durante mucho tiempo fue enterrar a los ajusticiados en medio de un cruce de caminos para que si decidían abandonar su fosa, desorientados, no supiesen hacia dónde encaminar sus pasos; otra posibilidad era inhumarlos en tierra no consagrada al norte de las iglesias, por ser éste el punto más oscuro.

El verdadero Drácula

Drácula, el personaje de la novela es por todos bien conocido, pero pocos saben que su autor, el escritor Bram Stoker, se inspiró en la vida del conde Vlad III.

Nació en 1430 o 1431 en Sighisoara, una antigua ciudad de Transilvania. Fue el segundo hijo de Vlad II príncipe de Valaquia a quien le apodaban Dracul "el Diablo", probablemente por ser un temible guerrero o bien por pertenecer a la organización católica de la Orden del Dragón. Sea cual fuera la razón, Vlad III también conocido como Vlad Tepes o Vlad el Empalador se hizo llamar Drácula "hijo de Dracul".

Drácula fue un indómito guerrero, sin embargo, cambiaba constantemente de bando, probablemente dependiendo de sus propios intereses. Bien podía luchar con los turcos o los húngaros, profesar lealtad a la Iglesia católica romana u ortodoxa, e incluso se unió a los islámicos cuando se alió con el Imperio Otomano. Tres veces ganó y perdió Valaquia, principado al sur de Rumania que comprendía parte de Transilvania.

En 1456 ocupó nuevamente el trono, esta vez por seis años, el periodo más largo de su gobierno. Durante esta época su reputación de crueldad comenzó. La ejecución de los oponentes era algo frecuente en aquellas épocas (siglos XIV y XV) de violencia dominada por tiranos. Las atrocidades de Vlad, se dice, fueron tomadas como ejemplo por Iván el Terrible. Lo que horrorizó a la gente no fue el número de asesinatos, sino la crueldad y sadismo con la que ejecutaba a sus víctimas. Su maldad no sólo la desbordaba en sus enemigos, cualquier persona adulta o infante podía ser su sacrificado.

Se cuenta que en una ocasión convocó a 400 estudiantes que se encontraban en Valaquia para aprender su lengua y costumbres, los reunió en la sala y después hizo quemar el edificio con ellos adentro, porque pensaba que tal vez eran espías. Por estas mismas sospechas hizo empalar a unos mercaderes que atravesaban la ciudad. Sus empalamientos típicos consistían en izar a sus víctimas sobre una estaca para que se les clavara por el recto, pero Drácula se dedicó a especializarse en diferentes métodos de tortura a través del empalamiento. Creó diversas formas de empalamiento, dependiendo de la edad y sexo, hacía instalar las estacas con diversas formas geométricas.

Por razones que se desconocen empaló a todos los habitantes de un poblado de las laderas de una colina. Formó círculos concéntricos con las estacas y en lo alto empaló a las autoridades de lugar, para que pudieran ver desde el lugar que les correspondía el espectáculo. Se cuenta que al contemplar sus propias atrocidades solía exclamar: "¡oh, cuanta elegancia muestran!" Pero Drácula no sólo empalaba, poco a poco fue añadiendo más dolor, introduciendo clavos, cortando miembros que quemaba y hervía en aceite y cegando a sus víctimas. Con la recién creada imprenta, las sangrientas historias de Drácula, en vida y aún después de su muerte, circularon por toda Europa. El placer del público ante estos espeluznantes relatos era una garantía y éxito de venta.

La locura de este hombre no respetó a su propia esposa, quien al verlo encolerizado un día pretendió animarlo diciéndole que estaba embarazada, Drácula le dijo no creerle y para demostrárselo le abrió el vientre con una espada. En otra ocasión, mientras caminaba por el pueblo vio a un aldeano y le dijo que su esposa no era digna de él, que seguramente era de las que perdía el tiempo, y por lo tanto no era digna de vivir en su reino. El pobre hombre le explicó que se encontraba satisfecho con su mujer, pero sin importarle la opinión del aldeano hizo empalar a la esposa y le consiguió una nueva pareja. Pese a sus fechorías, dentro de la tradición rumana Vlad era y es una figura heroica, que luchó contra los invasores. Muchos de los detalles de sus ejecuciones se confirmaron por otras fuentes como relatos rusos, por el papa Pío II (el nuncio en Hungría conoció a Drácula), y baladas populares de Rumania.

En 1462 los boyardos lo desconocieron y Drácula perdió el trono. Pasó doce años en una fortaleza en Hungría, fue liberado para que tomara parte en la batalla de Vaslui, en la región de Moldavia, el 10 de enero de 1475. El año siguiente retomó su trono, poco tiempo después se enfrentó en el campo de batalla contra los turcos. Existen varias versiones de su muerte, algunos piensan que fue asesinado por los boyardos, otra historia dice que al verse abandonado por su ejército se disfrazó de turco y fue muerto por su propia gente. Lo que sí se sabe es que una vez muerto su cabeza fue llevada ante el rey de Constantinopla y allí fue empalada y exhibida. Existen cientos de relatos de este hombre, todos ellos sádicos y sangrientos. Nadie sabe a ciencia cierta cuántas personas fueron empaladas, decapitadas, quemadas o muertas por cualquiera de sus técnicas. El representante del Papa, el obispo Erlau, informó un año después de la muerte de Drácula, que éste había ordenado la ejecución de por lo menos 100 000 personas, aunque otros estudios piensan que esta cifra es bastante conservadora.

La Condesa sangrienta

Elizabeth Báthory mejor conocida como Condesa sangrienta, nació en 1560, en un gran castillo al noroeste de Hungría, fue miembro de una noble familia. Las largas campañas militares de su marido hacían que la condesa Báthory se viera obligada a pasar largas temporadas a solas, así que se procuró de varios amantes, también encontró placer al infligir dolor a sus criados. Se cuenta que en una ocasión mientras que golpeaba a una de sus sirvientas la sangre de ésta le tocó el cuerpo y descubrió que su piel se tornaba más suave y seductora. Desde ese momento Elizabeth, convencida de que si se bañaba en sangre de doncellas conservaría su hermosura indefinidamente, inmoló para estos sangrientos rituales más de 600 víctimas reclutadas entre las campesinas de sus posesiones.

Todavía existe en Viena, sobre la "Calle de la Sangre", la casa donde Elizabeth cometió muchos de sus horribles crímenes. Al ser descubierta, fue encerrada en una celda de su propio castillo, donde murió doce años después, a los 54 años de edad.

CRIATURAS FANTÁSTICAS Y SERES DEL MUNDO SOBRENATURAL

OTROS MONSTRUOS

ANKOU

Personaje de la mitología bretona, significa “el tránsito”; se trata de la imagen personificada de la muerte, y no es un splo ser: cada región posee el propio, que encarna en la última persona fallecida de cada año. Se le representa como un esqueleto vestido de negro y con sombrero de copa, viaja en un carro tirado por un caballo grueso y otro flaco, recorre su territorio cada noche en busca de moribundos para arráncales el alma.

ARPÍAS

De la mitología griega, su nombre significa “raptoras”. Eran tres mujeres monstruosas, hijas de Taumas y Electra, y tenían el rostro de mujer vieja, con pico en lugar de boca, y orejas de oso; su cuerpo era de buitre, y patas con grandes garfios curvos y grandes alas. Encontraban placer robando la comida o ensuciándola con excremento y de este modo sembrar el hambre. Eran raptoras de niños y de almas. Homero sólo se refiere a una de ellas: Podarjé, de pies ligeros. Hesíodo nombra a dos: Aello (la borrasca) y Ocipete (el vuelo rápido) y Virgilio agrega a Celeno (la sombra). Su morada se encontraba en Salmideso, en los dominios del rey ciego Fineo, a quien atormentaban continuamente. Los argonautas las hicieron huir a las islas Estrófadas en el Mar Egeo.

BANSHEE

De la mitología celta. Mujer con apariencia pálida y rostro horrible; en ocasiones tiene largos cabellos rojos, al igual que los ojos, otras veces está vestida de verde con un manto gris. Por siglos, las banshees han aterrorizado Irlanda. Mensajeras sobrenaturales de la muerte, fueron llamadas, en irlandés, *Mná Sidhe*, o mujeres del más allá. Se dice que con los fieros vientos del oeste aullando por afuera, quien escucha su lamento, no se atreverá a mirar por la ventana por miedo a vislumbrar esa fantasmagórica criatura peinando su largo cabello y anunciando una muerte en la familia, o aun llamando a los mismos habitantes de la casa a la tumba.

BASILISCO

Está considerado como el rey de las serpientes, y en un principio recibía los nombres de Basilecoq, Coquatrix o Cocadrille (gallo-serpiente o hijo de gallo). Este animal fabuloso podía ocasionar la muerte de su víctima con sólo mirarla. Según cuenta una leyenda, el basilisco nació de un huevo que había puesto un gallo, fecundó una serpiente y empolló un sapo. El basilisco, junto con el león y el áspid, era, en la edad Media, uno de los atributos más importantes de Satán. Su forma es de culebrilla de moderadas dimensiones, con una especie de diadema blanca en la cabeza, y dotada de cualidades venenosas. Se dice que si la víctima es la primera en ver al monstruo, entonces será él mismo condenado a morir. Para evitar que la bestia matara, se debía tomar la precaución de llevar consigo un espejo, o bien un escudo, de manera que al enfrentarlo se le mostrara su reflejo y así el poder de su mirada se volviera en su contra.

CENTAUROS

De la mitología griega, monstruo con torso de hombre y el cuerpo de caballo. Vivían en los bosques, se alimentaban de carne cruda y tenían costumbres brutales. Entre los centauros buenos y sabios, se encuentran dos: Pholos y Cheiron. Fueron casi totalmente exterminados al enfrentarse con los lapitas.

CÍCLOPES

Gigantes de un solo ojo, en la frente, que se alimentaban de humanos. Sus nombres eran Brontes, Estérope y Arges (Piracmon), hijos de Gea y Urano, fueron encerrados por Urano y Cronos en el Tártaro, pero luego Zeus los liberó tras la lucha con los titanes, forjaron para él un relámpago, el trueno y el rayo. Existieron, además de éstos, otros cíclopes, pero de carácter humano, y no divino, como los hijos de Poseidón y Anfitrite, cuyo representante más notorio era Polifemo; los gigantes descendientes del rey tracio Cíclope se distinguieron en la construcción de fortalezas. Los cíclopes hicieron también el casco a Hades y el tridente a Poseidón.

DOPPELGANGER

De la mitología germana, su significado es "caminante doble", y trata sobre la creencia de que cada persona tiene un alma "doble" o la imagen de uno mismo, se dice que si una persona encuentra a su doble inmediatamente morirá.

ESFINGE

Monstruo con la cabeza y busto de mujer, cuerpo de león y alas de águila. Hija de Tifeo y Equidina, fue enviada por Hera a vengar el rapto de Cerisipo por Layro. Detenía a los viajeros que deseaban entrar a la ciudad de Tebas, les decía un acertijo y si no eran capaces de descifrar su misterio los devoraba. Cuenta la historia que al preguntar a Edipo cuál era el ser que por la mañana caminaba en cuatro patas, al atardecer en dos y por la noche en tres, respondió este que el hombre, pues primero andaba a gatas, después erguido y en su vejez ayudado de un bastón. La esfinge encolerizada se lanzó a un precipicio y murió.

GORGONAS

Divinidades griegas, las horgonas eran tres hermanas, hijas del dios del mar Forcis y el monstruo marino Ceto, llamadas también fórcidas. Se llamaban Medusa, Esteno y Euríale, y la única mortal era la primera; eran las hermanas de la Greas. Sus manos eran de cobre, sus cabellos de serpientes y sus alas de oro; tenían colmillos salientes, al igual que su lengua. Su mirada era tan penetrante que era capaz de transformar en piedra a todo aquel con quien se cruzasen. Habitaban en el extremo occidente, no lejos del país de los muertos y del país de Hespérides. Medusa, la reina de sus hermanas, fue muerta por Perseo, quien le cortó la cabeza y la utilizó para petrificar a muchos de sus enemigos.

POLTERGEIST

Término germano que significa "espíritu burlón"; son manifestaciones desbordantes de energía, descontroladas y muy traviesas. Son producidos por entidades (duendes o materia plasmática) que causan más molestias que peligro, y poseen una atracción peculiar por los niños: De allí que se crea que éstos son los verdaderos autores "inconscientes" de tales fenómenos.

Ogro

Palabra derivada del latín *orcus:* dios de la muerte. De acuerdo a los relatos provenientes de las mitologías nórdicas, los ogros eran monstruos gigantes demoniacos que se alimentaban de carne humana, sobre todo la de los niños. Tienen la capacidad de percibir con el olfato la presencia de los hombres vivos, aunque estén bien escondidos. Como el hombre muerto es maloliente para los vivos, así lo es el vivo para los muertos; el ogro pertenece, pues, al reino de la muerte, y él mismo es una imagen de la muerte.

Quimera

Monstruo nacido en Licia de la unión de Tifón y Equidna, tenía la cabeza y el pecho como un león, el vientre de cabra y cola de serpiente; su boca abierta arrojaba llamas y torbellinos de fuego. Se decía que habitaba en la entrada del averno, y fue muerta por el héroe Belerofonte a solicitud del rey de Licia, Jobates. Ciertas opiniones aseguran que la quimera es un símbolo del amor: El león significaría la impetuosidad; la cabra, el goce, y la serpiente, el remordimiento frente al pecado cometido. Durante el medievo, este ser simbolizaba a la prostitución y a las estaciones del año.

Genio

Su nombre deriva del latín *genius*, "género"; los persas dividían sus genios en dos grupos: Los Persis, o genios benéficos, y los Dives, o genios maléficos. En Oriente se los representaba como seres mixtos con cabeza de pájaro, pero su origen es romano, eran de carácter tutelar o maligno, en gran número y con el don de la ubicuidad; se los distinguía según su función: Alastores (suicidio), íncubos y súcubos (sexo), penates (familia), cóbalos (bufones), larvas (muertos). En Grecia se los identificaban como dáimones, y los principales eran Agatodáimon, genio del bien, y Cacodáimon, genio del mal. Se les suele relacionar con los elementos, ya que hay diferentes genios para cada uno de ellos.

GIGANTES

En la mitología grecorromana estos monstruos terrenales nacieron de las gotas de sangre que cayeron en la Tierra (Gea) al ser castrado Urano, enemigos de los dioses del Olimpo. Estos seres eran de gran tamaño, mirada amenazante, barba y cabellera abundantes, sus piernas a partir de las rodillas se convertían en serpientes. Emergieron del centro de la Tierra, armados de corazas y enormes lanzas. Atacaron el Olimpo al mando de Porfirón y Aliconeo. En la mitología germánica podían ser seres benéficos u hostiles, se les relacionaba con fenómenos naturales, son anteriores a los dioses a los que no les temen. El mundo original nace del gigante Ymir.

GRIFO

Monstruo de la mitología griega. Representado con pico de águila, orejas de caballo, alas poderosas y cuerpo de león. Su nombre podría derivar del vocablo *gurós*, "recurvado", del indoeuropeo *grah*, "agarrar", o del hebreo *kerub*, "orante". Consagrado a Apolo le custodiaba sus tesoros en el país de los hiperbóreos. En la Edad Media se creyó en su existencia, e inclusive era popular el comercio de las garras de estos monstruos, ya que se afirmaba su poder para revelar los venenos; su origen se remonta tanto a Egipto como en la Mesopotamia. Generalmente se los utilizaba como montura, tanto de reyes como de dioses, o como custodios de tesoros; cuando estas bestias se mezclaban con los caballos, de su unión se originaban los hipogrifos, presentes invariablemente en los mitos griegos. Sin embargo, los grifos eran acérrimos enemigos de los caballos. A pesar de ser del tamaño del león, las alas de esta bestia son tan poderosas que le hacen vencer con relativa facilidad a los elefantes o incluso los dragones. A los grifos se les suele encontrar como elementos decorativos de fuentes, en las que este monstruo arroja agua por la boca.

HIPOCAMPO

Antiguamente era considerado un monstruo fabuloso de origen marino, con cuerpo de caballo y cola de pez. Era la cabalgadura del dios Poseidón y Neptuno; en Fenicia, adquiere un par de alas y cola bífida, siendo más parecido a un escorpión. También se lo conoce como *hippocampus*. Algunos habitaban generalmente los lagos y los ríos.

HIDRA DE LERNA

Monstruosa serpiente acuática de nueve cabezas, hija de Tifón y Equidna, hermana de Ortos y Cerbero; residía en un pantano vecino a Lerna, en la Argólida, y su soplo era mortal para quien se acercara. De sus nueve cabezas, ocho eran mortales, además, si se las cortaban, volvían a crecer de inmediato, dobles; destruía ganados y sembradíos. Hércules fue quien logró exterminar al monstruo, le cortó las cabezas y con un madero prendido quemó los cuellos cercenados para evitar su reproducción. La novena cabeza, inmortal, la deshizo con una roca, y la enterró; con la sangre venenosa del animal, Hércules empapó sus flechas, las cuales causaron heridas que no cicatrizaban.

MINOTAURO

Imponente y legendario monstruo griego, con cuerpo humano y cabeza de toro; era hijo de Pasifae y del hermoso toro blanco enviado por Poseidón. Su verdadero nombre era Asterión. Minos, rey de Creta, le mandó construir un laberinto de donde la bestia no pudiera escapar. Era antropófago, anualmente se le entregaba como tributo siete varones y siete doncellas, a quienes devoraba. Teseo en complicidad con Adriana, logró entrar al laberinto y dio muerte al minotauro.

SÁTIROS

Los sátiros eran divinidades de la mitología romana y griega, habitaban en el bosque, representados como seres semicapriformes: orejas, patas y cola de cabra, tocando la flauta o la siringa. En la mitología griega, hijos de Baco, eran los ocasionales acompañantes del dios Dioniso o de Pan, es conocida su fama de viles, lascivos e impúdicos, perseguidores de las ninfas y los pastores.

Contenido

TÍTULOS DE ESTA COLECCIÓN

ENIGMAS DE LA CIUDAD DE MÉXICO

ENIGMAS DE LA MUERTE.

ENIGMAS DE LAS MUJERES MÁS MALVADAS DE LA HISTORIA.

ENIGMAS DE LAS SOCIEDADES SECRETAS.

ENIGMAS DE LOS AMANTES MÁS GRANDES DE LA HISTORIA.

ENIGMAS DE MÉXICO. LA OTRA HISTORIA.

GRANDES ENIGMAS DEL OCULTISMO.

Este Libro se termino de Imprimir
En el mes de MAYO de 2006
En **EDAMSA IMPRESIONES, S.A. DE C.V.**
Av. Hidalgo N. 111, col. Frac. San Nicolás Tolentino,
Iztapalapa, 09850 México, D. F.